UTE ALAND

DIE PIANISTIN

Autobiografischer Roman

BRUNNEN
Verlag GmbH · Giessen

Das Lied „Ich bin ein Gast auf Erden" (in Ausschnitten zitiert auf S. 206) wurde 1666/67 von Paul Gerhardt gedichtet.
Es findet sich im Evangelischen Gesangbuch unter der Nummer 529.

FSC
www.fsc.org
MIX
Papier aus verantwortungsvollen Quellen
FSC® C014496

www.brunnen-verlag.de
Lektorat: Konstanze von der Pahlen
Umschlagfoto: Shutterstock
Umschlaggestaltung: Daniela Sprenger
Satz: DTP Brunnen
Druck: GGP Media GmbH, Pößneck
ISBN 978-3-7655-0944-5

Verstehen kann man das Leben nur rückwärts.
Leben muss man es
vorwärts.

Søren Aabye Kierkegaard (1813–1855),
dänischer Philosoph, Theologe und Schriftsteller

Wenn du betest,
sei gewiss,
dass der Allmächtige dein Flehen hört.

Er erhört dein Gebet um Demut.
Oder Gotteserkenntnis
oder ein reines Herz.

Aber dann erschrick nicht
über die Demütigungen,
die du erleiden wirst
um der Demut willen.

Und fürchte dich nicht davor,
in die Abgründe der Tiefe Gottes zu stürzen
um der Gotteserkenntnis willen.

Und harre aus im Glutofen Gottes
um der Reinheit willen.

Darum:
Wenn du um Frucht bittest,
hab keine Angst, wenn das Weizenkorn
seinen Schutz verliert.
Seine Substanz.
Und seine Gewissheiten.

Denn es wird aufgehen, dem Tode nahe.
Und wird seinen zerbrechlichen Keim in die
Finsternis hinausschieben.
Denn das entspricht der göttlichen Ordnung:
Es muss sterben,
damit es Frucht bringt.

1.

DER ABGRUND

Es gibt exakt vier Möglichkeiten, um zu erklären, was passiert ist.

Meine Freunde meinen, ich sollte mir keine derartigen Gedanken machen. „Hör auf, auf deinen Verstand zu zählen“, sagen sie mir. „Lass einfach dein Herz sprechen.“ Aber sie wissen ja auch nicht, was mein Herz mir sagt, seit jenem Tag. Würde ich allein auf mein Herz hören, wäre ich schon lange von einer Brücke gesprungen.

Überhaupt – wieso sollte das Herz besser sein als das Hirn? Das wäre ja so, als müsste ich mich entscheiden, welches Bein mir wichtiger ist: das rechte oder das linke.

Ich verstehe nicht, wieso manche Christen sich so viele Denkverbote auferlegen. Aber je länger meine Verzweiflung dauert, desto mehr erkenne ich, dass sie sich nicht nur Denkverbote auferlegen, sondern auch „Fühlverbote“. Es gibt Gefühle, die halten viele Christen für Sünde. Verzweiflung zum Beispiel. Traurigkeit, Wut. Oder Zorn. Ich aber kann diese Tabus nicht akzeptieren, denn alle Gefühle gehören zur Grundausstattung des Menschen und sogar zum Repertoire Gottes. Ein Glaube, bei dem ich große Teile meines Menschseins abschalten muss, um den Glauben selbst nicht in Gefahr zu bringen, so einem Glauben vertraue ich mein Leben nicht an. Ein Glaube, den ich vor Zweifeln schützen muss oder vor der Realität, so einen Glauben will ich nicht. Denn für mich ist Glauben kein Hobby, kein Wohlfühlsystem zur Abwehr des Unerklärlichen. Keine Trost spendende Herberge. Keine erregende Mystery-Erfahrung.

Ich finde, Glaube muss was abkönnen.

Und genau deshalb werde ich mein Denken nicht zum Schweigen verurteilen und auch meine Verzweiflung nicht. Ich werde mein Entsetzen sezieren wie ein Chirurg und diese schreckliche Wunde nicht zunähen, ohne das Geschwür entfernt zu haben: Und ich werde die Augen nicht verschließen vor dem, was ich zu sehen bekommen werde. Eine Operation am offenen Herzen. Patient und Chirurg in einem.

Schreckliches Experiment.

Ich setze mich auf, rücke mein gestärktes Kissen zurecht. Mein Rücken schmerzt. Bei jeder Bewegung quietscht das Krankenhausbett – armseliger Refrain in einem öden Lied. Und der Blick aus dem Fenster auf die fernen Baumwipfel ist mittlerweile nur ein bitterer Trost. Diesen Frühling, den neunundzwanzigsten meines Lebens, werde ich nur von ferne betrachten, er wird ohne mich stattfinden, mögen die Vögel noch so sehr singen. Ihre Lieder erfreuen mich nicht. Im Gegenteil: Sie führen mir schmerzlich vor Augen, dass mir diese naive Freude geraubt wurde, dass ich nichts mehr zu besingen habe. Mir bleiben nur Klagelieder. Aber Klagelieder will keiner hören.

Auch das Blau des Himmels an sich ist für mich kein Argument, sich zu freuen. Es ist schon lange nichts als eine willkürliche Wellenlänge, für die mein Hirn keine Übersetzung mehr findet. Kein Synonym mehr für Freude und Weite.

Ich öffne die Blechschublade des Nachtschränkchens, fische das lederne Notizbuch unter meiner Bibel hervor, ziehe den Kugelschreiber heraus und notiere:

Vier Möglichkeiten, um zu erklären, wieso geschehen konnte, was geschehen ist.

Erstens:
Es gibt keinen Gott.

Darf ein Christ diesen Gedanken zulassen? Oder ist das das eine Tabu, das man keinesfalls antasten sollte? Der einzige Pfad, den man nicht einschlagen darf, weil er ins Verderben führt? Weil es eben Grundsätzliches gibt, das anzuzweifeln den geistlichen Tod bedeutet? Ich weiß es nicht.

Setze mich im Bett auf, entwirre zum x-ten Mal den Schlauch, durch den die wässrige Flüssigkeit tropft. Vielleicht nehmen sie ihn morgen ab oder nächste Woche.

Ich will nicht am Tropf hängen. Ich will auch nicht im Krankenhaus liegen. Ich will nicht, dass das, was sie unter sorgsamem Verband verbergen, wahr ist. Und auch all das andere nicht. Denn wenn es wahr ist, ist das vielleicht der Beweis dafür, dass es Gott nicht gibt.

Aber ich kann nicht glauben, dass „Erstens" zutrifft. Es muss einen Gott geben.

Denn wie sollte man die Fotosynthese erklären oder den Hormonhaushalt, das Paarungsverhalten der Libellen oder die Tatsache, dass die Bäume im Herbst vertrauensvoll ihr ganzes Kleid dem Wind übergeben?

Nein – es muss einen Gott geben.

Aber vielleicht – und damit bin ich bei zweitens – mischt Gott sich nicht ein. Schöpfung fertig, nächstes Thema.

Also zweitens:
Gott existiert, aber er kümmert sich nicht um uns.

Möglich wäre das.

Dann wäre ich all die Jahre meines Christseins einem Selbstbetrug aufgesessen. All das, worin ich Gottes Wirken und Reden zu erkennen geglaubt habe, wäre nichts als eine Lüge gewesen. Erlösung, Frieden, Gottes Gerechtigkeit, sein Reden, alles ein Lügensystem, dem ich meine Erfahrungen angepasst habe, um es durch geschickte Deutung mühsam aufrechtzuerhalten. Man findet immer eine Möglichkeit zu erklären, warum Dinge so laufen, wie sie laufen. Das menschliche Gehirn kennt diesen Reflex, sich ein Weltbild zu erschaffen und alles für dessen Erhalt zu opfern. Alle Menschen tun das.

Denn wer will schon den Boden unter den Füßen verlieren? Jeder findet sein Weltbild durch das, was er erlebt, bestätigt. Und alles, was dieses Bild gefährden könnte, wird verdrängt, verleugnet, verbannt, vergessen.

Dabei habe ich mein Leben lang die Wahrheit gesucht, mich nie mit leerer Poesie abspeisen lassen. Habe all die Zeit alle Erklärungen wieder und wieder abgestreift, bis endlich dieser innere Friede gekommen war, als ich die Wahrheit gefunden zu haben glaubte. Damals habe ich mich zu Gott bekehrt. Und zwar nicht, weil der Glaube an Gott tröstet oder einem Menschen hilft. Trost ist schön und gut, Hilfe auch, aber für mich kein Argument, schon gar kein Beweis. Andere finden Trost und Hilfe woanders. Ich will keinen Trost, ich will Wahrheit.

Wenn das Evangelium also den Fragen nicht standhält, dann will ich seinen Trost, seine Hoffnung, seinen Frieden nicht. Weil ich die Lüge als solche verabscheue, mag sie noch so köstlich schmecken.

Ich habe dem Evangelium geglaubt und mein Fürwahrhalten bestätigt gefunden bis zu dem Moment, wo es keinen doppelten Boden mehr gab, kein Ersatzerklärungsmodell, keinen Plan B.

Ich habe gegen jede menschliche Vernunft Gott vertraut. Ich habe das getan, was er mir gesagt hat. Ich habe mich voller Zuversicht in Gottes Arme fallen lassen.

Doch er hat seine Arme weggezogen.

Und ich bin ins Bodenlose gestürzt.

Der Moment, in dem mein Geschick, Dinge durch mein Glaubenssystem zu erklären, daran scheitert, dass ich alles auf eine Karte gesetzt habe.

Kein weiteres Ass im Ärmel.

Dann wäre das hier die Stunde der Wahrheit.

Doch wenn der Fels in der Brandung zerfällt, dann will ich lieber ertrinken, als weiterzuleben. Ich will nicht an eine Planke geklammert durch einen sinnlosen Ozean treiben und behaupten, ich hätte einen Kontinent entdeckt. Warum sollte ich denn leben wollen? Wofür? Wenn Gott meinem Leben keinen Sinn gibt, hat es keinen. Und wenn es keinen Sinn hat, wozu dann aufstehen, wozu einen einzigen Tag leben, wenn es nirgendwo hinführt? Wenn alles, was ich tue, beliebig ist und mit dem Tod willkürlich endet.

Ich drehe meinen Kopf Richtung Monitor, betrachte die eilige Linie, die immer die gleichen steilen Gipfel emporschießt, hinabstürzt, emporeilt, hinabstürzt. Verlogenes Protokoll meines Herzschlages, denn ich spüre nur das Abstürzen.

Ich bin froh, dass ich ein Einzelzimmer habe, denn wie sollte ich jemandem all die vielen Tränen erklären? Überhaupt: Wie könnte ich jemandem mein Problem begreiflich machen? Denn wenn es Gott nicht gebe und sein Versprechen an mich nicht, dann hätte ich kein Problem. Dann wäre es einfach Pech, was passiert ist – wahrlich kein Grund zu verzweifeln.

Mein Problem ist, dass ich mich an Gott gehängt und ihm vertraut, dass ich seinem Reden geglaubt habe. Ich kann das nicht denken, aber alles sieht danach aus, als habe er sein Versprechen nicht gehalten.

Ich bin an Gott zerbrochen.

Jetzt weinen meine Augen wieder. Sie sind die Einzigen, die diesen Verrat verkünden. Ich selber schweige. Wem sollte ich meine Gedanken denn auch mitteilen? Wer könnte ertragen, dass ich an dem rüttle, was das Fundament des Lebens ist?

Glaubensgeschwister? Sie versuchen mich zurückzuhalten. „So darfst du nicht reden! Du versündigst dich!"

Ich bin radikal. Von Radix, die Wurzel. Erst haben sie mich dafür bewundert, jetzt sind sie entsetzt. Denn wer die Wurzel rauszieht, tötet die ganze Pflanze. Und davor haben sie Angst, dass der Baum des Lebens verwelken könnte. Deshalb schweige ich.

Und die anderen, die, die nicht an Gott glauben? Sie würden sich selbstzufrieden zurücklehnen: Siehst du, sagten wir's dir nicht schon immer, dass Glauben nichts ist als Opium?

Wenn Glauben Opium ist, hatte ich eine Überdosis. Vielleicht werde ich an dieser Überdosis sterben. Aber noch, noch kämpfe ich. Ich kämpfe dafür, Gottes Ruf wiederherzustellen. Ich weiß, das ist Unsinn, aber …

Also drittens:
Wenn es Gott gibt und wenn er zu uns redet, vielleicht habe ich ihn dann einfach falsch verstanden.

Das wäre allerdings schlimm, denn wenn es mir nicht gelingt, Gott zu folgen, obwohl ich es von ganzem Herzen begehre, wie soll ich dann leben? Überhaupt: Was wäre das für ein Gott, der sich nicht verständlich machen kann denen, die ihn hören wollen?

Bleibt also viertens:
Gott existiert. Und er redet. Und ich habe ihn richtig verstanden.
Und trotzdem ist nicht passiert, was Gott mir zugesagt hat.
Und genau das ist mein Problem.

Mein Kopf schmerzt. Ich lasse mich unter die Decke rutschen, stelle mich schlafend, als die Schwester kommt und fröhlich verkündet: „Oh, der Tropf ist ja schon durchgelaufen."

2.

GANZ VON ANFANG

Aber ich denke, ich sollte ganz von Anfang erzählen.

Mein Name ist Joelle. Ich habe eine behütete Kindheit in Moers im Rheinland verbracht, wo ich mit meiner Familie eine wunderschöne Gründerzeitvilla mit Türmchen und Erkern bewohnte. Ich liebte das verwinkelte Haus mit seinen Gerüchen und all den Geräuschen – den Duft von Papas Bibliothek, dieses Gemisch aus alten Büchern, Holzvertäfelung und kaltem Kamin. Oft strich ich über die schweren Vorhänge aus Samt, die in kalten Wintern zugezogen waren, weil der Wind durch die einfach verglasten Fenster pfiff.

Vor allem aber liebte ich die vielen Klänge, mit denen das alte Haus mir seine Geschichten erzählte.

Manchmal versteckte ich mich im ehemaligen Rauchersalon, den wir als Gästezimmer nutzten. Als kleines Mädchen legte ich mich dann auf einen dieser weichen Teppiche, die alle Klänge einsammeln, als wollten sie sie für immer archivieren. Ich drückte mein Ohr in den dicken Flausch, um dem Nachhall der gelehrten Gespräche zu folgen, die in der Abgeschiedenheit dieses ehrwürdigen Gemäuers geführt worden sein mochten.

Oder ich saß viele Stunden auf der Fensterbank meines Turmzimmers, lauschte dem beredten Ächzen der Dielen, die meine nimmermüde Mutter unten im Erdgeschoss zum Knarren brachte, und betrachtete den riesengroßen Park mit den alten Rosskastanien, deren Äste sich im Wind manchmal wiehernd aneinanderrieben.

Unser Haus war umgeben von einem weiten Rasen, den im Frühling Herden von Blausternchen überzogen und über den im Herbst mit raschelndem Geflüster Armeen gelbbrauner Blätter jagten.

Als kleines Mädchen gab es für mich nichts Schöneres, als im Sommer mit meiner Familie unter dem Gewölbe der Bäume zu sitzen und dem vielstimmigen Konzert der Vögel zu lauschen. Bis ich aufs Gymnasium wechselte, war ich regelrecht dafür gefürchtet, zu den unmöglichsten Zeiten mit gepacktem Picknickkorb im Arbeitszimmer meines Vaters oder hinter Mamas Staffelei zu erscheinen, was stets als eine Einladung zu einem opulenten Mahl zu verstehen war. In diesem Korb befanden sich geschnitzte Obstfiguren, übergewichtige Sandwiches und allerlei Knabberkram aus Mamas verbotener Schublade.

Ich bin meinen Eltern heute noch dankbar, dass sie diesen Einladungen so oft gefolgt sind und sich mit mir und meinen beiden großen Brüdern auf der bestickten Decke niederließen.

Ich saß dann überglücklich zwischen Alex und Sebastian und bewunderte das wechselnde Licht, das durch das Kastanienlaub auf die rotblonden Haare meiner Mutter sickerte. Ich lauschte dem Klang von Papas dunkler, ruhiger Stimme, wenn er uns seine Träume von einer besseren Welt erzählte.

Papa war ein stiller, ehrbarer Mann, Bankdirektor von Beruf. Zurückhaltend und in allem, was er tat, von einem tiefen Ernst. Ich bin sicher, er hat meine Mutter geheiratet, weil sie das hatte, was ihm fehlte. Sie war nämlich völlig anders als er: wild und leidenschaftlich. Sie liebte es zu lachen und ständig sprudelte sie über vor Ideen. Sie hatte Kunst studiert und zog sich zum Malen oft in das kleine Atelier mit den türkisfarbenen, ewig klappernden Fensterläden zurück, das Papa im Park für sie hatte bauen lassen.

Mama hatte ein sehr feines Gespür für alles, was um sie herum geschah. Vor allem witterte sie jede Form von falschem Schein und konnte Heuchelei auf den Tod nicht ausstehen.

Mit ihrer schonungslosen Ehrlichkeit machte sie sich allerdings nicht nur Freunde. Sie war diesbezüglich unkalkulierbar und wir alle waren uns ständig der Gefahr bewusst, dass sie in nur wenigen Sekunden die harmonischste Runde in ein Schlachtfeld voller aufgeregt gestikulierender und beteuernder Menschen verwandeln konnte. Ich habe einige unauslöschliche Erinnerungen an derartige Vorfälle.

Zu den peinlichsten Momenten meines Lebens zählt jener Sonntagmorgen, an dem Mama beinahe die Konfirmation meiner Cousine Charlotte gesprengt hätte.

Es war das erste und zugleich letzte Mal, dass wir einen Gottesdienst besuchten. Als die hübsch gekleideten Jungen und Mädchen, aufgereiht vor dem Altar, nervös dem Lauf der Dinge entgegenlächelten, ahnte noch niemand, dass die Versammlung sich wenige Minuten später in heller Aufregung und kurz vor der Auflösung befinden würde. Ich spürte bereits, dass etwas vor sich ging, als meine Mutter neben mir unvermittelt vom Zustand unbeteiligter Gleichgültigkeit in höchste Wachsamkeit wechselte. Und zwar genau in dem Moment, als Wolfgang von Hellershausen, ein angesehener Geschäftsmann und einflussreiches Mitglied der Kirchengemeinde, die Szene betrat und anhob, vor der verträumt nickenden Gemeindeschar mit salbungsvollen Worten die Schönheit eines christlich-tugendhaften Lebenswandels zu loben. Ich war zehn und hatte keine Ahnung, dass der vornehme dauerlächelnde Mann da vorne, der so schöne Worte fand, seit Jahren seine Frau betrog und in Geschäftskreisen als äußerst gewissenlos galt. Dass etwas mit ihm nicht stimmen konnte, ahnte ich erst, als meine Mutter plötzlich aufstand und ihn lächelnd mit den Worten unterbrach:

„Es freut mich zu hören, dass auch Sie weder Ihre diversen Liebschaften noch Ihren zweifelhaften Umgang mit Geschäftspartnern für moralisch halten, sehr geehrter Herr von Hellershausen. Und es bereitet mir äußerstes Vergnügen, dass man ausgerechnet Ihnen hier das Wort erteilt, da es mir beweist, dass man in der Kirche Sinn für Skurriles hat."

Der dann folgende Abgang unserer Familie verlief reibungslos – wir hatten immerhin Übung darin. Und obwohl alle wussten, dass meine Mutter recht hatte, lud man uns nie wieder zu derartigen Familienfesten ein.

Mit derselben Vehemenz setzte sich meine Mutter allerdings auch für die Benachteiligten ein, engagierte sich gegen Ungerechtigkeit und Ausbeutung, für Frauenrechte, Flüchtlinge und gegen Menschenhandel.

„Dafür brauche ich weder einen Pastor noch eine Bibel", fasste sie ihre Einstellung Religion und Kirche gegenüber zusammen. Eine Meinung, die wahrscheinlich auch mein Vater teilte, auch wenn er sich nie dazu äußerte.

Trotz solcher Vorfälle war meine Familie für mich wie ein Land, in dem ich sicher wohnte und das ich am liebsten niemals verlassen hätte, denn jenseits seiner Grenzen fühlte ich mich verkehrt.

Ich verstand nicht, wie die Welt da draußen funktionierte, gerade weil meine Mutter mir immer wieder vor Augen führte, dass die Dinge nicht so waren, wie sie zu sein schienen. Und je älter ich wurde und je mehr ich die Welt um mich herum wahrnahm, desto scheuer wurde ich. Es irritierte mich, Menschen zu beobachten, die scheinbar ausgelassen lachten, und gleichzeitig zu spüren, dass sie ihre schweren Lasten voreinander versteckten. Es verwirrte mich, wenn Menschen sich in offensichtlicher Leichtigkeit über Belangloses zu amüsieren schienen, ich hingegen übermächtig ihr gegenseitiges Misstrauen spürte.

Ich sah durch ihre Masken hindurch und merkte, dass sie versuchten, jemand anderes zu sein, und ich wusste nicht, wem von beiden – dem Trugbild oder der Wirklichkeit – ich begegnen sollte. Das machte mich unsicher, denn ich spürte ihre Angst und ich sah nur einen Ausweg aus diesem Dilemma: Mein Verstand sollte mir helfen, den Weg durch den Dschungel der Widersprüchlichkeiten zu finden. Ich analysierte alles in der Hoffnung, die Welt zu verstehen, aber es erging mir wie dem Chirurgen, der auf der Suche nach dem Geheimnis des Lebens den Körper in immer kleinere Teile zerlegt: Je mehr ich zu verstehen versuchte, desto weniger verstand ich. Ich ahnte nur, dass es etwas geben musste, das alles in sich vereinte. Etwas, das in allem war und die vielen Widersprüche miteinander versöhnte.

Ich suchte nach dem Zusammenhang zwischen den Dingen und nannte es später der Einfachheit halber „Sinn des Lebens".

Kurzum: Ich war im Grunde unfähig, mich in dieser Welt zu Hause zu fühlen, ich war und blieb in ihr ein recht ungeschickter Gast, bemüht, möglichst unauffällig zu bleiben.

Der Verdacht, ich sei versehentlich im falschen Sonnensystem abgesetzt worden, verstärkte sich während der Pubertät sogar noch.

Ich schätze, ich habe den Ernst und die Nachdenklichkeit meines Vaters und das feine Gespür meiner Mutter geerbt. Ein schweres Erbe, wie ich fand, denn oft beneidete ich meine Schulkameraden darum, dass es ihnen so leichtfiel, sich zu amüsieren, sich Urteile zu bilden, sich zu verlieben. Ich war nicht in der Lage, die Dinge einfach so hinzunehmen, wie sie zu sein vorgaben. Für mich war all das immer kompliziert. Ich hatte hohe moralische Standards, verabscheute die Lüge, konnte Ungerechtigkeit nicht ertragen – ich weiß, das klingt furchtbar verkrampft, aber ich konnte nichts dagegen tun.

Manchmal wünschte ich mir, die ständige Frage nach dem Sinn des Lebens hätte mich nicht dauernd verfolgt wie eine hartnäckige Gouvernante. Dann hätte ich sicher ausgelassen mit meinen Schulkameradinnen über allerlei dummes Zeug kichern können, angetrieben von Eierlikör und Schmetterlingen im Bauch.

Stattdessen quälte ich mich als Jugendliche auf der Suche nach Antworten durch philosophische Werke, obwohl ich manchmal nicht einmal die Hälfte davon verstand. Auch Kant und Konsorten suchten offensichtlich nach jenem allgemeinen Prinzip, dem „Gesamtsinn der Wirklichkeit", und nannten es vornehm „Logos". Ich las Hesse, Goethe und Heine und spürte, dass auch sie nicht viel mehr wussten als ich, sondern lediglich die Begabung hatten, jene entscheidende Frage sehr bewegend zu formulieren. Ihre Antworten aber ließen mich enttäuscht zurück.

Wenn ich gekonnt hätte – ich weiß nicht, vielleicht hätte ich getauscht, wäre lieber die quirlige, freche Mariella gewesen oder die souveräne Nicole. Aber ich war nur ich: ein nachdenkliches, scheues Mädchen, nett, aber seltsam. Dabei war mein einziges Problem, dass ich den Weg durch das Dickicht der Dinge nicht fand und keine angemessene Sprache, die all das hätte ausdrücken können, was in einem einzigen winzigen Moment steckte.

Eine Sprache aber fand sich doch, die mir weniger trügerisch erschien. Eine Sprache, die den Weg fand in meine gut behütete Seele und auch wieder aus ihr heraus: die Musik.

Ich mochte damals wohl nicht älter als vier, fünf Jahre gewesen sein, als meine Eltern mit mir ein Konzert des Thomaner-Chores besuchten. Für mich ein Schlüsselerlebnis. Ich war überwältigt und es schien mir beim Klang der Musik, als gebe es keine Grenzen mehr, kein Oben und kein Unten, kein Drinnen und kein Draußen. Natürlich verstand ich das als Fünfjährige nicht, aber etwas hatte mich dort berührt, wo sonst nichts hineindrang.

Später erzählten meine Eltern oft lachend, wie ihr kleines, sonst so genügsames, braves Töchterchen mit in die Hüften gestemmten Händen unter allen Umständen zu den Thomanern gewollt hatte und die Erklärungen, Mädchen seien da nicht erlaubt, keinesfalls hatte akzeptieren wollen. Meine Mutter hatte in dem Augenblick gewusst, dass ihre Kleine für die Musik bestimmt war. Nie zuvor und nie danach habe sie in meinem Gesicht eine solche Entschlossenheit gesehen.

Sie war es dann auch, die mich jahrelang zum Kinderchor und später zum Gesangsunterricht fuhr.

Das Klavierspielen begann ich im Alter von acht Jahren. Stunden über Stunden verbrachte ich am Flügel in unserem Wintergarten und wurde in der Familie bald als „Wunderkind“ gehandelt. Mein Vater war ungeheuer stolz auf mich und jede noch so entfernte Verwandtschaft wurde dazu verdonnert, meinem Spiel zu lauschen. Ich gab brav diese Konzerte, um Papa die Freude zu machen, obwohl ich viel lieber spielte, wenn ich alleine war.

Nur Opa Joschka, Papas väterlicher Freund, durfte mir gerne zuhören. Er war Bildhauer mit riesigen Bildhauerhänden, und wenn ich spielte, setzte er sich stets auf den Schemel, der Mama als Tritt diente, wenn sie die vielen Blumen im Wintergarten goss. Er hockte immer rechts neben dem Flügel zwischen den Orchideen, und wenn Opa Joschka lauschte, konnte ich auf seinem breiten, sanften Gesicht die ganze Welt lesen. Mit geschlossenen Augen schien er die Bilder zu betrachten, die entstanden, wenn meine Finger auf der Tastatur die Innenräume meiner Seele nachzeichneten. In diesen Momenten spürte ich, dass ich für Opa Joschka nicht mehr unsichtbar war.

Immer wenn Opa Josch zu Besuch kam, gingen wir beide nach dem Kaffeetrinken in wortlosem Einverständnis in den Wintergarten. Er hat mir nie applaudiert, sondern mein Spiel immer mit langem Schweigen beantwortet. Je älter ich wurde, desto mehr verstand ich diese Art von Gespräch, das wir führten, von Seele zu Seele.

Ich erinnere mich an jenen Sommertag, als die Familie im Freundeskreis zu Tisch saß und die Rede irgendwann auf mich, die scheue Tochter des Hauses kam.

„Du solltest dich nicht so verkriechen“, ermahnte mich Julia, die Frau eines Kollegen meines Vaters. „Ein junges Mädchen sollte sich verabreden, ins Kino gehen, mit Jungs flirten; du bist so verschlossen, Joelle, das ist nicht gut.“

„Lasst sie, sie ist halt sehr introvertiert, da gibt man nicht so gerne etwas von sich preis“, verteidigte mich Papa. Ich aber musste sehr unglücklich dreingeschaut haben, denn als Opa Josch und ich uns in den Wintergarten zurückzogen und er zwischen den Orchideen Platz genommen hatte, flüsterte er: „Glaub ihnen nicht, Jo. Keiner von ihnen mit all ihren Worten hat je so viel von sich erzählt wie du in wenigen Takten deiner Musik.“

Ich liebte Opa Josch sehr und der Anblick des leeren Stuhles in der ersten Reihe schmerzte mich entsetzlich, als ich nach dem Abitur mein Aufnahmekonzert an der Musikhochschule Detmold gab. Da lag er schon ein halbes Jahr in seinem Sarg und trug wohl noch immer sein schönes Bildhauerlächeln. Seitdem hoffte ich, eines Tages wieder jemandem zu begegnen, der all das, was ich nur durch Musik sagen konnte, verstand.

Ich bestand die Aufnahmeprüfung in Detmold und zog in die dritte Etage des Studentenwohnheimes. Ich hätte zwar viel lieber eine eigene kleine Wohnung gehabt, aber meine Eltern fanden, es täte mir gut, mehr unter die Leute zu kommen.

„Du wirst sehen, das ist die richtige Entscheidung", hatte mein Vater gesagt, „das Studentenleben verbringt man nicht hinter verschlossenen Türen."

Im Nachhinein stellte sich heraus, dass sie recht gehabt hatten. Es war gut, dass ich im Stuwo wohnte, sonst hätte ich meine Flurgenossin Michaela und ihre Truppe sicher nicht kennengelernt. Eine ausgelassene Runde, die viel miteinander unternahm. Ich beobachtete sie aus sicherer Distanz. Dabei fiel mir auf, dass es etwas zu geben schien, das sie miteinander verband, etwas Unsichtbares, das ich mir nicht erklären konnte, und es war das erste Mal, dass ich nicht diesen unüberwindlichen Abgrund zwischen Menschen fühlte. Ich wusste damals nicht, dass das der Geist Gottes war, ihr „Leib-Christi-Sein". Überhaupt wusste ich von all diesen Dingen noch nichts.

Ich sah sie lediglich jeden Montag und manchmal donnerstags in Michaelas Zimmerchen verschwinden. Ihr Lachen, ihr Singen und ihre angeregten Diskussionen konnte ich dumpf durch den Gipskarton hören.

„Möchtest du nicht auch mal kommen?", hatte mich Michaela eines Tages beim Abwasch gefragt. „Wir reden über den Sinn des Lebens und so. Würde mich freuen."

Ich hatte lächelnd genickt und schließlich saß auch ich jenseits des Gipskartons und lauschte gespannt, wie sie begeistert über uralte Geschichten aus der Bibel redeten. Ich verstand zwar nicht, weshalb sie das taten, aber mir gefiel der Eifer, mit dem sie bei der Sache waren.

Immer häufiger ging ich zu diesen Treffen und bekam im Laufe der Zeit mehr und mehr den Eindruck, dass diese Leute die Antwort auf die Frage nach dem Sinn des Lebens tatsächlich gefunden hatten, auch wenn sie ihn mir nicht begreiflich machen konnten. Ihre Erklärung, Gott habe ihnen ewiges Leben geschenkt, schien mir doch reichlich vage.

Einmal erzählten sie mir, dass sie sich „zufällig" – sie kratzten die Gänsefüßchen in die stickige Luft der überfüllten Studentenbude – alle auf dieser Etage des Studentenwohnheims angemeldet hatten, ohne einander zu kennen, ohne voneinander zu wissen und dann „zufällig" entdeckt hatten, dass sie alle Christen waren. „So groß ist Gott", hatten sie gemeint, aber ich fand, das bewies weniger die Existenz Gottes als die kindliche Naivität seiner Nachfolger.

Trotzdem lernte ich sehr viel von ihnen und ich mochte die gemeinsamen Unternehmungen. Aber auch hier blieb ich eine Fremde, denn sie glaubten an Gott und ich nicht. Genau das, was sie verband, schloss mich aus.

Oft wenn ich lange Stunden am Klavier verbrachte, dachte ich über diesen Jesus nach, von dem sie sagten, er sei der auferstandene Sohn Gottes. Ich erwischte mich, wie ich betete, er, dessen Existenz ich so vehement anzweifelte, möge sich mir doch zeigen, auch wenn ich keine Vorstellung hatte, wie man als Gott so ein Gebet wohl erhören sollte.

Ich stürzte mich wie eine Besessene in die Musik, als könnte ich dort die Wahrheit finden.

Und tatsächlich fand ich sie dort. Ich hatte wie so oft die ganze Nacht wach gelegen, mich unruhig in meinem Bett gewälzt und meine CDs durchgehört. Beim Messias von Händel, der Arie „Ich weiß, dass mein Erlöser lebt", in dem Raum zwischen Wachen und

Schlafen, verstand ich mit einem Mal. Ein Geistesblitz vielleicht. Ich begriff plötzlich, dass nur Gott selber die Unendlichkeit zwischen sich und seinen Geschöpfen überwinden konnte. Christus war der Zusammenhang, den ich immer schon gesucht hatte.

Zwei Tage später gab ich ihm mein Leben.

In dem Augenblick riss mein ganzes Leben herum wie die Nadel eines Kompasses, der endlich Norden gefunden hatte. Das lange Suchen meines Herzens hatte ein Ende. Nichts war mehr belanglos, denn jetzt wusste ich, dass es einen ewigen Gott gab und dass Christus der Urgrund, die Antwort, das Zentrum war. Alles begann und alles endete in ihm, er verband die auseinandergefallenen Dinge im Innersten. Er verwob die Menschen miteinander. Christus war das Logos, nach dem die Philosophen suchten: das eine fleischgewordene Wort, in dem alles gesagt ist.

Ich ließ mich taufen.

Mit demselben Eifer, mit dem ich die Wahrheit gesucht hatte, las ich die Bibel. Ich wollte alles über meinen neuen Herrn wissen. Je besser ich ihn kennenlernte, desto rückhaltloser vertraute ich ihm. Ich wusste: Wenn es etwas gab, auf das Verlass war, dann war es Gott. Er ist treu, sein Wort gilt, denn es ist das Wort, das alles geschaffen hat und erhält. Was Gott verspricht, das hält er gewiss. Gottes Wort ist ein schöpferisches Wort. Gott sprach zu dem Nichts und das Universum wurde. Gottes Wort geschah zu einem jungen hebräischen Mädchen und das Mädchen wurde mit dem Messias schwanger.

Ich erlebte eine aufregende Zeit. Die Bibel wurde immer wesentlicher für mich. Ich wollte in allem Christus nacheifern und auch meine eigenen Worte sollten mehr denn je wahr und verlässlich sein.

Auch meine Musik veränderte sich. Sie wurde zu einer zärtlichen Sprache zwischen dem Schöpfer und mir, seinem Geschöpf. Egal was ich spielte, sie wurde in Klang gekleidetes Gebet, Lobpreis. Musik war wie eine Tür, hinter der Gott wohnte.

Natürlich war ich nicht mit einem Mal eine ganz andere. Ich war noch immer sehr zurückgezogen, und wenn ich gerade nicht studierte, Klavier oder Geige spielte oder in der Bibel las, verbrachte ich meine Zeit mit meinen Glaubensgeschwistern aus dem Stuwo. Zu meinen anderen Kommilitonen hingegen hatte ich wenig Kontakt.

Trotzdem lernte ich im vierten Semester Felix kennen. Am Schwarzen Brett, jenem Ort, an dem Musikstudenten die Gesuche kulturaffiner Bürger nach Jobs abgrasen. Musikstudenten werden nämlich gerne für Hochzeiten, Geburtstage oder Jubiläen engagiert. Die Tatsache, dass man lächerlich wenig Geld dafür bekommt, wird mit dem Versprechen von „Bühnenerfahrung" wortreich entschuldigt.

Genau vor diesem überfüllten Brett stand ich, entschlossen, mir mein erstes Geld als Musikerin zu verdienen. Zettel über Zettel drängten sich dort:

Tastenfrau/Tastenmann gesucht für Smooth,
Chill Out & Lounge Musik
Suche soliden Pianisten à la Nicky Hopkins
Pianist für gehobenes Ambiente bei Firmenfeier gesucht

Mir wurde mulmig. Beim besten Willen konnte ich mir nicht vorstellen, bei einer dieser Veranstaltungen hinter einem Klavier zu sitzen. Schmerzlich sehnte ich mich nach den Konzerten mit Opa Josch im Wintergarten zurück.

„Gehobenes Ambiente bei Firmenfeier". Ich wollte nicht. Noch nicht. Später vielleicht.

Im Weggehen rannte ich mit voller Wucht in einen türkisfarbenen Pulli, in dem ein langhaariger Saxofonist steckte, wie ich zweifelsfrei am Saxofongurt um seinen Hals erkannte.

„Holla!", rief er, „nicht so stürmisch!", und verstellte mir den Weg. Dabei lächelte er mich fragend an und ich lächelte unsicher zurück. „Du scheinst es aber eilig zu haben", meinte er, während ich versuchte, mich wortlos an ihm vorbeizudrängen. Ich wollte schnellstmöglich weg.

„Es ist also doch wahr", sagte der Saxofonist. Seine tiefe, warme Stimme passte gar nicht zu dem jungenhaften Lächeln.

„Was ist wahr?", fragte ich unwillig und beobachtete die hellbraune Locke, die ihm über die Stirn fiel. Sie war schulterlang wie der Rest, wollte aber wohl nicht zu den anderen Locken ins Haargummi.

„Ein scheues Reh, erzählt man sich. Es soll schwierig sein, mit dir ins Gespräch zu kommen."

„Ich wüsste ehrlich gesagt nicht, worüber wir uns unterhalten sollten", wehrte ich spitz ab, was zugegebenermaßen deutlich mehr nach zänkischer Ziege klang als nach Reh.

„Na, mal sehen, was uns so einfällt", erwiderte der Saxofonist kess, von meiner kratzbürstigen Art offensichtlich unbeeindruckt.

„Wetter nimmt man in solchen Fällen gerne", konterte ich und versuchte wenigstens nach Lamm zu klingen. Der Saxofonist hatte mir ja schließlich nichts getan, abgesehen von dem Versuch, mir ein Gespräch aufzudrängen.

„Wetter können wir recht schnell erledigen, denke ich, und dann meinetwegen über Musik reden – liegt ja nahe", gab er zurück und dozierte: „Also: Die Warmluftfront über Nordeuropa hält sich seit Tagen stabil und wird wohl erst am Mittwoch durch ein atlantisches Tief verdrängt." Er machte dabei eine bedeutsame Miene und ausschweifende Armbewegungen. „Willst du noch weitere meteorologische Details hinzufügen oder sollen wir lieber über das Klima zwischen uns beiden reden?"

Hilfe!, dachte ich, *was ist das denn für ein Gespräch?,* und fing an, nach Worten zu suchen, was sich jedoch als überflüssig herausstellte, weil der Saxofonist ohnehin weiterredete: „Ich dachte, wir plaudern ein wenig, ich lasse das eine oder andere Detail über meine Person fallen, damit du mich am Ende für einen tollen Hecht hältst, und dann lade ich dich im Anschluss zum Kaffee ein. Wäre dir dieses Gesprächsmodell recht?"

„Na ja, es hat sich wohl vielfach bewährt, aber die Gefahr besteht, dass ich dich für einen Angeber halte und du den Kaffee am Ende alleine trinken musst", gab ich zurück.

„Das Risiko gehe ich ein", grinste er.

Dann standen wir einige Sekunden sprachlos da, ganz komisch fühlte ich mich, dann fragte der Saxofonist schließlich: „Was ist mit dem Kaffee?"

„Wolltest du mich nicht erst davon überzeugen, dass du ein toller Hecht bist?", sagte ich seltsam aufgekratzt und wieder standen wir unschlüssig voreinander, bis der Saxofonist mir unsicher lächelnd seine Hand entgegenstreckte.

„Ich bin Felix." Seine Saxofontasche rutschte von der Schulter.

„Mhm", murmelte ich. „Joelle."

„Ich weiß", erwiderte Felix, beugte sich vor und flüsterte: „Ich lasse dich nämlich schon länger beobachten."

Meine sowieso schon nicht allzu freundliche Miene verfinsterte sich schlagartig. Damit war er definitiv zu weit gegangen!

Das merkte Felix auch sofort und begann herumzudrucksen: „Äh, hast du denn was gefunden?", versuchte er die Situation herumzureißen, während er zum Aushang hinübernickte. „Ich meine, eine Party, auf der du spielen willst?"

„Ich will auf keiner Party spielen", antwortete ich kurz angebunden und schickte mich an, im grummelnden Crescendo des in diesem Moment aus dem Audimax quellenden Studentenstromes unterzugehen, aber Felix hielt mich am Arm fest.

„Tut mir leid, das mit dem Beobachten, ich wollte nur ..." Dann trat er einen Schritt zur Seite und ließ mich gehen. Ich schenkte ihm noch ein schiefes Lächeln und tauchte ab.

In den folgenden Tagen ging mir dieser Felix nicht aus dem Kopf, obwohl oder gerade weil ich versuchte, unser seltsames Gespräch und seine lächelnden Augen zu vergessen. Es hatte mir doch irgendwie Spaß gemacht. „Ich lasse dich beobachten." Komisch, dass ich ihm unter all den extrovertierten Paradiesvögeln, die an der Hochschule herumliefen, überhaupt aufgefallen war.

Ein paar Tage später setzte Felix sich in der Mensa neben mich.

„Ich soll übernächste Woche auf einer Hochzeit spielen und suche noch eine Pianistin“, begann er grußlos das Gespräch und schaute mir direkt in die Augen.

Irritiert wich ich seinem Blick aus.

„Am liebsten hätte ich dich“, ergänzte er und ich spürte die Verlegenheit, die er hinter seiner Forschheit zu verbergen suchte.

„Du weißt doch gar nicht, wie ich spiele“, konterte ich unsicher.

„Ich vermute, du spielst fantastisch“, sagte er. „So jemand wie du kann nur fantastisch spielen“, und prostete mir mit der Flasche Apfelschorle zu, in der ein Strohhalm aufgeregt auf und ab wippte.

Ich schüttelte stumm den Kopf.

„Ach, komm schon. Ich kenne das Brautpaar. Nette Leute. Sag Ja!“, bettelte er.

„Ich weiß nicht ...“

Auf der einen Seite wollte ich sein Angebot annehmen, auf der anderen auch wieder nicht. Dieser Mensch brachte mich ganz schön aus der Ruhe. Aber mir fiel einfach kein stichfestes Argument ein abzulehnen, also sagte ich zu und wir verabredeten uns zum Üben in einem der Hochschulräume.

Ich saß bereits am Flügel, als Felix kam. „Spiel erst mal irgendwas“, meinte er und schraubte das Mundstück auf sein Instrument, „ich falle dann irgendwann ein.“

Aber dazu sollte es nicht kommen. Statt zu spielen, ließ er das Saxofon in seinen Schoß sinken und hörte so gebannt zu, wie nur Opa Josch zugehört hatte, und genau wie Opa Josch schwieg Felix lange, nachdem ich geendet hatte.

„Danke“, sagte er schließlich. „Danke für dein Vertrauen.“

Ich glaube, an jenem Nachmittag verliebte ich mich in ihn.

Unser gemeinsamer Auftritt bei der Hochzeit war toll, hinter der kleinen Bühne alberten wir herum und ich fühlte mich, als hätte ich der Hochzeitsgesellschaft den gesamten Sekt ausgetrunken.

Das ganze Semester über musizierten Felix und ich oft miteinander und redeten viel über Gott und die Bibel.

Im Wintersemester bekehrte Felix sich. Sein Taufspruch war Johannes 14,13+14: „Und was ihr bitten werdet in meinem Namen, das will ich tun, damit der Vater verherrlicht werde im Sohn. Was ihr mich bitten werdet in meinem Namen, das will ich tun."

Vier Monate danach schlenderten Felix und ich über die Detmolder Kirmes. So ein Rummel mit seinem gehetzten Lärm ist naturgemäß nicht mein Ding, aber bekanntermaßen vermag die Liebe aus einem Hänfling einen Titanen und aus einer Ansammlung von Schießbuden das Vorzimmer des Paradieses zu machen. Wir waren aufgedreht, Felix spendierte mir Karussellfahrten und Zuckerwatte. Als wir vor einem knallbunten Wagen voller Lebkuchenherzen stehen blieben, blickte Felix mich unsicher lächelnd an.

„Wag es ja nicht, mir jemals so ein Lebkuchenherz zu schenken, wenn du es dir mit mir nicht verderben willst", warnte ich ihn und boxte ihm sanft gegen die Schulter. „Dann ist es aus zwischen uns."

„Oh!", rief Felix grinsend. „Und warum?"

„Ich verabscheue Lebkuchenherzen mit Liebesschwüren. Irgendein der deutschen Sprache unkundiger Bulgare schreibt zum dreitausendsten Mal mit klebriger Zuckermasse: „Ich liebe nur dich ganz allein, mein Herzilein" darauf. Dieses käuflich zu erwerbende Exportprodukt wird mir dann von jemandem mit Dackelblick umgehängt und ich soll das bitte schön als Liebeserklärung verstehen? Da ist mir ein mit Computer geschriebener Heiratsantrag zum Ankreuzen lieber", wetterte ich. Der letzte Satz war mir natürlich nur so rausgerutscht.

„Du bist aber unromantisch", beschwerte sich Felix.

„Nein, nur allergisch gegen Kitsch. Ich bekomme davon am ganzen Körper Ausschlag."

Felix grinste. „Das wär natürlich jammerschade."

Elf Wochen später überreichte mir Felix wirklich einen DIN-A4-Heiratsantrag mit den Worten: „Ganz sicher hautverträglich.“

Ich überlegte einen Monat lang, an welcher Stelle seines Formulars ich das Kreuz machen sollte.

Als Felix dann nach seinem Abschluss die Stelle im Gießener Ensemble bekam, heirateten wir und zogen von Ostwestfalen in eine kleine Wohnung der hessischen Universitätsstadt und waren sehr, sehr glücklich.

Damals glaubte ich, das würde immer so bleiben.

3.

FREUNDE

Seit Stunden sitze ich ins Spiel versunken am Flügel, diesem Tor zu einem anderen Universum. Eigentlich ist unser Wohnzimmer viel zu klein für den alten Steinway aus dem Wintergarten meiner Eltern.

Mit geschlossenen Augen lausche ich dem Raum um mich herum, der sich längst verflüssigt hat und seiner Schwester, der Zeit, gefolgt ist.

Irgendwann habe auch ich mich aufgelöst, bin eingetaucht in diesen Ozean voller rätselhafter Geschöpfe eines ungezügelten Schöpfers. Meist tauche ich erst nach Stunden langsam wieder auf, dann gerinnt der Raum, das Klavier vor mir gewinnt Gestalt und es ist meinetwegen Dienstagnachmittag oder Samstagfrüh oder was weiß ich.

Dann brauche ich eine ganze Weile, um wieder in der Welt anzukommen, wie ein Taucher, der beim Aufsteigen darauf achten muss, dass seine Lungen nicht explodieren. Ich lese in der Bibel, sehe aus dem Fenster oder lausche in die Stille.

Mehr als alles will ich spielen, um von Gottes Schönheit zu erzählen. Und ich weiß, dass Musik ein wunderbares Mittel dazu ist, denn wie Wasser findet Musik den Weg selbst durch die kleinsten Ritzen verriegelter Räume und durchfeuchtet jeden noch so ausgedörrten Wüstenboden.

„Die erste Geige ist so ein Arsch!"

Felix steht mit Empörung im Gesicht und einer Brötchentüte in der Hand in unserer Küche. Offensichtlich hat sein Kollege Dittrich ihn schon wieder zur Weißglut gebracht.

„Irgendwann hau ich in' Sack, gründe meine eigene Jazzband und muss mich nicht mehr mit diesen Beamtenmusikern rumärgern."

„Hallo Liebling", sage ich und werfe ihm einen Kuss zu, während ich die beiden Tassen für unsere tägliche Kaffeezeremonie auf den Küchentisch stelle.

Seitdem der neue Dirigent die Symphoniker leitet, kommt Felix fast jeden Tag schlecht gelaunt von der Arbeit.

„Der Mann hat einfach keine Ahnung von Musik", meint er. „Ein Notenverwalter und Synkopenverdreher", vervollständigt Felix seine täglich ähnlich lautende Diagnose.

Just in dem Moment klingelt das Telefon. Es klingelt fast täglich um diese Zeit; immer genau dann, wenn Felix gerade von den Proben zurückkommt und wir uns die Rosinenschnecke von Bäcker Bährhannes teilen wollen. Genau dann hat Tanja nämlich Feierabend und kaum ist sie durch die Hintertür der Apotheke raus, ruft sie mich an. Diese Apothekentür ist für Tanja nämlich so was wie die Pforte der Hölle.

Felix reagiert mittlerweile ziemlich sauer auf ihre ständigen Anrufe und auch jetzt wirft er mir grimmige Blicke zu und sieht aus, als wolle er die Rosinenschnecke in der Tüte erwürgen. Ich verstehe seinen Unmut, zucke entschuldigend mit den Schultern und nehme den Hörer trotzdem ab.

Tanjas Stimme ist kaum zu verstehen. Sie stammelt irgendwas von „Katastrophe", „lebensgefährlich" und „unverzeihlich" und bettelt schließlich atemlos:

„Joelle, können wir uns treffen? Bitte!"

„Wann?"

„Jetzt. Sofort. Kannst du kommen? Bitte! Es war ganz furchtbar ..."

Ich schiele zu Felix rüber, der drohend mit den Fingerkuppen auf den Tisch trommelt, zögere, zucke wieder mit den Schultern, komme mir ziemlich blöd vor und murmele in den Hörer: „Okay, ich komme. Warte an der Ecke", lege auf und gebe Felix, der als einzigen Trost nun auch meine Hälfte der Rosinenschnecke essen darf, einen entschuldigenden Kuss auf die Stirn.

„Mich nerven Tanja und ihre Katastrophen total!“, murrt er. „Du kennst das doch, am Ende löst sich eh alles in Wohlgefallen auf.“

„Ja“, rufe ich vom Flur aus, „aber für Tanja sind es eben erst mal Desaster.“

Das meiste von dem, was Tanja erschüttert, sind auch in meinen Augen Bagatellen, aber meine Augen sind ja nicht der Maßstab für das Leben der anderen.

„Fahr langsam!“, höre ich Felix noch rufen, als die Wohnungstür hinter mir zufällt.

Ich erkenne Tanjas kleine, dünne Gestalt schon von Weitem an ihren hängenden Schultern und komme mit aufmunterndem Lächeln auf sie zu. Ihr Make-up ist tränenverlaufen, aber warum ihre Haarspange über das Ohr gerutscht und ihre Frisur völlig wirr ist, kann ich mir nicht erklären. Kaum stehe ich vor ihr, bricht sie wieder stammelnd in Tränen aus.

Nach und nach begreife ich, was sie mir erzählen will: Sie hat heute einer Kundin das falsche Medikament ausgehändigt.

„Verstehst du, so was darf nie, nie, nie passieren, Joelle! Niemals!“

„Bestimmt ist das so was wie das oberste Apothekergebot, aber es passiert halt und da muss man …“, versuche ich zu trösten, aber Tanja hört nicht zu und klagt weiter:

„Ich schaffe das alles nicht“, schluchzt sie. „Ich gebe mir wirklich Mühe, alles richtig zu machen, aber … Die Schachteln sehen fast gleich aus, weißt du, so ein grüner Streifen und blaue Schrift … und in der Aufregung …“

„Tanja, beruhige dich“, versuche ich zu Wort zu kommen und erkläre ihr, dass sie sich bei allem, was sie tut, auf Gottes Hilfe verlassen könne und dass kein Grund zum Verzweifeln bestehe. Aber Tanja lässt sich nicht stoppen.

„Joelle, ich werde das nie hinkriegen, da hilft nichts. Es ist manchmal so eine Hektik im Laden, wenn da mehrere Kunden auf einmal … und dann Dr. Schädelkern, der hinter mir steht, dann … dann bin ich wie … als hätte ich alles vergessen … Diese vielen Namen, Bototaxin, Sulphumegur, Irigen …“

In dem Moment schlage ich mir mit gespieltem Schrecken mit der flachen Hand gegen die Stirn und rufe, als wäre mir etwas Entscheidendes eingefallen: „Oh, Tanja, tut mir leid! Wie konnte ich nur! Natürlich, du hast recht. Wie dumm von mir. Gott kann dir in deiner Situation natürlich nicht helfen.“

Tanjas große dunkle Augen starren mich fassungslos an, aber immerhin hört sie mir jetzt zu.

„Na“, erkläre ich und packe sie an den Schultern, „die pharmazeutische Branche, wie soll Gott dir da helfen? Er verfügt ja gar nicht über die entsprechende Ausbildung.“

Ich sehe es hinter ihrer blassen Stirn denken, bis sich ihre Bestürzung lichtet. Mit einem Mal entspannt sich ihr kleiner Körper.

„Du hast recht, Joelle. Ich sollte Gott mehr vertrauen“, sagt sie mit ihrem Kinderlächeln und seufzt. „Ach, Joelle, ich hätte gerne dein Gottvertrauen, bei dir scheint alles so leicht.“

Ehrlich gesagt: Dieses Gottvertrauen ist mir einfach gegeben. Ich glaube, das liegt daran, dass ich nicht empfänglich bin für die Ausgeburten der Fantasie, die den Menschen Unglücke vorgaukeln, die höchstwahrscheinlich nie eintreffen werden. Die meisten Menschen haben nämlich nicht vor allem Angst vor dem, was ist, sondern vor dem, was kommen könnte. Doch für diesen Konjunktiv hat mein Gehirn einfach keinen Arbeitsspeicher.

Ich lade Tanja schließlich ins Café ein, spendiere ihr wie immer Windbeutel und heißen Tee. Windbeutel ist so was wie unser Running Gag, Windbeutel gibt's immer, wenn es bei Tanja mal wieder stürmisch zugeht und sich später höchstwahrscheinlich eh alles in Luft auflösen wird.

Ich habe zwar irgendwie ein schlechtes Gefühl Felix gegenüber, aber ich weiß, dass Tanja mich zurzeit als Begleiterin braucht.

Doch ich hoffe, dass es ihr eines Tages gelingt, sich von mir zu lösen und eigenständig zu leben und zu glauben.

Tanja ist oft in alltäglichen Situationen völlig hilflos. Ihre größte Not ist allerdings, dass sie und Fred sich seit Jahren vergeblich eine kleine Familie wünschen, aber obwohl medizinisch alles okay ist, wird sie nicht schwanger. Tanja ist in derselben Gemeinde wie Felix und ich und sie geht auch in den Hauskreis, den Felix und ich mittlerweile leiten.

Unser Hauskreis. Ich mag sie, all die unterschiedlichen Menschen, die uns, als wir ganz neu hier in Gießen waren, so herzlich aufgenommen haben. Jeder hat uns nach seinen Möglichkeiten unterstützt.

Sabine zum Beispiel hat während des Umzugs dank ihres organisatorischen Talents, über das sie als Office-Managerin mehr verfügt, als wir Künstler uns das überhaupt vorstellen können, den ganzen Verwaltungskram für uns gemacht, anmelden, Wohnung suchen, Telefonanschluss und so. Sabine ist eine hübsche blonde Frau, die durch ihr Auftreten und ihre Intelligenz alle Blondinenwitze dieser Welt Lügen straft. Sie bringt ihre Aufgaben als zweifache Mutter beneidenswert mühelos mit ihrer Berufstätigkeit in Einklang und sieht trotz allem stets so aus, als wäre die Wartung ihrer langen Fingernägel ihre einzige Verpflichtung. Ehrlich gesagt, ist mir Sabine etwas unheimlich, allein schon weil ihr weißer Hosenanzug abends noch so tadellos aussieht wie meiner nicht einmal morgens. Sabine ist mit Jan verheiratet, dem letzten „echten“ Konditor, wie Sabine gern betont. Jan ist Perfektionist und liebt das Vollkommene, wahrscheinlich der Grund, weshalb er einerseits Sabine so vergöttert und andererseits dauernd Konditoren-Pokale einheimst, die in dem perfekten Wohnzimmer der beiden auf Regalen aufgereiht stehen.

Richarda wiederum ist Sabines Antipode. Sie ist in Auftreten und Ausdruck eher rustikal und kennt unzählige Witze. Mit ihrer blauen Lieblingslatzhose und den großen Händen könnte man sie für eine Gas- und Wasserinstallateurin halten, in Wahrheit arbeitet sie jedoch bei der Stadtverwaltung.

Christian hingegen ist freischaffender Bauingenieur und außerdem Ältester in der Gemeinde. Er kommt eher unregelmäßig zum Hauskreis; schließlich hat er ziemlich viel um die Ohren.

Dann ist da noch Caroline, eine tolle Frau, deren großer Kummer die Tatsache ist, dass ihr Mann Thomas dem Glauben nicht das Geringste abgewinnen kann.

Last, but not least Natalie und Achim, bei denen wir uns meistens zum Hauskreis treffen. Sie haben vor zehn Jahren einen verfallenen Hof erworben und im Laufe der Jahre mit viel Liebe renoviert, sind aber noch immer weit vom durchschnittlichen nordeuropäischen Wohnkomfort entfernt. Seit drei Jahren ziehen sie auf ihrem Grundstück Biogemüse, um es auf dem Wochenmarkt zu verkaufen. Natalie ist mit ihren knalligen Pluderhosen und den rotblonden Dreadlocks in der Gegend bekannt wie ein bunter Hund.

Achim ist spirituell äußerst aktiv, um unseren Hauskreis macht er in der Regel jedoch einen weiten Bogen. Maha-Atman, Shunyata, Prajna, Maha-Purusha, Sugmad könnte man für den Auszug aus der Speisekarte eines indonesischen Schnellimbisses halten, tatsächlich jedoch ist es der kurze Abriss der von Achim schon betretenen Heilswege. Im Moment ist er eher „geomantisch" unterwegs. So hat er diesen Sommer zum Beispiel an der Hoflinde einen Baumaltar errichtet, von dem er sich eine „energetische Aufladung des Umfeldes" erhoffte, was auch ziemlich gut funktioniert hat, denn Natalie war äußerst geladen, als sie diesen „Götzenaltar" entdeckte.

Tagelang lief unser Telefon heiß. Tagelang wetterte, weinte, klagte sie über Achims esoterische Eskapaden.

Überhaupt knallt es zwischen den beiden ziemlich häufig. Sie sind manches Mal kurz vor einer Trennung und nicht selten ruft Natalie mitten in der Nacht bei mir an, weil sie es nicht mehr aushält.

Heute Abend ist wieder Alarmstimmung bei den beiden. Wir hocken alle bei Natalie und Achim auf dem Dielenboden in der ausgeräumten Wohndiele. Achim hat nämlich spontan die Sofagarnitur entsorgt – Sessel, Zweier- und Dreier-Couchkombination. Alles Giftmüll, hatte er gemeint, Giftmüll, den er seiner Familie nicht länger zumuten könne. Vor wenigen Minuten hat er, empört über das mangelnde ökologische Verständnis seiner Frau und ihrer „Bet-Hansel" den Hof verlassen, wahrscheinlich um mit seinem Kumpel Gerold die Planungen zur Rettung der Welt abzuschließen, während Natalie verheult auf einem Widderfell sitzt, getrocknete Datteln in sich hineinstopft und den Verlust ihrer Wohnzimmergarnitur betrauert.

„Dabei fing der Tag heute so super an", schluchzt sie und sortiert die Falten ihrer Pluderhose. „Ich durfte heute Morgen nämlich richtig krass Zeugnis geben. Auf dem Wochenmarkt …" und ihre Stimme klingt deutlich weniger betrübt, als sie berichtet: „… habe ich mich bei mir am Stand lange mit der Sandra über den Glauben unterhalten. Die Sandra kommt schon ganz lange bei mir einkaufen. Die Chemie zwischen uns stimmt einfach, ihr versteht, was ich meine? Gleiche Schwingungen und so."

Wir nicken, froh, dass Natalie den Verlust ihrer Sofagarnitur schneller zu verkraften scheint als erwartet.

„Ich habe der Sandra von unserem Kreis erzählt. Hab sie eingeladen, auch mal vorbeizuschauen."

In diesem Moment fange ich einen vielsagenden Blick von Caroline auf.

Ich bewundere Caro. Ihr Mann besitzt eine gut gehende Firma, die medizintechnisches Gerät entwickelt. Die beiden sind ziemlich gut situiert, moderne Villa am Südhang, Ferienhaus auf Mallorca und so weiter. Trotzdem stellt sie ihren sonderlackierten Chevrolet Corvette Sportwagen in das Schlammloch dieser Hippie-Farm, direkt neben den handbemalten Siebzigerjahre-Bulli von Natalie und Achim, ohne ein Wort darüber zu verlieren. Sie, die zu Hause in jedem Zimmer eine Rolf-Benz-Garnitur stehen hat, setzt sich klaglos auf Achims Hanfkissen.

Dass sie aber Probleme damit hat, dieses bewusstseinserweiterte Paradies Fremden zuzumuten, kann ich gut verstehen. Auch ich bin der Meinung, wir sollten Natalies Neuzugänge lieber auf ein Benz-Sofa setzen. Oder wenigstens auf eines von Ikea.

Das eine muss man Natalie allerdings lassen: Sie ist ein Evangelisationsgenie. Ich weiß gar nicht, wie sie das schafft, so unterschiedliche Menschen quasi „auf der Straße" anzusprechen und ihnen stressfrei von Jesus zu erzählen. Wenn Natalie im Supermarkt jemanden zwischen den Regalen erspäht, stürmt sie freudig auf ihn zu, sei es die Nachbarin, ihr Gynäkologe oder eine Teilnehmerin aus dem VHS-Töpferkurs vor acht Jahren. Die Gemeinde verdankt ihr fast ihren kompletten Zuwachs.

Unser Hauskreis ist also ein bunter Haufen und ich schätze unsere Unterschiedlichkeit sehr. Ich glaube, im Grunde habe ich einen Faible für schräge Vögel. Schätze, das habe ich von Mama geerbt.

4.

WARUM?

Mittlerweile sind wir seit sechs Jahren in Gießen, Felix bastelt seit Anfang des Jahres an seinem großen Traum, einer eigenen Jazzband. Ich habe all die Jahre viel und vergeblich versucht, als Musikerin beruflich Fuß zu fassen. Aber es brauchte gute fünf Jahre voller Absagen und Hilfsjobs, bis ich endlich „entdeckt" wurde. Und zwar von Henry. Henry stand eines Tages nach einem kleinen Auftritt in unserer Schwestergemeinde in Frankfurt plötzlich vor mir.

„Was Gott Ihnen geschenkt hat, ist so groß, dass es mir eine Ehre wäre, Ihre Karriere begleiten zu dürfen. Ich würde gerne als Ihr Agent für Sie arbeiten", meinte er.

Ich war so konfus, dass ich den armen Henry vor lauter Aufregung mit frommen Plattitüden wie „Wenn der Herr es will" oder „Alles zur Ehre Gottes" überschüttete, die ich zwar ehrlich meinte, die bei Henry allerdings einen Gesichtsausdruck hervorriefen, als hätte ich ihm vorgeschlagen, seinen Mantel zu frittieren.

Jetzt ist Henry mein Agent und hat bereits jede Menge Auftritte aus seinem Ärmel gezaubert. Connections halt.

Meine Karriere verläuft ebenso unerwartet wie steil.

Heute spiele ich in Köln. Ich sitze hoch oben auf einer großen, spiegelnden Bühne an einem ebenfalls spiegelnden Bechstein-Konzertflügel, berauscht von der Musik und der Gegenwart Gottes, die die hohe Glaskuppel über mir erfüllen. Die Menschen unten im Saal seien dem Himmel begegnet, werden sie mir nach dem Konzert sagen. Ich weiß das, denn ich habe das schon oft erlebt.

Ich bin der glücklichste Mensch auf Erden. Gott hat mir meinen Herzenswunsch erfüllt. Ich darf Musik machen! Für ihn!

Die Scheinwerfer oben an der Decke schwenken auf mich, das Blau wechselt, beinahe golden blenden die Strahler. Letzter Akkord. Stille, nochmals Stille, dann Applaus.

Ich genieße diesen zerbrechlichen Moment nach dem letzten Akkord, diesen Moment von Ewigkeit, wenn die Zuhörer wie verzaubert schweigen. Ach, hätte Opa Josch das erleben können!

„Herr, gib mir immer die nötige Demut", schießt es durch meinen Kopf, als ich die vielen Hände sehe, die sich in die Höhe recken.

Alles zur Ehre Gottes, betet es in mir und es ist mir ernst damit.

Auf dem Rückweg fahre ich laut singend über die Landstraße, noch ganz beflügelt von dem Abend, das Halleluja von Händel aus den Boxen. Was für ein Glück! Der Nachklang der Gegenwart Gottes in mir. Dem Himmel so nah!

„Mehr von dir, Herr, ich will immer mehr deine Nähe erleben. Ich lege mein Leben in deine Hand, verfüge völlig über mich, mein Gott!", bete ich inbrünstig. Ich bin so glücklich. Was gibt es Schöneres, als von Gott gebraucht zu werden? Demnächst soll sogar meine erste CD aufgenommen werden.

Ich bin erfüllt von der Euphorie der vergangenen Stunden, während sich die Kegel der Scheinwerfer unseres kleinen, hellgelben Citroëns in die Dunkelheit bohren. Bald werde ich zu Hause sein. Heute Nacht will ich nicht im Hotel übernachten, obwohl es wieder spät geworden ist – ich will heute neben Felix liegen.

Aber es soll anders kommen.

Natürlich sehe ich den hellen Sprinter, auch den VW-Caddy, den er überholt. Und das Scheinwerferpaar, das auf mich zurast. Ganz langsam, wie abgeschossene Pfeile in Zeitlupe, suchen sie ihr Ziel. Klebrig zäh fließt die Zeit, als wolle sie mir die Frist lassen, mein Leben zu überdenken. Aber seltsam, ich denke nicht. Ich starre nur in das erschrockene Gesicht des Fahrers, seine geweiteten Augen im Licht meiner Scheinwerfer. Dann verschmilzt der

Sprinter mit meinem Citroën, vorne links, aber ich habe keine Angst, ich bin einfach nur da, bestaune die Falten, die meine Motorhaube wirft.

Vielleicht sterbe ich jetzt, konstatiere ich nüchtern und betrachte das feine Netz auf meiner Windschutzscheibe, nehme die Schönheit des Gesetzes wahr, nach dem die Scheibe zersplittert, diese grandiose Choreografie der Millionen Glassplitter, die sich einer nach dem anderen in allen Tönen knisternd vor mir bilden, glitzernd wie Wassertropfen.

Keine Angst, nur – Verwunderung. Dann dreht sich der Innenraum meines Wagens. Im Dunkel draußen steht die Welt Kopf, Scheinwerferlicht in den Baumkronen. Ganz kurz nur, die Parkgroschen fallen lautlos herab – Sterntaler.

Dann sehe ich meine Linke zwischen Holm und Windschutzscheibe stecken. Eine gelbe Metallschiene ragt mitten aus meiner Hand und alles voller Blut. Ich frage mich, wo der Schmerz bleibt. Dann erst höre ich das Krachen und es wird dunkel um mich.

Irgendwann bin ich wieder zurück, weiß, dass ich nicht tot bin, denn wäre ich tot, hätte ich sicher nicht diesen Schmerz in meiner linken Hand, meinem Bein, im Gesicht, im Rücken.

Ferne Geräusche, eilige Schritte, Türen knallen, ein Ticken und auf dem Flur quietscht ein Wägelchen in a-Moll.

Als ich nach einer Ewigkeit endlich die Augen öffne, sehe ich Felix neben meinem Bett kauern, sein schiefes, verschämtes Lächeln. Er streichelt meine rechte Hand, ich lächle zurück. Ein Reflex – das dringende Bedürfnis, den unglücklichen Felix zu trösten.

Die Schwester kommt, stellt am Tropf herum, lächelt an mir vorbei, geht wortlos wieder.

Später kommt eine andere Schwester und bringt Tabletten.

„Schlucken." Ich frage nicht nach, gehorche.

Stundenlang sitzt Felix schweigend an meinem Bett. Felix, der Unbeschwerte. Er hat kein Register für Situationen wie diese. Das hier passt nicht in sein Weltbild. Auch in mein Weltbild passt es nicht.

Hinter meinen geschlossenen Augenlidern wechselnde Bilder. Meine Finger auf den Tasten, dann Blut, der Holm in meiner Hand, Schlussakkord, blanke Knochen.

„Ich habe Gott gebeten, dass er dich heilt und alles wieder gut wird", sagt Felix irgendwann und er klingt wie ein Kindergartenkind. Ich nicke dankbar und fasse seine Hand. Im Moment kann ich nicht klar denken. Das liegt sicher am Schock. Oder an den Tabletten. Wer weiß. Das wahre Entsetzen wird noch kommen, nehme ich an. Noch weigert mein Gehirn sich zu verstehen. Wie ein Computer, der immer an derselben Stelle abstürzt. Systemfehler. Es muss ein Irrtum vorliegen. Ich kann mir nicht vorstellen, dass dies der Wille meines liebenden Vaters ist.

Später, als Felix weg ist, schlage ich meine Bibel auf, die er mir mitgebracht hat. Sie öffnet sich in der Mitte: Psalm 121: „Meine Hilfe kommt vom HERRN, der Himmel und Erde gemacht hat. Er wird deinen Fuß nicht gleiten lassen, und der dich behütet, schläft nicht. Der HERR ist dein Schatten über deiner rechten Hand, dass dich des Tages die Sonne nicht steche noch der Mond des Nachts. Der HERR behüte dich vor allem Übel, er behüte deine Seele. Der HERR behüte deinen Ausgang und Eingang von nun an bis in Ewigkeit!"

Ich verkrieche mich in den Laken.

„Der HERR ist dein Schatten über deiner rechten Hand."

Und was ist mit meiner Linken? Ich ringe einen Vorwurf nieder und ziehe die Bettdecke noch weiter über meinen Kopf.

„Der HERR behüte dich vor allem Übel …"

„Sie haben Glück gehabt", behauptet Dr. Andresen tags drauf bei der ersten Visite. „Wir konnten das untere Glied des Daumens erhalten, allerdings mussten wir die beiden letzten Daumenglieder amputieren, sie waren komplett zerschmettert. Wir hoffen, die

Greiffunktion langfristig wenigstens rudimentär wiederherstellen zu können. Die Mittelhandknochen des Zeigefingers und Mittelfingers haben wir gedrahtet. Leider war das Endglied des Zeigefingers nicht zu erhalten. Die gesamte Handwurzel ist stark traumatisiert. Inwiefern die völlige Funktionsfähigkeit von Sehnen, Muskeln und Nerven wiederhergestellt werden kann, Frau Lautermann, können wir zum jetzigen Moment noch nicht absehen. Er unterbricht seinen Bericht für einen schnellen Blick in den Ordner auf seinem Arm und beendet seinen Rapport mit den Worten: „Alle anderen Verletzungen wie die Prellung ihres Oberschenkels und die Abschürfungen und Schnitte in ihrem Gesicht sind vollständig reversibel und werden schnell abheilen. An der Wirbelsäule hat es allerdings Stauchungen gegeben, die Ihnen noch eine Weile Beschwerden machen werden, ansonsten haben Sie Glück gehabt."

Dr. Andresen und seine Begleiter lächeln mich an, als hätten sie mir eine Freudenbotschaft überbracht. Vielleicht bin ich ja undankbar, aber ich finde nicht, dass ich Glück hatte.

Ich werde nie wieder Klavier spielen können.

Ich bin froh, dass sie keinen Kommentar von mir erwarten, sondern sofort wieder gehen und ich die nächsten Stunden mit meinem Kummer allein bin, um die kahle Wand gegenüber meinem Bett anzustarren.

„Darf ich?"

Leise öffnet sich die schwere weiße Tür meines Krankenzimmers.

Henry! Beinahe entschuldigend lugt sein rundes Gesicht durch den Türschlitz, dann schleicht er, als täte er etwas Verbotenes, an mein Bett und setzt sich vorsichtig auf die Kante. Dass er als mein Agent extra seinen Urlaub unterbrochen hat, um mich im Krankenhaus zu besuchen, rührt mich. Ist mir aber andererseits sehr peinlich. Er hat sich solche Mühe mit mir gemacht, so viel investiert. Er war so davon überzeugt, dass der Herr Großes mit mir vorhat.

Und nun?

Wir schweigen uns an. Ich sehe wohl, dass Henry einige Male zum Sprechen ansetzt, aber es bleibt bei seinem Schweigen. Ist mir auch lieber so, denn was soll man auch sagen? Ich will keinen billigen Trost und ich weiß, Henry versteht genauso wenig wie ich, was passiert ist.

Im Übrigen habe ich den Eindruck, als hielte er alles aus irgendeinem unerfindlichen Grund für seine Schuld. Deswegen nicke ich ihm lächelnd zu. Natürlich ist es nicht seine Schuld. Wenn schon, dann meine. Vielleicht fehlte mir die Demut oder ich habe mir etwas anderes zuschulden kommen lassen, ich weiß nicht ... dass ich ... irgendwie ... Vielleicht war ich dessen nicht würdig ...

„Ich weiß nicht ..." Ist vielleicht alles Unsinn. Dann versiegt mein Versuch, einen klaren Gedanken zu fassen. Henry zuckt kaum merklich mit der Schulter, als verstünde er mein Gestammel.

Als er mich beim Abschied umarmt, lausche ich seinem vergeblichen Versuch, den Kloß im Hals hinunterzuschlucken.

Felix besucht mich täglich vor den Proben. Er versucht mich aufzumuntern.

„Na, mein zerkratztes Kätzchen, wie geht es heute deinem Pfötchen?", begrüßt er mich jeden Tag und ich antworte jeden Tag „Gut!", denn die Wahrheit kann ich ihm nicht zumuten, ich sehe ja, wie sehr er mit mir leidet. Ich lächle und erstatte Bericht, wann welcher Arzt was gesagt hat, was es zu essen gab, und Felix bestellt mir Grüße und beklagt sich über den ersten Geiger und über den Synkopenverdreher.

„Alles wird gut!", wiederholt er dann jeden Tag zum Abschied. „Ich bete für dich." Und ich nicke ihm mein Abschiedslächeln hinterher.

Der Hauskreis kommt natürlich auch. Tanja sitzt wie ein Häufchen Elend am Fenster und krallt sich mit ihren Kinderfingern an ihrer Bibel fest. Sie traut sich nicht, mich anzusehen, und starrt stattdessen konzentriert auf den Metallfuß meines Tropfes. Rechts neben dem Bett stehen Natalie und Achim, ungewöhnlich vereint, ein seltsames Paar, der dürre, immer ungekämmte Achim, der sich hinter seiner fülligen Frau zu verstecken sucht. Sie haben mir Obst und Gemüse aus ihrem Garten mitgebracht.

Auf der anderen Seite des Bettes steht Jan hinter seiner Frau Sabine, die den Maxi-Cosi mit Laetizia, ihrem Töchterchen, auf dem Schoß hat. Ihr nervöses Wippen ist das einzige Anzeichen von Leben in diesem Raum. Das beeindruckende Stück Sachertorte neben der Papiertüte mit den Biokarotten stammt von Jan. Tanjas riesiger Blumenstrauß ist mit Caro schon vor Längerem hinter der Tür zum Flur verschwunden, auf der Suche nach einer Vase.

Uns allen fehlen die Worte. Wir alle waren begeistert davon, dass Gott mir endlich nach langem Harren und Beten einen Weg gebahnt hatte, dass ich endlich in meiner Berufung war. Dass ich spielen durfte, dass so viele Menschen berührt wurden. Und jetzt das. Wer soll das verstehen? Ich will noch immer nicht reden, denn ich habe Angst, dass alles über mir zusammenbricht, wenn ich die Frage laut stelle: Warum? Und ich sehe, dass es den anderen auch nicht anders geht.

Gott sehnt sich danach, verherrlicht zu werden, davon waren und sind wir zutiefst überzeugt. Was bitte ist an einer verkrüppelten Pianistenhand herrlich? Ich bin erleichtert, dass sie gehen, ohne diese offensichtliche Frage ausgesprochen zu haben. Tanja haucht mir noch einen Kuss zu, kurz bevor sie die Tür hinter allen schließt.

Nach drei Wochen darf ich nach Hause, in unsere schweigende Wohnung zu meinem verzweifelt witzelnden Mann, wo ich mir weiterhin den Kopf zermartere. Ich dachte, Gott hätte Gefallen daran gehabt, wenn ich am Klavier sitze. Oder war das alles nur ein egoistischer Trip? War es mir am Ende überhaupt nicht um Gott, sondern nur um mich gegangen?

Ich starre auf meine Finger.

„Er wird deinen Fuß nicht gleiten lassen, und der dich behütet, schläft nicht.

Siehe, der Hüter Israels schläft und schlummert nicht."

Kleiner Finger und Ringfinger stehen spöttisch neben den Veteranen eines unfairen Krieges. Der Daumen nichts als ein Stummel.

„... Der Schatten über deiner rechten Hand ..."

Wie ein schlecht zugebundener Sack hockt er neben dem geköpften Zeigefinger, mit dem er sich die bläuliche Narbe teilt, die erst in der Handinnenfläche ausläuft. Der Mittelfinger krümmt sich steif wie ein gebeugter Greis.

„Er behüte deine Seele."

Ich brauche zurzeit viel Ruhe. Ich hoffe, Gott erklärt mir, was passiert ist. Ich durchforsche die Bibel nach Antworten und sehne mich danach, alleine zu sein. Ich freue mich auf zehn Uhr, wenn Felix zur Probe muss. Und auf die Abende, wenn er Aufführung hat. Dann höre ich Bach oder sitze am Klavier, spiele ein paar halb fertige Akkorde mit meiner rechten Hand und starre auf meine unförmige Linke, während Felix im Orchestergraben Klarinette spielt und sich über seine Kollegen ärgert.

Wenn Felix nach der Aufführung wiederkommt, stelle ich mich schlafend.

„... dass dich des Tages die Sonne nicht steche noch der Mond des Nachts."

Dreimal die Woche gehe ich zum Physiotherapeuten. Vor allem soll ich das Greifen wieder lernen. Auch der Zeige- und der Mittelfinger müssen trainiert werden.

„Seien Sie froh, dass es Ihre Linke erwischt hat", versucht der Physiotherapeut mich zu trösten. Ich lache innerlich bitter auf.

Zum Klavierspielen brauche ich beide Hände. Aber ich sage so was wie: „Ja, Glück im Unglück."

Das wollen die Leute hören.

Zum Gottesdienst gehe ich erst vier Wochen nach meiner Krankenhausentlassung.

„Wir danken dir, Herr, dass du bei Joelles Unfall dabei warst", betet Holger, nachdem er die Geburtstage bekannt gegeben und den Gottesdienst „unter den Segen gestellt" hat. „Es hätte noch viel Schlimmeres passieren können. Danke, dass du ihr Leben bewahrt hast, Herr."

Aber ich finde, es ist das Schlimmste passiert, was ich mir vorstellen kann. Was für ein Leben soll das sein, das da bewahrt wurde? Musik ist mein Leben! Lobpreis ist mein Atmen!

Sechs Wochen nach meiner Entlassung ruft Manuel Krieger an. Der Agent von „Blessing Music". Er will mir den Termin für die Aufnahmen mitteilen. Stimmt, er weiß ja noch nichts.

„Ich werde nie wieder spielen", sage ich und lege ganz schnell auf.

5.

LATERNENFISCHE

Ziemlich genau vier Monate nach meinem Unfall sitze ich bei Pastor Lolling zu Hause am Holzimitatküchentisch, der bei jeder Bewegung in einer quietschenden Terz auf seinen Gummibekappten Metallrohren hin- und herwackelt. Pastor Lollings Einbauküche stammt noch aus den Sechzigern, weiße Resopalschränke mit Metallgriffschienen. Auf der grau gesprenkelten Arbeitsplatte steht ein aus Metalldraht geflochtener Obstkorb mit zwei Apfelsinen und einem schrumpeligen Apfel. Über der Tür ein Holzkreuz, der Abreißkalender neben dem Lichtschalter. Die Kaffeetasse mit orangefarbenem Prilblumendekor vor mir ruht auf einer Untertasse mit ausgeblichenen hellblauen und türkisfarbenen Ringen.

Die pastellblaue Küchenuhr tickt hinkend.

Es ist, als sei die Zeit bei Pastor Lolling stehen geblieben. Soweit ich weiß, hat er seine Frau schon früh verloren. Bei der Geburt des ersten Kindes seien Mutter und Kind gestorben. Dann war halt niemand mehr da, der neues Geschirr oder neue Gardinen gekauft hätte.

Er scheint meine Gedanken zu lesen.

„Ist noch einwandfrei und mir gefällt es", lächelt er. „Hat mir damals gefallen, wieso sollte ich es jetzt nicht mehr mögen?", meint er, während er die Tasse in seiner Hand dreht.

„Die Sechziger sind ja mittlerweile wieder modern", gebe ich zu.

Er zuckt mit den Schultern, stellt die Tasse klirrend auf die Untertasse, verschränkt seine faltigen Hände und schaut mich an.

„Ach, Kind!", sagt er und es stört mich nicht, dass er mich so anredet. „Der Herr geht manchmal sehr verstörende Wege mit uns."

Dann schweigt er lange, aber er sieht mir direkt ins Gesicht, nicht so wie die meisten anderen, die sich nicht mehr trauen, mir in die Augen zu sehen. Ein freundlicher, ernster Blick, ohne Lächeln.

„Manchmal gibt es Situationen im Leben, da könnte man fast glauben, dem Herrn wäre ein Irrtum unterlaufen. Aber glaube mir" – er legt seine kühle Pergamenthauthand auf meine Narben – „Gott macht keine Fehler. Er weiß, was er tut."

Wenn Pastor Lolling mich damit hat trösten wollen, ist das gehörig schiefgegangen. Wenn, wie er meint, der Unfall kein Fehler war, muss es ja wohl Absicht gewesen sein, was die Sache wirklich nicht besser macht. Wenn Gott mir Sünde hat zeigen wollen, hätte er das nicht anders tun können?

Vor zwei Tagen habe ich Pastor Lolling nach über zehn Jahren in Moers wiedergetroffen. Damals hatte er Opa Joschka beerdigt und vorgestern meine Tante Luise. Beim sogenannten Leichenschmaus habe ich ihm von meinem Unfall erzählt und davon, dass ich Gott nicht verstehe. Daraufhin hat er mich gefragt: „Liebes, willst du mich alten Mann nicht mal besuchen kommen, solange du noch hier bist? Ich würde mich jedenfalls über deinen Besuch sehr freuen."

Ich habe die Einladung angenommen und drehe nun nervös die Tasse zwischen meinen Fingern.

„Es ist keine Strafe Gottes", sagt er unvermittelt. „Es geht nicht um Sünde."

„Woher wollen Sie das wissen?", frage ich zurück, überrumpelt von seiner Direktheit. „Gott handelt nicht grundlos. Haben Sie gerade selber gesagt. Was macht Sie also so sicher, dass nicht Sünde der Grund ist?"

Er lächelt vielsagend, beinahe verschmitzt.

„Weil unsere Sünde am Kreuz ist." Behutsam fährt Pastor Lolling mit seinem Mittelfinger den abgewetzten Goldschnitt seiner Bibel entlang und murmelt: „Genau das ist doch das Evangelium, dass wir vollkommen und gerecht sind – allein durch das Opferlamm Christus. Geliebt, gesegnet, gehalten. Wir sind Eigentum des Allmächtigen."

Ruhig, unaufgeregt sind seine Worte, fast so, als wären sie sein Vermächtnis an mich, aber ich finde, die Worte passen nicht zu meiner verkrüppelten Hand. Sie passen nicht zu dem, was ich erlebt habe.

„Viele verstehen das Evangelium nicht", fährt er fort. „Viele glauben zwar, mit ihrer Bekehrung werden alte Sünden fortgenommen, meinen aber, jede Sünde, die dann geschieht, muss neu vor das Kreuz gebracht werden, um Gottes Zorn abzuwenden."

Er schaut mir direkt ins störrische Gesicht.

„Dabei ist der alte Mensch der Sünde nicht mehr von Belang."

Noch immer wächst die Revolte in mir. Wovon redet er? Ich bin doch nicht hier, um mir die Predigten anzuhören, die er vor seiner Pensionierung noch loswerden will. Starre in meine leere Tasse.

„Es ist schlimm", fährt er fort, „dass das Evangelium so falsch verstanden wird. Es geht doch in erster Linie nicht um unser Tun, sondern um die Wirklichkeit Christi in uns durch seine Erlösungstat. Sein versöhnendes Blut reinigt und schützt uns."

Versteht der Alte denn nicht? Hat er keine Augen im Kopf? Wenn das Blut mich wirklich geschützt hätte, wäre ich jetzt kein Krüppel.

Unbeirrt redet er weiter: „Diese Lehre, die unsere Schuld in den Vordergrund stellt und nicht die Erlösungstat unseres Herrn Jesus, ist falsch."

Das weiß ich doch alles selber, denke ich und bereue, gekommen zu sein. Ich hatte gehofft, der Alte hätte ein Wort des Trostes für mich, einen Hinweis, was es war, das mich meine Berufung gekostet hat. Das hier muss ich mir nicht antun.

Ich suche nach nicht zu unfreundlichen Abschiedsworten, so

was wie: „Vielen Dank, aber ich muss jetzt wirklich gehen …", als er ergänzt: „Ganz davon abgesehen, können wir getrost davon ausgehen, dass die Ahndung von Sünde ganz sicher nicht die Lieblingsbeschäftigung eines Schöpfers ist, der sich Laternenfische, Paradiesvögel und Erdmännchen ausdenkt."

Komisch. Manchmal gibt es Sätze, die sind wie Lichtschalter. Manchmal sind diese Sätze gar nicht besonders. Aber sie schalten etwas um.

Der Laternenfischsatz ist so ein Satz. Mit einem Mal höre ich zu. Die Laternenfische haben mich überzeugt: Ein Gott, der so was erschafft, dem muss es im Wesentlichen um Schöneres, Leichteres gehen als um unsere Sünde. Gott ist Künstler. Auch er ist Musiker, ein Komponist, dessen Instrumente das Knistern von Feuer, das Gurgeln von Wasser, das Platschen nackter Füße sind.

Als hätte sich mein Hirn auf Empfang geschaltet, lauscht es, was Pastor Lolling erklärt: „Paulus sagt in Philipper 3, Vers 6, er sei nach der Gerechtigkeit, die das Gesetz fordert, untadelig gewesen. Ist schon seltsam, nicht wahr? Derselbe Mann, der an anderer Stelle meinte, es sei an sich unmöglich, nach der Gerechtigkeit, die das Gesetz fordert, untadelig zu sein, genau dieser Mann behauptet hier von sich das Gegenteil. Da widerspricht sich unser lieber, unbequemer Bruder doch, oder?"

Pastor Lollings Augen funkeln. Offensichtlich macht ihm die Sache hier Spaß.

„Dann aber kommt Bruder Paulus erst richtig in Fahrt. Alles Dreck, Müll, die ganze Frömmigkeit, die Tugend, das Gesetz, Mistzeug nennt er es, je nach Derbheit des Übersetzers. Lies ruhig nach", sagt er und blickt mich eindringlich an. „Paulus erachtet also genau das für schädlich, wonach sich die meisten Christen verzweifelt ausstrecken: die Gerechtigkeit, die das Gesetz fordert, zu erfüllen. Sie mühen sich ab, und wenn sie scheitern, zücken sie ihr Notpaket ‚Vergebung durch das Kreuz'."

Mittlerweile hänge ich begierig an jedem Wort, erfasst von der Vehemenz, mit der der alte Mann spricht.

„Unser Bruder Paulus ekelte sich vor genau dieser Art der Gerechtigkeit, die die meisten Christen so eifrig anstreben", fährt er fort. „Er wollte stets nur das eine: Christus erkennen, ihn groß machen, die eigene Gerechtigkeit loslassen um Christi willen."

Plötzlich, hier am Küchentisch, ahne ich, dass ich im Grunde das Evangelium nicht verstanden habe, obwohl ich selber es unzählige Male gesagt habe: Nicht Sünde ist das Thema des Evangeliums, noch nicht einmal Vergebung oder Gerechtigkeit, sondern Christus selbst. Habe ich es damals nicht schon geahnt, als ich mich bekehrte? Christus ist Anfang und Ende, in ihm ist alles geschaffen, auf ihn alles ausgerichtet. Wann habe ich das vergessen?

„Und deswegen, mein Kind, bin ich so sicher, dass der Unfall keine Strafe Gottes war."

Pastor Lolling steht umständlich auf, geht zur Kaffeemaschine, um uns noch von dem Gebräu in unsere Tassen zu füllen. Dann setzt er sich und erneut rührt er in seiner Tasse, legt den Löffel auf die Untertasse, alles ganz langsam, als handele es sich um eine tausend Jahre alte Zeremonie.

„Aber warum hatte ich dann diesen Unfall?", frage ich frei heraus. „Wieso hat Gott mich nicht bewahrt? Er hatte mich doch gerade erst in meine Berufung geführt ... Das macht doch keinen Sinn. Er hat mir genau das genommen, was mir wirklich wichtig war." Fast heule ich wieder.

„Du kennst doch die Geschichte von Abraham." Pastor Lolling lehnt sich zurück, die Tasse noch immer in seiner Hand. „Gott befahl ihm, Isaak, den Sohn der Verheißung, zu opfern."

Er setzt die Tasse ab und hebt seine Hände gestikulierend vor die Brust.

„Das muss man sich mal klarmachen: Gott verlangte nicht nur den Tod des Sohnes – Kindesopfer waren dazumal keine Seltenheit –, das Besondere an der Sache war: Gott forderte von Abraham, den Träger der Verheißung zu töten, also genau den Sohn, durch den sich Gottes Verheißungen an Abraham erfüllen sollten."

Pastor Lolling faltet seine Hände und schließt die Augen. Fast glaube ich, er sei eingeschlafen. Doch dann schlägt er die Augen wieder auf und sagt:

„Erst als Abraham dazu bereit war, das Wahrwerden der Verheißung völlig in Gottes Hand zu geben, obwohl es dem gesunden Menschenverstand, den Erwartungen, allem, was Gott vorher getan hatte, komplett zu widersprechen schien, erst da erwies Abraham sich als würdig, Vater der Glaubenden genannt zu werden."

Ich schlucke. Es läuft mir heiß den Rücken runter, als ich die Parallelen begreife: Gott hatte von Abraham tatsächlich das Widersinnigste verlangt: das, was er ihm zuvor geschenkt hatte, zu töten.

„Wir können Gott nicht verstehen, Kleines. Wir können ihm nur vertrauen, der Rest ist sein Problem. Er will unser Bestes, und wenn wir ihn machen lassen, kommt er mit uns zum Ziel."

„Ich will Gott vertrauen, Pastor Lolling", flüstere ich und es klingt irgendwie feierlich. „Ich will mich seiner Hand fügen. Was immer er will, will auch ich, koste es, was es wolle."

Das Lächeln des Alten hat etwas Beglücktes und Trauriges zugleich und ich spüre Entschlossenheit in mir aufsteigen. Mut, Gottes Wegen zu vertrauen, eine beinahe zornige Unerschrockenheit.

Im selben Moment entschließe ich mich, Gott meine Berufung zur freien Verfügung auszuhändigen. Sie kommt von ihm. Er darf geben und nehmen.

„Der Herr hat gegeben, der Herr hat genommen …", flüstere ich und kribbelnde Wärme, Trost und Frieden durchfluten mich.

Pastor Lolling streicht mir über die Wange: „Ich werde für dich beten."

Der Alte und ich sitzen dann noch ziemlich lange da und lauschen der Küchenuhr.

„Ich glaube, ich muss jetzt gehen", sage ich, als sie sechsmal schlägt. Mühevoll rappelt er sich auf, um mich zur Tür zu begleiten.

„Vielen Dank, ganz herzlichen Dank!", stammele ich und werfe mich dem kleinen Alten unvermittelt an die Brust. Er schwankt bedenklich und lächelt mich dann schüchtern an.

„Gott befohlen." Er winkt unbeholfen, als er beim Abschied in seiner Wohnungstür steht.

6.

GOTTES WEGE SIND …

Als ich wieder in Gießen bin, gehe ich sehr viel spazieren. Ich genieße die Stille, die frische Luft, die Melodien der Vögel, das Knacken der Zweige, den Duft frischen Heus. Die Komposition des Meisters beruhigt meine Seele. Immer mehr ahne ich die Gnade Gottes, die Großartigkeit des Evangeliums. Gottes Liebe, seine Weisheit, die höher ist als meine Vernunft, höher als mein Denken, höher als mein Verstehen. Ich spüre seinen Frieden in mir und ganz behutsam finde ich meine Mitte wieder.

Wenn Felix Auftritt hat, setze ich mich zu Hause ans Klavier, höre in die menschenleere Weite einzelner unvollständiger Akkorde. Oder ich lege eine CD ein, Händel, Beethoven, Bach. Liege auf meinem Sofa und taste mich vorsichtig heran an die neue Gewissheit, dass nichts mich trennen kann von der Liebe Gottes.

Es wird sich alles zum Besten wenden. Er wird mir den Sohn der Verheißung wiedergeben. Er ist treu. Unzählige Menschen haben das erlebt. Nicht nur Abraham mit Isaak. Auch Mose, David, Josef.

Begeistert verschlinge ich die Biografien dieser großen Gottesmänner. So wie sie wird Gott auch mich meine Berufung finden lassen.

Klar, das muss nicht von heute auf morgen geschehen und so wird *Hoffnung* mein großes Thema in den nächsten Wochen.

Laut Herkunftswörterbuch kommt *hoffen vom mittelniederdeutschen hopen, Englisch hope, hopsen, vor Erwartung hüpfen – eine zuversichtliche innerliche Ausrichtung, gepaart mit einer positiven Erwartungshaltung.*

Das gefällt mir und tatsächlich beginne ich mich auf Gottes Handeln zu freuen.

Hier und da gibt es in der Tat erste Lichtblicke. So hat mich zum Beispiel eine Schwester aus der Gemeinde gefragt, ob ich ihrer Tochter Klavierunterricht gebe. Ich habe zugesagt. Es macht mir Spaß, anderen etwas beizubringen, und auch Felix meint, das wird mir guttun. Außerdem werde ich mir einen Job suchen. Mit meiner kaputten Hand habe ich ein Recht auf einen Behindertenplatz, solche Leute stellt man gerne ein – wegen der Zuschüsse.

Zudem hat Christian mich kürzlich gefragt, ob ich nicht die Leitung des Lobpreischores übernehmen wolle. Ich habe sofort zugesagt. Noch ein Schritt auf dem Weg nach vorn.

Überhaupt kehrt langsam wieder Normalität ein. Tanja ruft mich wieder ständig an, um sich ihre tägliche Dosis Rat und Ermutigung abzuholen, und gerade sitzen sie und ich im Café Plausch, wo sie ganz aufgelöst davon berichtet, wie die neue Kollegin sie mobbt. Noch steht ihr Windbeutel unberührt vor ihr.

„Warum kündigst du nicht?", frage ich sie. „Was soll das, dass du da jeden Tag mit Magenschmerzen hingehst?"

„Aber vielleicht will Gott ja, dass ich das aushalte. Vielleicht muss man das als Christ geduldig ertragen. Als Zeugnis vielleicht."

„Ach, Tanja", sage ich, „ein bisschen viel ‚vielleicht' finde ich. Du solltest Gott fragen, was er für dich will, und es dann tun."

„Aber ich bete doch schon so lange, dass Gott mir zeigt, was ich tun soll."

„Und – was sagt er?"

„Nichts! Stattdessen ist im Job alles nur schlimmer geworden …"

„Und was, wenn das Gottes Antwort ist?"

„Was?"

„Na, du bittest um Reden Gottes, dann geh doch davon aus, dass er antwortet."

„Ich weiß nicht", antwortet Tanja und betrachtet ihre kleinen Hände. „Ich würde so gerne eine klare Weisung Gottes hören. Einen Traum, einen prophetischen Eindruck, keine Ahnung. Wie ist denn das bei dir? Redet Gott zu dir?"

Ich trinke den letzten Schluck Kaffee und denke nach.

„Ich habe mir von Anfang an mehr als alles gewünscht, Gott zu gehorchen", erkläre ich. „Nicht aus Angst oder so, sondern weil ich seine Weisheit bewundere. Ich wollte so leben, wie Gott es sich für mich vorgestellt hat."

Ich nehme den Kaffeelöffel und lasse ihn gedankenverloren durch meine Finger gleiten.

„Weißt du, als Musikerin denkt man viel über die Interpretation von Stücken nach. Natürlich hat jeder Komponist eine bestimmte Vorstellung davon, wie seine Musik klingen soll. Und manche Interpreten sind ganz besessen von der Idee, das Stück in genau dieser Weise zu spielen. Aber diesen Interpretationen fehlt oft das Leben, die Freiheit, die Freude. Ihre Musik klingt nach Sklaverei und Besserwissertum."

Tanja beißt in ihren Windbeutel und wischt sich die Sahne aus dem Mundwinkel.

„Ich glaube, jeder Musiker muss seine ihm eigene Interpretation finden, ohne dabei das Original zu entwürdigen. Die Idee des Komponisten zu ergründen und trotzdem seine eigene Stimme zu finden, das ist die Art und Weise zu spielen, die ich liebe."

Ich ordne die Blätterteigkrümel auf meinem Teller zu einem Muster zusammen und Tanja sieht sich suchend im Raum um. Ich fürchte, meine Erklärung war etwas zu abstrakt, und ergänze:

„Gott redet mit mir vor allem durch den inneren Frieden. Auch wenn ich weiche Knie bei einer Entscheidung habe – wenn dieser innere Frieden da ist, der tiefer ist als jede Furcht, weiß ich, was ich tun soll, und tue das möglichst sofort. Meiner Erfahrung nach wird es nämlich immer schwieriger, das Gebotene zu tun, je mehr man argumentiert. Gottes Stimme verschwindet dann im Geklingel all der anderen Stimmen."

„Also, Richarda hat mir erzählt, zu ihr spricht Gott durch die Losung." Tanja sieht mich fragend an.

„Warum nicht“, antworte ich, „ist mir auch schon passiert, Hauptsache, man hält die Losung nicht für sein Horoskop. Gott hat mich schon oft durch einen Bibelvers angesprochen. Ich habe dann so eine Art Kribbeln und weiß: Jetzt spricht Gott.“

„Kribbeln?“, wundert sich Tanja und lehnt sich vor.

„Es muss natürlich nicht unbedingt kribbeln, aber bei mir kribbelt's halt.“

„Ist Kribbeln denn biblisch?“, will Tanja wissen.

„Matthäus 36, Vers 104“, zwinkere ich ihr zu.

„Den Vers gibt's gar nicht, oder?“ Tanja steckt sich schmunzelnd den Rest des Windbeutels in den Mund.

„Aber man weiß ja oft nicht, ob das, was man für Gottes Stimme hält, nicht vielleicht doch eher Wunschdenken ist, deswegen frage ich bei wichtigen Entscheidungen Glaubensgeschwister, denen ich vertraue. Ich denke, Gott hat uns zusammengefügt, damit der Heilige Geist durch uns gemeinsam wirken kann. Deswegen werde ich, was auch geschieht, immer euren Rat suchen und Gottes Reden durch euch ernst nehmen.“

„Das wollen wir aber auch hoffen.“ Tanja lehnt sich entspannt gegen die ungemütliche Lehne des Designstuhles und lächelt mich an. Wenn Tanja entspannt ist, hat sie das schönste Lächeln der Welt und der Windbeutel scheint seinen Dienst wieder mal getan zu haben.

„Was dich angeht“, sage ich, „Gott wird dich ganz bestimmt leiten und falls Gott will, dass du bei Dr. Schädelkern kündigst, ist ihm sicher auch schon eingefallen, wie es danach weitergeht für dich. Ich bin sicher, er hat einen neuen, einen sehr guten Weg für dich.“

Tanja nickt lächelnd. Sie ist wie ein Kind, leicht zu verstören und leicht zu trösten. Ihr Blick streift meine Linke.

„Ach, ich bewundere dich für dein unumstößliches Gottvertrauen, Joelle.“

„Glaube mir“, beteure ich, „auch ich hatte meine Krisen, aber im Grunde kann ich nicht anders, als Gott zu vertrauen. Denn wenn

Gott Gott ist, weiß er, was er tut. Ich verstehe zwar auch nicht, warum das mit dem Unfall geschehen ist, aber ich gehe davon aus, dass alles, was mir geschieht, meinem Besten dient. Was sollte Gott davon abhalten, mir seine Güte zu erweisen?"

Bald darauf verlassen wir das Café, gehen noch ein wenig an der Lahn spazieren und sehen den langen, ruhigen Schlägen der Ruderer zu.

Zwei Tage später ist Sonntag. Ich gehe heute zu Fuß zur Kirche, lasse mir Zeit. Es ist früh. Felix musste wegen der Lobpreisvorbereitungen heute wieder schon um halb neun los. Ich genieße den Sonnenschein und freue mich auf den Gottesdienst. Irgendwie habe ich das Gefühl, dass Gott mich heute ermutigen will.

Als ich den Raum betrete, lese ich erst mal, was vorne an der Leinwand steht, auf der das aktuelle Predigtthema eingeblendet wird.

Johannes 14,12-14 ist angeschlagen und vor dem Foto einer Meeresbrandung der Bibeltext:

„Wer an mich glaubt, der wird die Werke auch tun, die ich tue, und er wird noch größere als diese tun; denn ich gehe zum Vater. Und was ihr bitten werdet in meinem Namen, das will ich tun, damit der Vater verherrlicht werde im Sohn. Was ihr mich bitten werdet in meinem Namen, das will ich tun."

Sieh an, interessant!

Ich setze mich neben Jan und Sabine, wo mich während des Lobpreises das bunte Licht der von den farbigen Fenstern getönten Sonne umhüllt. Heute fühle ich mich richtig wohl, das erste Mal seit dem Unfall bin ich fast glücklich. Die Lobpreisband setzt sich, Felix winkt kurz mit dem Sax zu mir rüber, kurze Begrüßung durch Paula, dann stellt sich Thorsten, unser Pastor, ans Pult.

„Guten Morgen, meine Lieben, ich werde heute nicht lange drum herumreden, sondern steige sofort ins Thema ein. Es liegt mir sehr am Herzen, also hört gut zu", zwinkert er in die Versammlung.

Thorsten beginnt fast jeden Sonntag seine Predigt mit diesen

Worten. „Wie ihr wisst, hat Jesus vom Himmelreich nicht nur erzählt, sondern er hat es für alle sichtbar gemacht. Er hat das Evangelium vom Reich der Himmel nicht nur gepredigt, sondern hat es quasi ‚materialisiert', indem er Kranke geheilt und Tote auferweckt, Hungrigen Brot gegeben und Stürme gestillt hat. Diese Vollmacht hat er an uns weitervererbt. Ein Erbe, das verpflichtet, denn Jesus fordert seine Jünger in Matthäus 10, Vers 7 und 8 auf: ‚Predigt und sprecht: Das Himmelreich ist nahe herbeigekommen. Macht Kranke gesund, weckt Tote auf, macht Aussätzige rein, treibt böse Geister aus.' Ja, werden manche meinen, das galt doch den Zwölfen, mit uns hat das nichts zu tun. Das ist falsch, denn laut dem Evangelisten Markus hat uns Jesus denselben Auftrag gegeben: ‚Gehet hin in alle Welt und predigt das Evangelium aller Kreatur. Die Zeichen aber, die folgen *werden denen, die da glauben,* sind diese …'" Thorsten blickt uns an und wiederholt: „‚Die Zeichen werden *denen* folgen, *die glauben.*' Wer ist also damit gemeint? Etwa nur wenige von denen, die in den Jahrzehnten nach seiner Auferstehung gelebt haben? – Nein, hier steht: ‚alle, die da glauben'."

Er trinkt einen Schluck und liest weiter: „‚In meinem Namen werden sie' – wer? – alle, die da glauben – ‚böse Geister austreiben, in neuen Zungen reden, Schlangen mit den Händen hochheben, und wenn sie etwas Tödliches trinken, wird's ihnen nicht schaden; auf Kranke werden sie die Hände legen, so wird's besser mit ihnen werden.'"

Es ist mucksmäuschenstill, als Thorsten uns mit ernster Miene fragt: „Weshalb tun wir also nicht, was Jesus uns aufgetragen hat?"

Das bunte Sonnenlicht ist mittlerweile weitergewandert und färbt jetzt das Cello mit warmem Orange.

„Ja, weiß Jesus denn nicht, dass ‚normale' Menschen solche Wunder gar nicht vollbringen können?, könnte man sich fragen. Doch, Jesus weiß das, aber er weiß auch, dass wir seit Pfingsten keine ‚normalen' Menschen mehr sind. Wir sind eine neue Kreatur, in der der Heilige Geist wohnt, und diese neue Kreatur kann sehr wohl tun, was das Wort Gottes von uns verlangt. In Christus und in seinem Namen ist alles möglich dem, der glaubt."

Thorsten setzt das Glas an, trinkt jedoch nicht, sondern fährt fort:

„Es ist unser Misstrauen dem Wort Gottes gegenüber, das uns hindert, zu sein und zu tun, wozu wir berufen sind. Unser Unglaube. Wir sehen diese Dinge, von denen in Matthäus 10 die Rede ist, in unserem Leben nicht und stutzen die biblischen Aussagen auf unseren Erfahrungshorizont zusammen. Aber das Wort Gottes sagt in Hebräer 11: ‚Es ist aber der Glaube eine feste Zuversicht auf das, was man hofft, und ein Nichtzweifeln an dem, was man nicht sieht' und einige Zeilen später zusammengefasst: ‚Aber ohne Glauben ist's unmöglich, Gott zu gefallen; denn wer zu Gott kommen will, der muss glauben, dass er ist und dass er denen, die ihn suchen, ihren Lohn gibt.'

Wofür entscheiden wir uns also? Für das, was unserem menschlichen Erfahrungshorizont entspricht, oder für das, was Gottes Wort sagt?"

Ein Kribbeln zieht durch meinen Körper. Genau danach sehne ich mich: mich nicht mit dem begnügen, was mir machbar erscheint, sondern nach dem streben, was ‚Christus in mir' entspricht. Für Gott zu brennen wie eine Kerze, die sich verzehrt, weil Feuer mehr ist als Wachs. Ich will Gottes Leben für mich hier auf Erden wirklich erfassen, so leben, dass Christus sichtbar wird.

Gebrauche mich, Herr!, packt mich eine plötzliche Euphorie.

Am Ende seiner Predigt fragt Thorsten herausfordernd: „Möchtest du dich Gott zur Verfügung stellen? Fragst du dich: Für welche Aufgabe hat Gott mich geschaffen? Gott sucht dich. Er sehnt sich danach, sich durch dich zu verherrlichen, dich in deine Berufung zu führen, damit er seine Kraft in dir ausgießen kann."

Da spüre ich wieder dieses Feuer, das nach meinem Unfall fast erloschen war. Wusste ich es doch, heute ist ein besonderer Tag. Gott gibt mir meinen Sohn der Verheißung zurück.

Ja!, rufe ich innerlich. *Ja, ja und ja!*

Als Thorsten aufruft, alle, die wollten, dass Gott sich durch ihr Leben verherrliche, mögen nach vorne kommen, steht fast die halbe Gemeinde neben mir. Um die drei Dutzend Menschen drängen sich, um sich von Thorsten und seiner Frau Francis segnen zu lassen. Neben dem Cello sehe ich auch Tanja. Mein Herz klopft, als Thorsten schließlich vor mir steht.

„Der Herr öffne dir die Augen für seine Wege", sagt er. „Er hat seinen Engeln befohlen, dass sie dich beschützen."

Dann drückt mir Thorsten seine Hand auf die Schulter.

„Gott wird deine Treue reichlich belohnen. Er wird dich zum Segen setzen und dir seinen Weg bahnen. Du wirst seine Fülle erleben, er will seine Herrlichkeit durch dich sichtbar werden lassen."

Begeistert fahre ich nach Hause. *Vor freudiger Erwartung hopsen.* Gott ist treu. Er hat einen neuen, einen sehr guten Weg für mich. Ich muss schmunzeln. Habe ich nicht genau das kürzlich zu Tanja gesagt?

Das Telefonklingeln reißt mich aus meinen Gedanken.

„Gerade habe ich an dich gedacht!", rufe ich in den Hörer, dann eröffnet Tanja mir: „Thorsten hat gesagt, Gott will Neues schaffen in meinem Leben. Ich habe mich entschlossen, meinen Job zu kündigen."

Wahnsinn, wie schnell Gott wirkt, denke ich.

Wie rasch Gottes Plan sich für Tanja durchsetzen sollte, hat mich dann allerdings wirklich überrascht. Nur fünf Wochen nachdem sie die Kündigung eingereicht hatte, war sie, die jahrelang vergeblich versucht hatte, Kinder zu bekommen, schwanger. Ich kann nicht verleugnen, dass mich das, was Tanja erlebt, ermutigt.

Auch ich erwarte Großes.

Und es soll Gewaltiges kommen. Aber völlig anders, als ich es mir je vorgestellt habe.

7.

JOSEF

Im Grunde hatte er nichts falsch gemacht, er hatte lediglich darauf vertraut, dass sein Gott hält, was er verspricht. Gut, vielleicht war er ein wenig blauäugig gewesen in seinem Überschwang, aber ist Gottes-Leidenschaft ein Fehler? Josef war radikal in seiner Geradlinigkeit und standhaft in jeder Situation. Er hatte sich nichts weiter zuschulden kommen lassen, als diese sonderbar bedeutsamen Träume ernst zu nehmen und seiner Familie, die darin immerhin eine Rolle spielte, davon zu erzählen. Das muss möglich sein in einer Familie, finde ich.

Nachdenklich lehne ich mich in meinem Sessel zurück und schiebe meine Bibel mit den Zetteln und Notizen von meinen Knien. Den ganzen Tag schon lese ich Josefs Geschichte. Heute Abend im Hauskreis werde ich die Bibelarbeit über diesen hoffnungsvollen jungen Mann machen, der von seinen missgünstigen Brüdern als Sklave nach Ägypten verkauft wurde und nach langem Auf und Ab schließlich Vize-Pharao wurde.

Am Abend sitze ich dann wieder auf unserem Sofa, Bibel auf dem Schoß, und auch alle anderen Plätze in unserem engen Wohnzimmer sind belegt. Hauskreis ist heute bei uns. Ich warte, bis Sabine den Text aus 1. Mose, Kapitel 37 vorgelesen hat, dann beginne ich: „Josef ist ein wirklich faszinierender Mann mit einem wirklich faszinierenden Leben. Er ließ sich durch seine Misserfolge nicht davon abbringen zu tun, was er als gottesfürchtiger Mann für richtig hielt. Mich beeindruckt das."

Ich sehe kurz in die Runde, blicke in acht Augenpaare, die mich gebannt anschauen.

„Ihr müsst euch das auf der Zunge zergehen lassen“, fordere ich sie auf. „Da träumt einer einen Traum, der ihm bedeutsam erscheint, und gerade dieser Traum vermasselt ihm sein schönes, privilegiertes Leben. Ab dem Zeitpunkt, an dem er träumte, dass seine Brüder und seine Eltern ihm dereinst huldigen würden, scheint sich alles gegen ihn zu wenden. Und jedes Mal, wenn Josef sich gerade berappelt, kriegt er eins auf die Mütze. Einen Schritt vor, drei zurück. Schließlich sitzt er im Knast, obwohl oder gerade weil er nichts Unrechtes getan hat. Er hätte es einfacher haben können: Als Lover von Potifars Frau hätte er sich die Hähnchenschenkel ins Liebesnest servieren lassen können, stattdessen serviert er jetzt seinen Mitgefangenen Brotsuppe. Die erzählen Josef schließlich ihre Träume, nachdem der so interessiert nach ihrem werten Befinden gefragt hatte. Also als normaler Mensch würde man doch sagen: ‚Finger weg von Traumdeutung. Das ist schon mal schiefgegangen.‘ Nicht so Josef. Mich fasziniert, dass dieser Mann sich durch seine vielen Rückschläge nicht davon abbringen lässt, dieser feinen Stimme, dieser inneren Gewissheit zu folgen, dass Gott die Dinge unter Kontrolle hat, so übel die Lage auch aussieht. Das Ende wird ihm recht geben, aber dann wird er zwanzig Jahre älter sein.“

„Krass“, wirft Richarda ein und Tanja meint: „So einen Glauben wünsche ich mir.“

„Ja“, sage ich, „da war etwas, das zuverlässiger war als alles Sichtbare in Josefs Leben. Eine innere Gewissheit, dass Gott letzten Endes zum Ziel kommen würde.“

Sandra lauscht fasziniert. Sandra ist frisch bekehrt. Sie ist vor vier Monaten tatsächlich Natalies Einladung gefolgt und zum Hauskreis gekommen. Vor drei Wochen hat sie sich taufen lassen. Sie ist die Jüngste von uns, noch in der Ausbildung, Schreinerin. Eine wirklich Nette. Wir alle genießen ihre kindliche Begeisterung, ihr grenzenloses, schlichtes Vertrauen in Gottes Handeln. Als sie sagt: „Josef wusste einfach, dass Gott ihn nicht im Stich lässt", klingt das so simpel, so selbstverständlich, dass wir alle schweigen. Aber genau das erlebt Sandra gerade: Sie bittet in kindlichem Vertrauen und empfängt. Gott scheint sie geradezu mit Freundlichkeit zu überschütten. Es ist erstaunlich, wie viel Fürsorge Gottes sie erfährt.

In den folgenden Wochen, in denen ich mich immer wieder mit Josefs Biografie beschäftige, fange ich irgendwann an, Melodien zu summen. Unbekannte, neue Melodien, die sich in mir zu formen beginnen. Schließlich dichte ich den ersten Song: Josefs Traum. Es fließt nur so aus mir heraus, Texte, Melodien, Begleitung. Ich tippe alles in meine alte Studentenversion von Band-in-a-Box.

Innerhalb von nur zehn Wochen, in denen ich arbeite wie eine Wahnsinnige, liegt ein komplettes Musicalmanuskript vor mir: Texte, Songs, Szenen, sogar Kostüme und Bühnenbilder habe ich entworfen. Manchmal bin ich gar nicht schlafen gegangen, weil die Ideen nur so auf mich einstürzten. Download vom Himmel. Und endlich, endlich spüre ich wieder Inspiration, so was wie Berufung. Das alte Gefühl ist wieder da: Gott hat einen Plan für mein Leben!

Ab und an hat Caro uns was zu essen vorbeigebracht. „Damit dein Mann sich nicht beklagt", hat sie gegrinst. „Männer, die nichts Anständiges zu essen bekommen, werden nämlich irgendwann ungemütlich." Caro ist eine echte Freundin.

Nach zehn Wochen stürze ich voller Freude mit meiner dicken Mappe in der Hand in unsere Küche, wo Felix etwas mürrisch vor seiner neuen Partitur sitzt. Aufbackbrötchen und Tütensuppe neben der Klarinette. Ich habe ihn ziemlich vernachlässigt, das ist mir bewusst, aber ich glaube, er ist froh, dass mich dieses Musical aus meinem „dunklen Tal" herausgeholt hat. Felix weiß ja, wie sehr ich mich danach gesehnt habe, mit meiner Kreativität etwas zu schaffen, das Gott ehrt.

„Weißt du", meinte er, „vielleicht wollte Gott ja von Anfang an, dass du Musicals schreibst, und der Unfall war nur Gottes Weg dahin."

Kann sein. Jedenfalls wäre ich Josef nie so nahegekommen, wenn alles glattgelaufen wäre. Gerade dieser Rückschlag hat mich sensibel gemacht. „Schatz!", störe ich ihn bei seiner Arbeit. „Ich bin fertig! Willst du es dir mal ansehen?" Felix' Urteil ist mir wichtig, in musikalischer Hinsicht, aber auch sonst.

Wenn Felix sich Partituren erarbeitet, will er eigentlich nicht gestört werden. Ich weiß das, aber ich bin zu aufgeregt, um zu warten. Für Sekundenbruchteile huscht Unwille über Felix' Dreitagebart – dann sagt er lächelnd: „Später. Leg es einfach auf den Tisch. Ich will nur den Satz hier zu Ende studieren." Ich lege das Manuskript auf den Küchentisch und kann vor lauter Aufregung kaum ruhig stehen, halte hin und her gerissen die Türklinke in der Hand. Felix sieht mich vielsagend an:

„Ist ja schon gut", lächelt er, „ich kenne ja deine Ungeduld", legt seine Partitur neben die Klarinette und klappt meine gehefteten Unterlagen auf, liest, blättert, murmelt, steht auf, holt sein Saxofon und spielt den Titelsong.

„Jo. Das ist super! Hier die Triolen, toll. Und diese Stelle ..." – er spielt einige Takte – „ ein geniales Motiv." Anerkennend schürzt er seine Lippen. „Da ist dir wirklich etwas sehr Außergewöhnliches gelungen."

„Ich weiß", lächle ich und blättere meinen Lieblingssong auf:

Gottes Wege sind – verschlungen,
Gottes Wege sind – genial,
doch Ihm ist alles stets – gelungen,
er rettet uns aus Not und – Qual.
Halleluja, halleluja,
Gott ist treu.

„Vielleicht schreibst du uns ja demnächst Songs für unsere neue Band, wer weiß?" Felix umarmt mich lange und ich spüre, dass auch von ihm eine schwere Last abfällt.

„Gott wird seinen Segen dazu geben, du wirst sehen. Wahrscheinlich dienst du ihm mit diesen Musicals mehr als am Klavier."

„Wenn dies Gottes Weg ist, gehe ich ihn gerne", flüstere ich Felix ins Ohr.

„Gottes Wege sind verschlungen, Gottes Wege sind genial", intoniert er zärtlich. „Ich freue mich so für dich, Jo, du wirst sehen, jetzt wird alles gut."

Einen ganzen Tag lang drucke ich aus, sortiere, hefte zusammen, beschrifte und klebe dicke DIN-A4-Umschläge zu, Briefmarken darauf. Die größten Musikverlage habe ich gegoogelt. Mit einem Stoßgebet lasse ich am Spätnachmittag sechs Umschläge im Briefkastenschlitz verschwinden. Gott wird auch weiterhin segnen. Das hier war so krass, diese Erfahrung, Ideen direkt vom Himmel zu empfangen … Gott wird dafür sorgen, dass sein „Baby" in gute Hände kommt. *Danke, Herr!*

Felix lädt mich an dem Abend zum Essen ein. „Das muss gefeiert werden!"

Im Schein der Kerze „unseres Italieners" nehme ich seine Hände. „Vielen, vielen Dank für deine Geduld. Ich verspreche dir, ab morgen erfülle ich wieder meine hausfraulichen Pflichten."

Felix grinst. „Besser wär's, ich bestehe nämlich mittlerweile zu 80 Prozent aus Fertigpizza und zu 20 Prozent aus Tütensuppe. Du kannst mich bald Dr. Oetker nennen."

Felix ist wie befreit und auch ich bin den ganzen Abend ausgelassen. Wir albern herum, kichern und gehen erst, als Lorenzo uns persönlich rausschmeißt: „Jetzt aber raus! Ich müde! Was feiern die Turteltäubchen? Du schwanger?"

„Gewissermaßen", grinst Felix erst mich, dann Lorenzo an.

Mir ist natürlich klar, dass man mitunter Monate auf Antwort von Verlagen warten muss, nichtsdestotrotz gehe ich jeden Tag mehrmals zum Briefkasten, um zu sehen, ob einer der Verlage sich nicht vielleicht doch schon gemeldet hat. Ich weiß, es ist Unsinn, aber ich kann nicht anders. Wenn ich am Herd stehe, kann ich den Briefträger kommen sehen. Ich lasse dann alles stehen und liegen, husche zur Haustür, horche auf das Scheppern des Briefkastendeckels und zähle bis zehn – es wäre mir zu peinlich, wenn der Briefträger mitbekäme, dass ich ihm täglich auflauere. Dann angele ich die Post aus dem Kasten. Schon wieder keine Antwort. Ich bete inniglich, Gott möge den Lektoren die Augen öffnen, er möge der Wind in meinem Segel sein und sein Werk in gute Hände legen.

„Herr, es war deine Idee, du wirst dich um den Rest sorgen!“ Den ganzen Tag denke ich an „Josef“, bete, freue mich, singe die Songs.

Endlich, knapp zwei Jahre nach dem Unfall, geht es mir wieder gut. Mein Leben in etwas Ewiges verwandeln zu können, genau das macht mich glücklich. Jetzt, da mich Gott in meine Berufung führt, beginne ich mich wieder lebendig zu fühlen.

Wochenlang, jeden Tag, fische ich vergeblich in unserem Postkasten. Der ersehnte Brief kommt nicht.

Endlich ist Post vom Musikverlag Kossmann da. Mein Herz rast, als ich den lang ersehnten Umschlag aufreiße. Gierig fliegen meine Augen über das Papier.

Sehr geehrte Frau Lautermann,
vielen Dank für Ihr Manuskript. Leider müssen wir Ihnen mitteilen, dass es nicht in unser Verlagsprogramm passt.
Wir wünschen Ihnen viel Erfolg mit Ihrem Werk.
Mit freundlichen Grüßen
…

Natürlich bin ich enttäuscht, obwohl … dass gleich der erste Verlag …

Lauere weiter jeden Tag auf Post. Manchmal gehe ich raus, öffne die Klappe, ob vielleicht … könnte ja sein, dass ich nicht mitbekommen habe … und dass der Postbote schon da war.

Dieses scheppernde Geräusch, ich schäme mich dafür, wie ein Junkie jeden Tag mehrmals in den Kasten gucken zu müssen, und hoffe, dass unsere Nachbarn nichts mitbekommen. Die denken vielleicht, ich hätte nichts Besseres zu tun.

Hab ich auch nicht. Ich warte. Dauernd. Im Grunde warte ich auf den Beweis, dass meine Hoffnung gerechtfertigt ist.

„Gott wird dir den Weg bahnen“, meint Thorsten.

„Der Herr hat so was Krasses mit dir vor“, sagt Richarda und strahlt vor Begeisterung, „du kannst ihm ruhig vertrauen. Gedulde dich.“

„Glaub mir, dein himmlischer Vater sorgt für dich“, versichert mir Natalie.

„Gott hat mich in meine neue Berufung geführt“, sage ich. „Ich vertraue ihm.“

Aus lauter Ungeduld überarbeite ich alles nochmals. Dann fange ich das nächste Musical an. Mose, der Mann, der seine Vision davon, seine Volksgenossen in die Freiheit zu führen, über die vierzig Jahre Schafehüten so sehr vergraben hat, dass es Gott schwerfällt, ihn schließlich zu überzeugen. Wenn Mose vierzig Jahre lang Schafe gehütet hat, bevor er tun konnte, wozu er bestimmt war, sollte ich mich doch ein paar Monate gedulden können.

Dann kommt endlich wieder ein Umschlag, der mein Herz in Wallung bringt:

Sehr geehrte Frau Lautermann,
danke … leider … und so weiter …

Ich lese mittlerweile nicht mehr bis zum Ende. Nach dem fünften Brief kenne ich den Text schon. Aber es besteht noch Hoffnung, der letzte Verlag hat noch nicht geantwortet.

Vielleicht habe ich nicht sorgfältig genug gearbeitet, denke ich, als ich die letzte Absage in Händen halte. Ich sollte mehr Exzellenz haben, ich beherrsche das Handwerkszeug vielleicht nicht gut genug. Ich kaufe Fachbücher, sehe mir Musicals an, melde mich bei einem Fernstudium Komposition an der Folkwang Uni Essen an und büffele fleißig. Zum Ärger von Felix, denn nun gibt es wieder ziemlich häufig Fertigpizza bei uns.

Ich glaube, mein Trip nervt ihn langsam. Er findet, ich übertreibe es. Wahrscheinlich hat er recht, aber ich kann nicht anders. Wenn ich an meinen Musicals arbeite, kann ich meine verkrüppelte Hand vergessen. Jetzt, wo ich nicht mehr Klavier spielen kann, spüre ich auf diese Weise wieder etwas wie göttliche Inspiration, dann fühle ich, dass Gott in mir ist. Tag und Nacht überarbeite ich die Musicals wieder und wieder, schicke sie an kleinere Verlage, ernte wieder Absagen.

Herr!, bete ich. *Greif ein! Das ist doch dein Projekt. Habe ich was falsch gemacht?* Warum scheint meine Berufung nun zum zweiten Mal zu scheitern? Vielleicht brauche ich mehr Geduld.

„Die Zeit ist noch nicht reif", versucht mein Hauskreis mich zu trösten, aber es tröstet mich nicht.

„Ich bete für dich", verspricht Sandra und vielleicht hört Gott ja auf ihre Gebete mehr als auf meine. Ihr Glauben scheint jedenfalls größer zu sein als meiner, wenn man die Menge an Gebetserhörungen sieht, die sie erlebt.

„Wer bittet, der bitte aber im Glauben und zweifle nicht; denn wer zweifelt, der gleicht einer Meereswoge, die vom Winde getrieben und bewegt wird. Ein solcher Mensch denke nicht, dass er etwas von dem Herrn empfangen werde."

Möglicherweise habe ich ein Problem mit meinem Glauben. *Herr, hilf meinem Unglauben,* flehe ich täglich, denn meine Hoffnung ist ziemlich lädiert.

Alle Türen bleiben verschlossen.

Nach einem Jahr exzessiven Wartens und Hoffens und Arbeitens und Studierens und wieder Überarbeitens, endlich, als ich schon aufgegeben habe, erscheint dann doch ein Lichtblick: Ich lerne Cordalis kennen.

8.

AM ENDE DES TUNNELS

Ich stehe etwas verloren im stylishen Garten von René, lausche dem Klavierkonzert a-Moll von Grieg, das aus den überall im Gebüsch postierten 40 000-Euro-Boxen erschallt, und halte die Kaviarkräcker in der Rechten, das Sektglas auch. Die scheußliche Linke verstecke ich in der Blazertasche. Ich will meine bescheuerte Geschichte niemandem erzählen.

Ich wäre sowieso lieber zu Hause geblieben, aber Felix wollte unbedingt zu dieser Party. Nur ihm zuliebe bin ich mitgegangen.

„Komm", hatte Felix gedrängt, „rappel dich auf. Wir sind jung, lass uns feiern. Bei René treffen wir fast alle aus unseren Semestern wieder. Das wird richtig gut."

René ist Intendant geworden und hat einen Teil der Ehemaligen eingeladen, das mit ihm zu feiern. Klar, natürlich freue ich mich, die anderen mal wiederzusehen. Aber was bitte schön habe ich schon zu berichten? Die meisten würden sich ziemlich wundern, die hoffnungsvolle Pianistin so zu sehen. Die meisten wissen, dass ich gläubig bin, aber meine Geschichte ist nicht gerade ein Gottesbeweis.

Ich verschweige also meine Erlebnisse, lieber lasse ich mir die Erfolgsgeschichten meiner Kommilitonen berichten. Sie scheinen ihren Weg gefunden zu haben, nur ich stehe in einer Sackgasse, dabei bin doch ich diejenige, die sich Gott zur Verfügung gestellt hat, die – rein theoretisch – unter seinem Segen steht.

Die übrigen Gäste machen sich gerade in Richtung Atrium auf, wo gleich der Bürgermeister seiner Freude zu Renés neuer Anstellung Ausdruck verleihen wird (die beiden sind im selben Golfklub). Ich schlendere zum Büfetttisch, der einen weit prächtigeren Namen verdient hätte, denn von einem schnöden Tisch ist diese circa zehn Meter lange Aufreihung von Luxusgenüssen weit entfernt. Langusten stehen aufrecht im Kaviar-Mayonnaise-Sockel, umhüllt von hauchdünn ausgebackenem Teig, Rosetten aus Parmaschinken stecken in Walnusspasteten und Früchte, von denen ich weder Namen noch Herkunft kenne, sind meisterhaft zu Kunstwerken geschnitzt und baden in Schüsseln mit exotischen Cremes.

René hat's richtig krachen lassen. Der wollte zeigen, was er hat. Als ich mit dem Streifzug am oberen Ende, Richtung Pool, angekommen bin, traue ich meinen Augen nicht: Ein kleines, bunt angezogenes Kerlchen mit Kugelbauch hockt auf dem Tisch zwischen einem Pfau aus Radieschen und dem mit Zitronenscheiben bespickten, erschrocken Richtung Pavillon stierenden Kabeljau und schneidet mit Inbrunst an einer Wassermelone herum. Der Gnom ist mit seinem Werk beinahe fertig – falls das Ziel seiner Tätigkeit tatsächlich die Metamorphose der Wassermelone in einen Totenkopf sein sollte.

Völlig gebannt von dem Schauspiel, das den anderen Gästen entgeht, da sie sich noch immer der Lobhudelei des Bürgermeisters aussetzen, nähere ich mich dem kuriosen Geschehen. Das muss ich mir näher anschauen. Was glaubt der Mensch denn, wer er …

„Giuseppe!", rufe ich aus. „Du?"

Das ist doch nicht zu fassen. Giuseppe. Der irre Giuseppe. Der Giuseppe, der zwar definitiv an Gott glaubte, es aber in keinem Bibelkreis lange aushielt. Während des ganzen Studiums hatte er sich auf kein Instrument festlegen können und war in den Vorlesungen vor allem durch fachfremde Zwischenrufe aufgefallen. Ich mochte den Verrückten schon immer. Dass René ihn eingeladen haben soll, wundert mich allerdings.

Als Giuseppe seinen Namen hört, lässt er sein Werkzeug – ein

Steakmesser – sinken. Kaum hat er mich erblickt, schnellt er hoch, hüpft mit beachtlicher Flinkheit vom Tisch, wischt sich einige Wassermelonenschalenschnipsel vom karierten Hemd und ruft: „Bella! Ciao bella, cara mia!“

Giuseppe hat sich schon immer den Nimbus und den Akzent eines Italieners gegeben. Aber in Wirklichkeit heißt er nicht Giuseppe, sondern Niels und hat mit italienischer Abstammung ungefähr so viel zu tun wie Spaghetti bolognese mit sauer eingelegtem Bismarckhering. Er ist strohblond und sieht mich mit seinen strahlend blauen Augen freudig an.

„Joelle! Come stai?“ Er steht vor mir, einen ganzen Kopf kleiner, die Haare wirr, aber der Blick unglaublich klar. Ich kann nicht anders, ich muss ihn umarmen.

„Mensch, Giuseppe, schön, dich hier zu sehen.“

Er lächelt mich herzlich an und nickt.

„Was machst du denn hier auf dem Büfett?“, will ich wissen.

„Ich vervollkommne“, sagt er und erklärt, da ich sicherlich dumm dreinblicke: „Keine barocke Fülle ohne Vanitas.“

Und weil ich wohl noch immer blöd gucke: „Der Totenkopf – Vanitassymbol. Alles ist eitel … Capito?“

„Du willst den Leuten hier den Appetit verderben?“

„Nein! Im Gegenteil: Sie sollen genießen im Bewusstsein, dass dieser Tag ihr letzter sein könnte. Apropos: Wie geht es dir?“

Die mich vom Büfett morbide angrinsende Wassermelone muss mich dazu verleitet haben, Giuseppe meine gut versteckte Hand vor die Nase zu halten. Doch statt Mitleid meint er nur salopp: „Besser Arm ab als arm dran.“

„Ist Leute beleidigen jetzt dein neuer Beruf?“, frage ich konsterniert.

„Ganz nah dran“, grinst er. „Verdammt nah dran.“

„Hofnarr?“, rate ich

„Pfiffig, die Kleine. Bravo!“, sagt er und zieht eine Visitenkarte aus dem Jackett.

„Mental-Artist" lese ich und halte es für irgendwas Esoterisches, weiß aber nicht so genau.

„Na?", grinst Giuseppe. „Geht die Schublade nicht richtig zu?"

„Schublade?"

„Na, die, in die du mich zu stecken versuchst."

„Na ja", gebe ich ihm recht, „du bist ganz schön sperrig."

„Mental-Artisten müssen sperrig sein."

„Bist du Bauchredner oder so was?", rätsele ich, wobei ich auf die kugelförmige Ausbuchtung unter seinem Hemd zeige. „Da wäre jedenfalls genug Platz für eine ganze Diskussionsrunde."

Er sieht mich groß an und antwortet: „Du hast auch den Abschluss in ‚Beleidigungen für Fortgeschrittene' absolviert, oder?"

„Sind wir wenigstens quitt", grinse ich in Erinnerung an unsere stundenlangen Duelle von damals. „Na ja", widerspreche ich mir selbst, „bis auf die Tatsache, dass ich noch immer nicht weiß, was ein Mental-Artist ist."

„Wenn du es wirklich herausfinden willst, dann komm mich mal besuchen", sagt er und zeigt auf die Adresse, die unter seinem Namen abgedruckt ist. „Liegt in der Nähe von München."

„Vielleicht komme ich ja wirklich mal vorbei", antworte ich und dann höre ich plötzlich wieder meinen Namen.

„Hi, Joelle!"

Giuseppe winkt kurz und deutet mir, dass er sein Werk noch zu beenden habe, woraufhin ich ihn mit gekonnt großmütiger Geste entlasse.

„Mensch, Joelle!" Marcel kommt auf mich zu. Oboe und Horn.

„Schön, dich zu sehen." Ein Semester über mir. Eigentlich ganz nett.

„Gut siehst du aus", sagt Marcel, der schon während des Studiums zu Leibesfülle neigte und dieser Neigung offensichtlich treu geblieben ist. Unglücklicherweise bedeckt er diese Leibesfülle mit einem Umhang, den er möglicherweise einem orientalischen Händler auf einem arabischen Basar abgekauft hat. Ich fürchte, bislang hat niemand gewagt, Marcel darauf aufmerksam zu machen, dass ihm dieser Gebetsteppich, den er sich umgewickelt hat, das Aussehen eines 2-Mann-Beduinenzeltes verleiht. Jedenfalls wirkt er gigantisch, wie er so vor mir steht. Ich beginne bei seinem Anblick zu stammeln. Er lässt das Beduinenzelt mit einer ausladenden Handbewegung erzittern und fragt: „Wie geht es dir?“

Dabei sehen mich seine hellen Meerschweinchenaugen freundlich an und ich fasse sofort Vertrauen. Marcel war nie einer von denen, für die nur Karrieren zählen, und so berichte ich ihm von meinen Manuskripten, den vielen Absagen, meinem Frust.

Marcel wirbelt mitten im Satz herum, was ihn zu einem Dreimannzelt macht, und haut ab, ohne ein Wort zu sagen. Er war immer etwas komisch, erinnere ich mich.

„Das ist Joelle“, höre ich wenig später seine Stimme hinter mir. „Joelle, das ist Cordalis. Cordalis Fernandoz. Ihr beiden solltet euch mal unterhalten.“ Bevor Marcel wieder entschwindet, ruft er noch: „Cordalis ist genau der Richtige für dich. Er ist Agent. Er bringt deine Sachen an den Mann, ganz sicher.“

Vor mir steht ein angenehm lächelnder, gut aussehender Enddreißiger und reicht mir seine braun gebrannte Hand. Der ganze Rest des Mannes ist auch braun gebrannt, allerdings wohl nicht dank intensiven Sonnenbankliegens, sondern aufgrund der Herkunft seiner Eltern. Italiener, Spanier, Mexikaner, keine Ahnung. Jedenfalls sind Augen und Haare glänzend schwarz.

„Marcel hat mir von deinen Arbeiten erzählt“, beginnt er das Gespräch. „Er meint, ich solle sie mir mal ansehen. Lustiger Typ übrigens“, fügt er hinzu. „Macht tolle Musik. War auf seinem letzten Konzert. Toll!“ Dann erzählt er mir, dass er selber nach seinem Musikstudium eine Insolvenz als Produzent verbockt habe, sich dann vor elf Jahren als Agent selbstständig gemacht habe und darin „ziemlich erfolgreich“ sei. „Als Musikproduzent war ich lausig, aber als Agent bin ich richtig gut. Ich glaube, es liegt mir, mich für die Sachen anderer stark zu machen, die über mehr musikalisches Talent verfügen als ich", grinst er.

Ich erzähle Cordalis von meinen Projekten und verschweige auch die vielen Absagen nicht. Er hört mir aufmerksam zu, nickt zwischendurch und meint: „Wir hätten uns früher treffen sollen. Dein Manuskript ist bei den Verlagen jetzt natürlich verbrannt. Wir müssen uns überlegen, wie wir es wieder interessant machen, aber da gibt es Möglichkeiten."

„Hat das denn überhaupt eine Chance?"

„Hier meine Karte", sagt Cordalis. „Wir sollten uns treffen. Ich muss mir das Material ansehen."

Danke, Herr! Danke, Herr!, jubele ich innerlich. Cordalis hat der Himmel geschickt. Gut, dass ich doch mitgekommen bin. Endlich Licht am Ende des Tunnels.

Gleich die Woche drauf sieht Cordalis sich meine Manuskripte an und findet sie richtig gut.

„Allerdings hast du sie völlig falsch präsentiert", meint er. „Nicht mal ein richtiges Exposé – ein Profi sieht sofort, dass du Laie bist. Du hast keine Ahnung von der Branche, stimmt's?" Ich nicke. „Du hast so ziemlich alles falsch gemacht, was man falsch machen kann. Da bist du direkt raus. Die gucken sich das gar nicht richtig an. Gleich ab ins Altpapier. Man weiß doch, wie das bei denen läuft."

Ich nicke vielsagend, obwohl ich natürlich keine Ahnung habe, „wie das bei denen läuft".

Beim nächsten Treffen sitzen wir im Café Auftakt. Zwei Aktenordner liegen vor Cordalis auf dem Tisch, sein Cappuccino-Tässchen obendrauf.

„Ich bereite das komplett für dich auf, du wirst sehen …" Er erklärt mir alles, am Ende unterschreibe ich einen Vertrag, der es ihm ermöglicht, meine Interessen zu vertreten. Offiziell hat er alle Nutzungsrechte, dann kann er die Sachen unter dem Namen seiner Agentur einsenden.

„Viele meiner Kunden entscheiden sich für diese Art der Vermarktung. Bei dir ist das die einzige Möglichkeit, deine Manuskripte wieder ins Spiel zu bringen."

Dann erklärt er mir, dass er vom Titelsong Aufnahmen im Tonstudio eines Freundes machen lassen wird und das gesamte Layout in die Hände seines Hausgrafikers legen wird.

„Ich verspreche dir, die Verlage werden sich überbieten, dein Musical verlegen zu dürfen."

Ich bin erleichtert. Die 4000 Euro Vorschuss überweise ich gerne. Ich weiß, es ist Gottes Werk, sein Wille. Es soll am Geld nicht scheitern, nehme ich mir vor und plündere mein Konto.

Der Sohn der Verheißung – es hat sich gelohnt zu warten.

9.

DIE VERHEISSUNG

Ein Dreivierteljahr später sitze ich im selben Café – Ironie des Schicksals –, aber diesmal sitzt mir mein Anwalt gegenüber. Ich habe nämlich neuerdings einen Anwalt. Ich stehe unter Anklage, ich dumme Kuh.

„Tja, Frau Lautermann, ich fürchte, die Sache steht eher schlecht für Sie", meint Dirk Jorgenhardt, räuspert sich und faltet seine manikürten Hände über die aufgeschlagenen Papiere. „Sie sind ganz schön blauäugig an die Sache rangegangen."

Da hat er recht, denke ich und schäme mich für meine verdammte Blödheit. Wie konnte ich nur so naiv sein? Ich bin in die Hände eines Betrügers gefallen, geblendet durch mein „blindes Gottvertrauen". Noch stehe ich unter Schock. So richtig habe ich es, glaube ich, noch immer nicht realisiert, dass Cordalis wohl doch nicht von Gott geschickt und mein Flehen um Hilfe doch nicht erhört wurde.

Wenn du Licht im Tunnel siehst, könnte das von einem entgegenkommenden Zug kommen, erinnere ich mich an den Aufkleber auf dem Auto unseres Nachbarn. Werde ich jetzt etwa zynisch?

Herr Jorgenhardt sieht mir meine Verwirrung wohl an, denn er redet mit mir wie mit einer Schwachsinnigen. Ganz langsam und deutlich legt er mir dar: „Laut Vertrag haben Sie von den 6 000 Euro noch 2 000 Euro zu zahlen. Sie können die Zahlung zwar verweigern und damit eine Anklage riskieren, aber ich sehe keine großen Erfolgschancen vor Gericht, das sage ich Ihnen ganz ehrlich. Das Beste, was wir herausholen können, ist ein Vergleich."

„Aber was ist mit den Versprechungen, die Herr Fernandoz mir gemacht hat?" Ich werde wütend in Erinnerung an die freche Rechnung, auf der der gleiche mondäne Briefkopf prangte, den Cordalis auch auf meine Manuskripte hatte layouten lassen. Die hatte er ansonsten unverändert an Verlage geschickt. Mehr nicht.

„Es zählt nur, was Sie schriftlich haben. Und das ist leider sehr wenig. Vertraglich ist lediglich festgehalten, dass er für Sie Verlage kontaktiert. Das hat er getan."

„Aber …" Ich scheine die Geduld meines Anwalts auf eine harte Probe zu stellen, dabei habe ich schon verstanden, dass, rein menschlich gesehen, die Sache schlecht aussieht für mich. Ich würde seinen Rat ja befolgen und das Geld bezahlen – Preis der Dummheit –, wenn Gott nicht so deutlich zu mir gesprochen hätte.

Als ich vor zwei Monaten den Brief von Cordalis' Anwalt bekam, war mir sofort klar: Die Sache würde schwierig. Ein klärendes Gespräch würde nicht reichen, Cordalis ist einer, der will mir Böses. Der will mir Schaden zufügen. Einer, dem ich vertraut habe, weil ich blöde Gans glaubte, Gott hätte ihn mir geschickt. Als ich Felix den Brief zeigte, waren seine Worte: „Der will dich ausnehmen wie eine Weihnachtsgans, von dem Verbrecher solltest du das Schlimmste erwarten." Das hier war kein Missverständnis, kein Versehen. Das war ein Verbrechen, Cordalis keine Gebetserhörung, sondern ein Betrüger.

Als ich das verstanden hatte, war ich im wahrsten Sinne des Wortes auf die Knie gegangen, hatte gebetet und staunte über die Worte, die aus meinem Mund kamen, als flössen sie aus einer inneren Quelle: „Denn wer ist dieser unbeschnittene Philister, der das Heer des lebendigen Gottes verhöhnt?" Seltsam, dass ich mich an diese Verse erinnerte. Sagte David das nicht zu Goliat direkt vor ihrem berühmten Kampf?

Dieses Gebet wuchs quasi aus mir heraus, stieg aus meinem Allerinnersten zu Gott. Ich kenne solche Gebete. Man weiß einfach, wann der Geist Gottes höchstpersönlich betet. „Verherrliche dich, Herr, führe mich."

Ich wollte nichts auf eigene Faust tun, mir keinen Ismael einhandeln. Und ich wollte, dass alles, was geschehen würde, zu Gottes Verherrlichung dient.

Als Felix von den Proben zurückkam, las ich ihm 1. Samuel 18, den Kampf zwischen David und Goliat, vor.

„Ich glaube, Gott will durch die Verhandlung seine Macht zeigen", erklärte ich. „Er will allen zeigen, dass er der Herr ist über alles." Abraham, Mose, Josef, David. Ich wollte wie diese Gottesmänner mein ganzes Vertrauen allein auf meinen Gott setzen.

„Na ja, du weißt, dass du rein menschlich gesehen wenig gegen Fernandoz in der Hand hast?" Felix hatte mich ernst angesehen.

„David hatte gegen Goliat auch keine Chance – rein menschlich."

„Wenn du dieses Risiko eingehen willst."

„Wenn Gott will, dass ich vor Gericht gehe, um es mit Goliat aufzunehmen, dann ist das kein Risiko – denk an David. Gott war mit ihm."

„Hauptsache, du weißt, was du tust, Jo."

„Mir liegt nichts daran, meinen Kopf durchzusetzen, Felix, und Gott bloß um seinen Segen für meine Pläne zu bitten. Ich habe diesen Vertrag unterschrieben. Wenn Gott es will, werde ich zu meinem Wort stehen und zahlen. Wenn er aber will, dass ich kämpfe, dann kämpfe ich", erklärte ich meinem Mann.

Ich hasse Rechtsstreits, ich hasse Streit überhaupt und vielleicht muss man für Dummheit eben bezahlen. Wenn ich nicht diese innere Gewissheit gehabt hätte, dann hätte ich auch anstandslos bezahlt und wäre nicht vor Gericht gegangen. Doch auch in den folgenden Wochen hatte Gott deutlich zu mir gesprochen.

Um wirklich sicherzugehen, hatte ich die Ältesten der Gemeinde um ihre Eindrücke gebeten. Ulrich hat ein prophetisches Gespür dafür, was richtig ist, und Christian hat die Gabe der Weisheit und der Unterscheidung der Geister. Bei so einer wichtigen Angelegenheit wollte ich Eindeutigkeit und die sollte ich bekommen.

Sowohl Christian als auch Ulrich ermutigten mich, vor Gericht zu gehen.

„Der Herr hat uns Psalm 37 aufs Herz gelegt“, meinte Christian und las mir die Verse am Telefon vor: „‚Der Gottlose droht dem Gerechten und knirscht mit seinen Zähnen wider ihn. Aber der Herr lacht seiner; denn er sieht, dass sein Tag kommt. Die Gottlosen ziehen das Schwert und spannen ihren Bogen, dass sie fällen den Elenden und Armen und morden die Frommen. Aber ihr Schwert wird in ihr eigenes Herz dringen, und ihr Bogen wird zerbrechen.‘ Vertraue deinem Herrn“, ermutigte er mich. „Wir als Gemeinde stehen im Gebet hinter dir.“

Als ich dann Römer 13,1–4 las, war ich endgültig sicher, was ich zu tun hatte: „Jede Seele unterwerfe sich den übergeordneten staatlichen Mächten! Denn es ist keine staatliche Macht außer von Gott, und die bestehenden sind von Gott verordnet. Denn die Regenten sind nicht ein Schrecken für das gute Werk, sondern für das böse. Willst du dich aber vor der staatlichen Macht nicht fürchten, so tue das Gute, und du wirst Lob von ihr haben; denn sie ist Gottes Dienerin, dir zum Guten. Wenn du aber das Böse tust, so fürchte dich! Denn sie trägt das Schwert nicht umsonst, denn sie ist Gottes Dienerin, eine Rächerin zur Strafe für den, der Böses tut.“

Ich entschied mich also, nicht zu zahlen. Sollte es doch vor Gericht zum gerechten Urteil kommen. Gottes Dienerin – der Herr höchstpersönlich hatte es mir zugesagt.

„Wie Sie meinen.“ Herr Jorgenhardt schiebt seine Akten in den schwarzen Pilotenkoffer. „Ich habe Sie gewarnt.“

10.

DAVID UND GOLIAT

Der Richter ist ziemlich jung – jedenfalls für einen Richter, finde ich. Er sieht sympathisch aus mit seinen Sommersprossen und dem rotblonden Kurzhaarschnitt. Über ihm, hinter seinem Richterstuhl, hängt ein schlichtes Holzkreuz. Ich lächle. Gott wird diesen jungen Mann zu seinem Werkzeug machen.

Seitdem ich heute Morgen die Losung gelesen habe, erfüllen mich tiefer Friede und große Freude: „Der Gottlose lauert dem Gerechten auf und gedenkt, ihn zu töten. Aber der HERR lässt ihn nicht in seinen Händen und lässt ihn vor Gericht nicht zum Schuldigen werden." Psalm 37,32.

Eine ganze Ameisenarmee kribbelte mir beim Lesen über den Körper. Braucht es da noch mehr? Eine Stimme vom Himmel? Einen Engel am Bett? Eine Schrift an der Wand? Ich bin so dankbar für Gottes Reden, für seine Ermutigung, seine Treue. Für diese Gewissheit, diesen tiefen Frieden. Ich habe diesen Frieden nicht etwa, weil Herr Jorgenhardt mit seiner schwarzen Robe neben mir sitzt, sondern weil Gott mein Helfer und mein Schutz ist. Er kämpft für mich. Er hat es verheißen. Mehrfach. Allein auf ihn verlasse ich mich. *Ich danke dir, Herr. Du wirst deinen Feinden heute zeigen, wer der Herr ist.*

Angespannt sitze ich am Pult, uns gegenüber, circa vier Meter entfernt, Cordalis Fernandoz und sein Anwalt, dem die Unmoral ins Gesicht geschrieben steht. Das tiefschwarze Haar hat er mit Gel an seinem kantigen Schädel fixiert, sein Kinn ist glatt rasiert. Mit scharfen, grimmigen Menschenfresseraugen fixiert er mich für den Bruchteil einer Sekunde.

Natürlich bin ich aufgeregt. Ich war noch nie vor Gericht und noch nie war ich so unmittelbar von Gottes Handeln abhängig wie jetzt. Aber heute wird sichtbar werden, was ich im Glauben schon weiß: David wird den selbstsicher grinsenden Goliat entgegen aller menschlichen Einschätzung besiegen – zur Ehre Gottes.

Cordalis sieht mich nicht an. Nervös blättert er in seinen Unterlagen und scheint seinem Menschenfresseranwalt damit gehörig auf die Nerven zu gehen. Immer wieder beschießt er seinen Mandanten mit ungeduldigen Blicken, die Cordalis nicht zu registrieren scheint.

Ich bin Cordalis nicht böse, obwohl ich sein Verhalten mir gegenüber verabscheue. Er ist mir auch als Mensch unsympathisch, jetzt, wo ich ihn besser kenne. Aber – komisch eigentlich: Es war leicht, ihm zu vergeben. Es ist, als gäbe es ihn als Person gar nicht. Ich sehe nur Goliat. Ein geistlicher Kampf, in dem Cordalis Fernandoz nichts als eine Spielfigur ist.

Der Richter lässt sich den Fall vortragen, fragt hier und da nach, lehnt sich schließlich, die Hände gefaltet, von seinem Tisch zu uns hinunter und sieht abwechselnd von einer Partei zur anderen, als er vorschlägt: „Einigen sie sich doch außergerichtlich. Sie, Herr Fernandoz, verzichten auf 50 Prozent der noch geschuldeten Forderung und Sie, Frau Lautermann, zahlen die Hälfte der 2000 Euro und tragen die Kosten der Verhandlung."

Ich schlucke. Damit habe ich nicht gerechnet. Ich bin fest davon ausgegangen, Goliat heute niedergestreckt auf dem Schlachtfeld liegen zu sehen. Eine solche Einigung, das will ich nicht, das weiß ich sofort, bitte mir aber zwei Tage Bedenkzeit aus.

Ich bin sehr verwirrt, als ich aus dem großen Klinkergebäude trete, schüttle Herrn Jorgenhardt abwesend die Hand. Im Weggehen rät er mir, auf das Angebot einzugehen.

Am selben Abend bekomme ich eine Mail von Christian. Er hat ein wenig im Internet geforscht und Foren entdeckt, in denen man sich über eine betrügerische Agentur austauscht, geführt von einem gewissen Cordalis Fernandoz. „Könnte für dich interessant sein“, stand im Betreff und dann nichts als der Link ins Forum.

Es *ist* interessant. Wie gebannt lese ich die Berichte Betroffener und maile einer Geschädigten, deren Schicksal mich besonders berührt. Die Antwort kommt prompt und ist eindeutig: „Lassen Sie die Finger davon. Da stecken gewiefte Anwälte hinter. Die machen ihr Geld mit verzweifelten Autoren. Die interessieren sich nicht die Bohne für Ihr Manuskript, die wollen nur Ihr Geld. Das sehen Sie nie wieder. Ich kenne einige, die sich gerichtlich mit denen eingelassen haben, aber die sind ganz groß aufgestellt, gewissenlos und ohne Gnade. Gegen solche haben wir kleinen Leute keine Chance, das ist wie David gegen Goliat.“

Bingo.

Um meinen nächsten Schritt abzusichern, bitte ich Christian und Ulrich wieder um Gebet, wieder ist es eindeutig: Weiterkämpfen. Gott ist mit dir. Er wird Recht sprechen.

„Denk an Josef und gib nicht auf“, ermutigt mich auch Felix.

Nur Tanja ist sich nicht sicher: „Was, wenn du den Prozess verlierst?“

Ich wische ihre Bedenken beiseite. Gott hat zu meinem Herzen gesprochen, ich kann nicht anders, als ihm Glauben zu schenken.

„Der Gottlose lauert dem Gerechten auf und gedenkt, ihn zu töten. Aber der HERR lässt ihn nicht in seinen Händen und lässt ihn vor Gericht nicht zum Schuldigen werden.“

„Ich habe so einen Frieden“, erkläre ich Tanja. „Es kommt mir vor, als würde ich Gottes Worte verachten, wenn ich jetzt aussteige.“

„Du musst es wissen“, sagt Tanja. „Ich bete für dich.“

Als ich meine Entscheidung meinem Anwalt mitteile, murmelt er: „Ich habe Sie gewarnt. Aber wer weiß, vielleicht läuft ja doch alles anders. Wissen Sie, es gibt da einen alten Spruch bei uns Anwälten: Vor Gericht und auf hoher See ist man in Gottes Hand.“

„Eben drum“, sage ich.

„Wie Sie wollen", stöhnt er. „Ich gebe das weiter und melde mich, wenn der Termin der Verhandlung feststeht."

Acht schwierige Wochen voller Aufs und Abs, voller Gebet und Ringen später sitzen Felix und ich Hand in Hand auf der Bank vor Saal drei und warten auf unseren Anwalt.

Jorgenhardt begrüßt Felix: „Sie sind also Herr Lautermann."

Felix ist total nervös. Er zerdrückt mir fast meine Hand vor lauter Aufregung. Ich hingegen bin ruhig. Aber natürlich bin ich froh, dass Caroline und Sabine als Gebetsunterstützung im Saal sitzen werden. „Das ist vor allem ein geistlicher Kampf und wir werden wie ein Mann hinter dir stehen", haben sie versprochen.

Cordalis kommt mit seinem Anwalt grinsend auf mich zu. Erst jetzt fällt mir auf, dass der Menschenfresser ja wirklich die Größe eines Riesen hat. Er ist anderthalb Köpfe größer als Herr Jorgenhardt und zwei Köpfe größer als ich.

Die Anwälte schütteln sich die Hände. Ein Schauer überkommt mich, als ich Fernandoz' Anwalt die Hand reiche.

Wir betreten den Saal, Caro und Sabine sitzen in der zweiten Reihe. Caro hebt ermutigend ihre gefalteten Hände in die Luft. *Der Herr ist mit dir,* lese ich von ihren Lippen und nicke lächelnd.

Dann beginnt die Verhandlung.

„Was hat die beschuldigte Seite zur Verteidigung vorzubringen?", wendet der Richter sich an meinen Anwalt, nachdem die Formalitäten geklärt sind. Wir haben nur einen einzigen Punkt in der Hand und der sei sehr schwach, hatte Herr Jorgenhardt mir beim letzten Telefonat erklärt. Genau diesen Punkt führt er nun an, seinen goldenen Füller zwischen den Fingern drehend: „Die Höhe des vom Kläger geforderten Gesamthonorars sind Art und Umfang der vom Kläger erbrachten Leistungen nicht angemessen. Es ist bei der Angeklagten der Eindruck einer betrügerischen Absicht seitens der Agentur Fernandoz entstanden. Wir halten die Forderung für sittenwidrig und verlangen, dass der Kläger die zugesagten Leistungen erbringt: Erstellen einer marktfähigen Version, erfolgreiche Vermittlung der Werke an einschlägige Musikverlage, Vertretung der Interessen meiner Mandantin."

Klingt alles nicht sehr überzeugend, denke ich und ergänze: „Euer Ehren, Herr Cordalis hat mir die Erstellung eines Demovideos, einer Aufnahme des Titelsongs und professionelle Aufbereitung versprochen. Er hat mir zugesichert, dass die zweite Rate normalerweise sofort verrechnet würde mit den Zahlungen des Verlages." Dann lasse ich mich doch hinreißen, von den Foren zu erzählen, von den vielen Betrogenen, davon, dass …

Der Richter unterbricht mich: „Das ist nicht Gegenstand der Verhandlung. Wir klären hier nur die vertraglich begründete Rechtmäßigkeit der von Ihnen geschuldeten Forderung. Und dabei beziehen wir uns vor allem auf die schriftlich niedergelegten Punkte."

Dann wendet er sich an Cordalis: „Herr Fernandoz, haben Sie Frau Lautermann gegenüber Versprechungen der von der Angeklagten aufgezählten Art gemacht?"

Cordalis setzt eine verlogen nachdenkliche Miene auf, wiegt den Kopf hin und her, lächelt entschuldigend und meint nach einiger Überlegung: „Nein, tut mir leid, an Derartiges kann ich mich wirklich nicht erinnern. Ich habe lediglich …"

Sein Anwalt unterbricht ihn und sagt: „Euer Ehren, wir gehen davon aus, dass die Angeklagte in betrügerischer Absicht handelt und derartige Beschuldigungen hervorbringt, um von ihrem eigenen Verschulden abzulenken. Sie wissen doch, Euer Ehren, gegen erfolgreiche und solide arbeitenden Unternehmen wie das meines Mandanten streuen zahlungsunwillige Schuldner gerne Gerüchte aus dem parasitären Sumpf derer, die …"

„Das genügt!", fährt der Richter dazwischen und gibt bekannt, die Verhandlung zu schließen. Seine Entscheidung gebe er den Parteien schriftlich bekannt.

Innerlich zitternd verlasse ich den Saal. Erschöpft blicke ich in

Cordalis' Gesicht. Er grinst böse, ich werde traurig und folge meinem Anwalt in das Treppenhaus, wo er mir mitteilt: „Wir müssen jetzt abwarten. Man kann nichts sagen. Sie bekommen Bescheid."

Ich lasse meine rechte Hand das Treppengeländer hinuntergleiten, fünf Etagen lang, dann stehe ich wieder an der frischen Luft. Ich bin niedergeschlagen und verstört. Felix steht dicht neben mir, traut sich nicht, mich anzusprechen.

Die Straßen sind dunkel vom Regen, die Reifen der Autos zischen durch die Pfützen. Ich atme tief ein. Die Vögel haben ihren Gesang wieder aufgenommen, jetzt, da der Schauer vorbei ist.

„‚Heute wird dich der HERR in meine Hand geben, dass ich dich erschlage und dir den Kopf abhaue und gebe deinen Leichnam und die Leichname des Heeres der Philister heute den Vögeln unter dem Himmel und dem Wild auf der Erde, damit alle Welt innewerde, dass Israel einen Gott hat'", zitiere ich müde. Ein Sonnenstrahl auf meinem Gesicht. Die Wolken brechen auf. Ich strecke mich. Gott wird auf mein Vertrauen zählen können. Ich halte fest an Gottes Zusage, Davids Sieg über Goliat.

Nach zehn Tagen kommt der Brief vom Amtsgericht.

11.

DIE LUKE IN DER TÜR

Als ich ein kleines Mädchen war, war ich mir einer Sache auf dieser Welt vollkommen sicher: Mit meinen großen Brüdern an meiner Seite konnte mir nichts passieren. Sie waren fünf und sieben Jahre älter als ich, hochgewachsen und stark. Sie wachten über ihre kleine Schwester und niemand hätte mir etwas antun dürfen. Wenn sie in meiner Nähe waren, wagte ich Dinge, die ich mir sonst nie zugetraut hätte. Vor allem Alexander, mein „großer“ großer Bruder gab mir das Gefühl völliger Sicherheit.

Die Straße, in der wir damals wohnten, war gesäumt von uralten Linden, gepflegten Vorgärten und noblen Automobilen. An die Rückseite dieser Grundstücke grenzte ein schmaler Wald, in den alle Anwohner ihre Gartenabfälle entsorgten. Hinter diesem Wäldchen kam die Eisenbahntrasse. Auf der anderen Seite des Bahndammes wohnten die „Armen“. Sie lebten mit fünf oder sechs Leuten in Behausungen, die auf unserer Seite nicht mal als Geräteschuppen gut genug gewesen wären. Ich war manchmal drüben, fasziniert davon, wie sehr sich unsere Welten voneinander unterschieden.

In der Bahnsiedlung gab es Banden, hatte man uns gewarnt und auch, dass es nicht ratsam war, sich mit denen von „drüben“ anzulegen. „Drüben“ waren viel mehr Menschen auf der Straße als bei uns, alles war voller Kinder und ich fand, es war nicht nur lauter und dreckiger als bei uns Vornehmen, die Leute dort gaben sich auch weniger Mühe, sich gegenseitig etwas vorzuspielen. „Drüben“ faszinierte mich jedenfalls und ich mochte diese Mischung aus Angst und Neugierde, die mich überkam, wenn ich mich in der

Bahnsiedlung herumtrieb. Allerdings – allein traute ich mich nicht dahin.

Eines Tages hatte ich Alex zum Basketball begleitet und ihn auf dem Rückweg so lange genervt, die Abkürzung durch die Bahnsiedlung zu nehmen, bis er endlich zugestimmt hatte. Es war gegen fünf Uhr, wir hatten den Horningplatz mit seinen Graffitiübersäten Bushäuschen und Stromkästen überquert und waren in die Von-Räude-Straße eingebogen. Eine Horde Jugendlicher hockte rauchend auf der Motorhaube eines halb zerfallenen Opels, der in einer der zugewucherten Garageneinfahrten dem Ende der Welt entgegenrostete.

Misstrauisch beobachteten sie uns, aber mit meinem siebzehn Jahre alten Bruder an der Seite fühlte ich mich sicher in dieser fremden Welt, die gut sichtbar die Spuren von Gewalt und Verzweiflung trug. Ich legte meine Hand in Alex' Rechte, die fast die eines erwachsenen Mannes war. Ich drückte sie noch immer ganz fest, als wir den rußgeschwärzten Kiosk passierten, der letzten Sommer abgebrannt war, und mein Blick auf die kleine Gruppe auf der anderen Straßenseite fiel: drei Mädchen, die einen ungefähr achtjährigen türkischen Jungen umringten. Zwei der Mädchen waren ungefähr so alt wie ich, so um die zehn, elf Jahre alt, und glichen sich wie ein Ei dem anderen. Ich hatte schon von ihnen gehört: die Wegener-Zwillinge, bekannt dafür, immer mit Rita Kanne pöbelnd und auf der Suche nach Ärger durch die Gegend zu streunen. Ob sie selber auf die Idee gekommen waren oder wer auch immer ihnen den Namen „das eiserne Kleeblatt" gegeben hatte – ihr zweifelhafter Ruf reichte bis hinüber zu uns jenseits des Bahndammes.

Der Junge drückte sich verschüchtert und mit verweinten Augen an den wackeligen Lattenzaun, denn eine der Wegener-Zwillinge hatte den Kleinen beim Kragen gepackt, während Rita ihm grinsend Büschel aus seinen dichten, schwarzen Locken riss. Das Jaulen des Jungen klang wie das eines getretenen Hundes.

Empört ließ ich Alex' Hand los, baute mich auf und rief über die Straße: „Lasst ihn in Ruhe! Der ist doch viel kleiner als ihr!"

Im selben Moment spürte ich, wie Alex an meiner Jacke zog. „Halt die Klappe!", hörte ich ihn zischen und sah aus den Augenwinkeln sein langsames Kopfschütteln. Die drei hielten kurz inne, Rita grinste und hörte auch nicht auf, mich anzugrinsen, als sie dem weinenden Jungen beiläufig ins Gesicht spuckte.

„Hast du damit etwa ein Problem?" brüllte sie über die Straße.

„Misch dich da lieber nicht ein, Jo", warnte mich Alex, aber ich war so wütend, dass ich auf die drei Mädchen zuging.

„Wenn du die Ratte hier zu klein findest für uns, wir können auch gerne dir eins auf die Schnauze geben, falls du Püppchen dich für groß genug hältst", schlug Rita vor.

Natürlich wurde mir mit einem Mal doch mulmig, aber entweder war es meine sture Weigerung, mich durch rohe Gewalt einschüchtern zu lassen, meine Wut über diese feige Ungerechtigkeit oder das Wissen um meinen großen Bruder, der nur wenige Schritte hinter mir stand: Ich wollte keinen Schritt weichen.

„Was soll das?", erwiderte ich. „Wieso habt ihr Spaß daran, andere zu verprügeln?"

Langsam überquerte ich die Straße, entschlossen, diese gemeine Schweinerei nicht zu akzeptieren.

„Darum", krächzte Rita Kanne, die angeblich schon mit sechs Jahren zu rauchen angefangen hatte und mit ihren fünfzehn Jahren eine Stimme hatte wie ein alter Seemann.

„Komm, Joelle! Lass das", hörte ich Alex hinter mir rufen, aber da hatte mich schon eine der Zwillinge am Ärmel gepackt. Der kleine türkische Junge, froh, dass seine Bedrängerinnen ein besseres Opfer gefunden hatten, ergriff die Flucht.

„Hey, der Kümmelfresser haut ab", warnte eine der Zwillinge, worauf Rita dem Flüchtenden hinterherrief: „Mehmet, du kleines Schwein, wir kriegen dich schon noch" und mir währenddessen in den Bauch boxte. Die nächsten Sekunden ging alles rasend schnell:

Die Zwillinge hielten mich fest und zogen mir mit wenigen gekonnten Handgriffen meinen Anorak über den Kopf. Ich war nun blind und konnte meine Arme nicht mehr bewegen, denn die hingen in meinen eigenen Jackenärmeln gefesselt über meinem Kopf. Tritte und noch mehr von Ritas Schlägen in meinen Bauch. Durch das Fluchen der drei hindurch lauschte ich auf Alexanders dunkle Stimme, wartete auf sein rettendes Eingreifen, aber es kamen nur noch mehr Tritte. Ich warf mich zu Boden und biss mir auf die Lippen. Ich wollte nicht weinen, hoffte tapfer so lange auf Alex' Hilfe, bis die drei endlich von mir abließen.

Dann befreite ich mich schwer atmend aus meinem Anorak und sah mich suchend um. Wo war Alex? Mein schmerzendes Schienbein haltend, stand ich auf.

„Alex?"

Und dann sah ich sie: die leere Stelle neben dem Kiosk, wo Alex zuletzt gestanden hatte.

„Alex?"

Ich konnte es nicht fassen und es dauerte, bis ich verstand, dass Alex offensichtlich nach Hause gegangen war, während die drei Furien auf mich eingeschlagen hatten. Mein großer Bruder, mein Beschützer, hatte mich alleine gelassen.

Die Prügel der Bahnsträßler hatte ich klaglos ertragen – die Bahnsträßler, sie bedeuteten mir nichts, vielleicht war ich selber schuld, hätte mich ja nicht einmischen müssen. Aber mein Bruder …

Mit einem Mal tat mir alles weh, jede einzelne Stelle, in die sie ihre Füße und Fäuste gerammt hatten. All meine Tapferkeit zerfiel jämmerlich und ich fing an zu weinen, rannte fassungslos durch die Siedlung, über den Bahndamm, quer durch das Wäldchen nach Hause zu Mama, die mich trösten würde, mich festhalten, mit mir leiden, mich in der sicheren, freundlichen Welt aufnehmen.

Doch als ich völlig verheult an unserer Tür Sturm klingelte, blieb die Tür verschlossen.

„Mama!“, schrie ich wie ein angeschossenes, weidwundes Tier, denn ich wusste, Mama war zu Hause. Aber wieso öffnete sich die Tür nicht? Wieso kam keine Mama, um mein Entsetzen zu teilen, um mich in den Arm zu nehmen, mir zu sagen, dass jetzt alles gut war? Warum kam sie nicht, um mir aufzuhelfen, mich in ihren Armen zu wiegen, mir heiße Milch zu kochen und sich um meine Wunden zu kümmern? Mein Weinen überschlug sich in meiner Fassungslosigkeit. Warum ging die Tür nicht auf?

Man muss wissen: Die Eingangstür meines Elternhauses war ein massives, eichenhölzernes Meisterwerk mit vielen Schnitzereien und hatte eine Besonderheit: In Augenhöhe befand sich eine Art Luke. Von außen sah diese Luke aus wie ein beliebiges Ornament, und immer wenn der Postbote, der Bofrost-Lieferant, der Vorwerk-Vertreter oder die Zeugen Jehovas kamen, öffnete man ihnen nie die Türe, sondern lediglich diese Luke. Alle, die sie nicht im Haus haben wollten, fertigten meine Eltern durch diese Luke ab.

Genau diese Luke öffnete sich irgendwann und das verärgerte Gesicht meiner Mutter erschien: „Jo, ich akzeptiere dieses hysterische Gekreische nicht. Wenn du dich abgeregt hast, lass ich dich gerne rein.“

Dann schloss sich die Luke wieder mit hartem Poltern und war wieder nichts als eines von vielen Ornamenten unserer beeindruckenden Haustür.

Ich war damals zehn Jahre alt, hatte blonde Zöpfe, blaue Flecken und Schrammen, ein vom Weinen rot entstelltes Gesicht und wand mich fassungslos auf den kalten Marmorstufen meines Elternhauses. Es war das erste Mal, dass ich erfuhr, dass wahre Schmerzen nicht von aufgeschlagenen Knien oder verbrannten Fingern stammen, sondern in einem drin wüten, wo sie keinen Ausgang finden, wo niemand einfach pusten kann, damit sie weggehen.

Ich glaube, an dem Tag ging etwas kaputt, und wenn ich einen Ort nennen sollte, an dem meine Kindheit endete, dann wären es eben diese Marmorstufen. Ich hatte den kindlichen Glauben daran verloren, dass da jemand wäre – meine Brüder, meine Eltern, die stark und gerecht über meinem Leben wachten.

Jetzt, fast zwanzig Jahre später, stehe ich vorne neben der Kanzel, den Brief vom Gericht in der Hand.

Wo war Gott? Wieso hat er mich in den Kampf geschickt? In der leichten Bekleidung eines Hirtenjungen, der nur seinem Gott vertraut, bin ich losgezogen und es hat mich voll erwischt. Unerwartet. Ich dachte: Wenn mein himmlischer Papa da ist, brauche ich keine Angst zu haben.

Hatte ich auch nicht.

Aber ich habe den Prozess verloren.

Leichtgläubig.

Die blöden Tränen kommen. Ich ringe nach Worten, meine Hände zittern. Die Köpfe in den Reihen sind gesenkt, die Blicke flüchten an mir vorbei.

Nicht Goliat, sondern mich picken die Vögel des Himmels vom Schlachtfeld.

Die Gemeinde schweigt, peinlich berührt, weil ich keine Worte finde.

Was ist verkehrt gelaufen?

Ich weiß es nicht. Aber Gott hat das ganz bestimmt nicht gewollt, er kann das nicht gewollt haben.

„Ich … ich …"

Thorsten stellt sich neben mich und legt seine Hand auf meine Schulter. „Setz dich jetzt erst mal hin", redet er beruhigend auf mich ein.

Ich gucke niemanden an, als ich mich wieder in die hinterste Reihe begebe. Als ich an ihrem Platz vorbeischleiche, streicht Tanja mir mitfühlend über die schlaffe Hand. Den Rest des Gottesdienstes bekomme ich nicht richtig mit, denn verzweifelt suchen meine Gedanken den Ausweg aus dem Labyrinth, den sie schon seit Tagen nicht finden.

Alles, was ich weiß, ist: Etwas sehr Schlimmes ist passiert. Weit schlimmer noch als mein Unfall. Nach dem Autounfall saß der Schock tief in meinem Körper und meine Seele war sehr erschrocken. Aber jetzt, jetzt hat mein Geist Schaden genommen. Das, was mich zutiefst ausmacht, ist ins Taumeln geraten. Um es klar zu sagen: Das Unmögliche ist geschehen. Gott hat mich im Stich gelassen.

„HERR, mein Fels, meine Burg, mein Erretter; mein Gott, mein Hort, auf den ich traue, mein Schild und Berg meines Heiles und mein Schutz!"

Als hätte er mich aus Böswilligkeit in die Schusslinie gelockt und dann den Befehl gegeben zu feuern.

„Ich rufe an den HERRN, den Hochgelobten, so werde ich vor meinen Feinden errettet."

Ich weiß, das ist unmöglich, es muss eine ganz einfache Erklärung dafür geben, dass Gott sein Versprechen nicht hatte halten können. Es muss etwas geben, das den Schutz Gottes aushebelt. Etwas so Existenzielles, dass Gott selber das, was er zu tun verspricht, nicht tun kann.

Vielleicht das erste Mal in meinem Leben habe ich wirklich Angst. Angst, dass die feste Burg, in der ich zu wohnen glaubte, Illusion ist.

Seitdem weine ich nachts, wache mit Tränen auf, mit heißen, brennenden Augen, die mir verraten, wie sehr ich leide, wenn mein Geist mit der Dunkelheit allein ist.

Immer derselbe Albtraum: Mit ausgebreiteten Armen laufe ich, voller kindlichem Gottvertrauen, voller Zuversicht … und stürze die Klippe hinab. Ins offene Messer, das tief eindringt in mein Herz, in meinen Geist, in mein Innerstes.

Dabei würde ich noch jetzt auch meine gesunde Hand dafür ins Feuer legen, dass Gott hält, was er zusagt. Dass er treu ist.

Ich verstehe das einfach nicht.

Tags darauf rufe ich Christian und Ulrich an. Beide hatten doch solche Gewissheit. Was werden sie jetzt sagen? Die „Dienerin Gottes“ hat mich schuldig gesprochen. Ich muss zu den 4000 Euro, die ich bereits bezahlt habe, weitere 3800 Euro zahlen, inklusive aller Gerichts- und Anwaltskosten, auch die von Goliat. Ob sie mir erklären können, wo da die Verherrlichung Gottes sei?

„Das verstehe ich auch nicht“, meint Ulrich und gibt mir den Rat, die Sache Gott zu übergeben. „Wir durchblicken halt nicht alles, aber der Herr wird dir das Geld ganz sicher wiedererstatten.“

„Du verstehst nicht!“, sage ich traurig. „Es geht mir nicht um das Geld, ich habe mein Vertrauen in Gottes Reden verloren. Wie soll ich denn je wieder Gottes Stimme glauben, wenn ich mir nicht sicher sein kann?“

Am anderen Ende der Leitung atmet Ulrich laut ein. „Ich weiß auch nicht genau“, höre ich ihn sagen, „aber ganz bestimmt tut Gott so was nicht ohne Grund. Bete doch mal, dass der Herr dir das zeigt.“

„Was glaubst du, tue ich die ganze Zeit?“

„Vielleicht wollte Gott dich ja auch nur prüfen“, vermutet Christian, als ich ihn anrufe und um eine Erklärung bitte.

„Was soll das für eine Prüfung sein?“, empöre ich mich. „Gott hat mir gesagt, ich soll vor Gericht – du selber hast das bestätigt. Wir alle waren uns ganz sicher. Ich wollte, dass – egal was geschieht – es der Ehre Gottes dient. Aber ich habe den Prozess verloren. Nichts von Herrlichkeit. Goliat lacht sich ins Fäustchen. Da kann man doch nicht einfach mit den Schultern zucken und so tun, als wäre alles nicht so schlimm.“

„Versuche nicht, das zu verstehen“, sagt Christian. „Es bringt nichts, sich den Kopf zu zerbrechen.“

„Und wie bitte soll ich in Zukunft leben, wenn ich nicht weiß, worauf ich vertrauen kann?“ Ich muss mich zusammenreißen, ihn nicht anzuschreien.

„Hör doch auf damit“, beschwört mich Christian eindringlich. „In unseren Augen sieht es erst mal schlimm aus, aber Gott meint es immer gut mit uns. Er ist unser himmlischer Vater. Vertraue ihm und komm erst mal zur Ruhe.“

„Ich kann nicht, verstehst du das nicht? Etwas ist verkehrt gelaufen. Gott hat mich schützen wollen, aber nicht schützen können. Da … da … ich kann doch nicht einfach ignorieren, was passiert ist. Ich habe weit mehr als ein intellektuelles Problem.“

„Joelle“, unterbricht er mich. „Es tut mir wirklich leid, lass uns ein andermal weiterreden, ich muss jetzt …“

„Danke“, sage ich mit schlecht unterdrückter Wut und lege krachend den Hörer auf.

Einige Wochen später erzähle ich Felix die Sache mit den Bahnsträßlern und dass mir diese verdrängte Erinnerung nach dem verlorenen Prozess wieder hochgekommen war.

„Die Geschichten ähneln sich irgendwie“, sage ich.

„Aber Gott würde das niemals tun, er würde dich nie und nimmer im Stich lassen. Er schickt dich doch nicht in den Kampf, um dich dann plattmachen zu lassen. Niemals“, widerspricht Felix.

„Ich weiß, Felix.“ Ich reiße mich zusammen und erkläre: „Genau das ist mein Problem. Ich gebe dir recht. Gott wollte mich ganz sicher schützen, wir waren uns alle sicher, aber warum konnte er nicht? Was hat ihn daran gehindert?“

Dieses nutzlose Gespräch führen wir fast täglich, drehen uns im Kreis. Armer Felix. Aber ich komme einfach nicht über Goliats Sieg hinweg.

„Meine kleine Jo, ich weiß, das ist alles sehr schlimm für dich, erst der Unfall, dann der Misserfolg mit dem Musical, du hattest dir so viel davon erhofft. Dann der Betrug.“ Felix packt die Rosinenschnecke aus. „Und jetzt der verlorene Prozess, bei dem du dich von Gott im Stich gelassen fühlst. Aber ich glaube, es bringt nichts, wenn du dir den Kopf zermarterst. Warte einfach, ich bin sicher, alles wird sich bald aufklären.“

„Das ganze Universum steht und fällt mit der Treue Gottes“,

beharre ich, „Gottes Zusagen vertraue ich mein Leben an – bislang zumindest." Ich atme tief ein und sage leise: „Jetzt bin ich mir nicht mehr so sicher."

„Ach, Jo", stöhnt Felix, „du bist wie diese Rosinenschnecke: Immer und immer drehst du dich im Kreis."

„Aber ohne die Rosinen", sage ich bitter und beobachte Felix, wie er das Teilchen in zwei Hälften zerteilt und mir stumm die eine Hälfte auf meinen Teller schiebt. Ich habe keinen Hunger und – ich kann nicht anders – lasse meinem armen Mann keine Ruhe.

„Ich habe mir überlegt, vielleicht ist die Sache vor Gericht noch gar nicht beendet und Gott tut noch ein Wunder, der Prozess wird wieder aufgenommen oder sogar …"

„Jo!" Felix nimmt mein Gesicht in seine Hände. „Ich weiß, du willst immer alles verstehen. Du gibst dich nicht mit Halbheiten zufrieden. Du bist in allem, was du tust, leidenschaftlich und unerbittlich. Aber ich sehe doch, wie sehr du dich quälst. Das bringt doch nichts. Versuch einfach zu vergessen."

So schnell vergisst man einen solchen Vertrauensbruch nicht, schießt es mir durch den Kopf. Ich verbiete mir sofort den Gedanken. Gott hätte mich nie verraten. Niemals. Er steht zu seinem Wort. *Er ist treu,* beschwöre ich.

Lustlos esse ich mein Teilchen, versuche mich zusammenzureißen, aber es denkt immer schneller in mir. Ich platze fast. Ich hasse das.

Felix fischt nach der Zeitung. Er kann mir nicht helfen.

Ich setze mich jetzt öfter ans Klavier, vor allem nach den Klavierstunden und wenn Felix bei der Arbeit ist. Ich würde jetzt so gerne spielen, meine Zweifel improvisieren, meine Fragen in die Tasten meißeln, aber es gibt keine Tonleiter, die nicht schwerfällig hinkend mein Schicksal verkündet. Vielleicht hat Felix recht: Ich sollte einfach versuchen, alles zu vergessen.

Wenige Wochen später liege ich im Krankenhaus. Prof. Dr. Allmann hat Sehnen, Faszien und verklebte Gewebeschichten operativ gelöst. Er verspricht sich eine deutliche Verbesserung durch die OP. Die Wunde hat sich allerdings entzündet und ich muss hierbleiben, bis die Entzündung raus ist. So habe ich genug Zeit, um nachzudenken. Ich ziehe das Büchlein mit dem Ledereinband aus dem Fach des Nachttisches. Spüre die Vertiefung der goldenen Ornamente. Mit dem Ballen meiner von Verbänden umwickelten Hand streiche ich die Bindung glatt, die sich stur aufwölbt. Nehme meinen schwarzen Kolbenfüller und schreibe oben rechts das Datum:

16. Juni 2001
Darunter notiere ich:

Psalm 37,32
Der Gottlose lauert dem Gerechten auf und gedenkt, ihn zu töten. Aber der HERR lässt ihn nicht in seinen Händen und lässt ihn vor Gericht nicht zum Schuldigen werden.

Erstens: Dass jemand zu Unrecht verurteilt wird, ist keine Aufregung wert. Wer in dieser Welt Gerechtigkeit erwartet, ist naiv. Dass man mich zu Unrecht verurteilt hat, darüber beschwere ich mich nicht.

Zweitens: Das Problem: Wenn Psalm 37,32 mehr ist als ein Spruch fürs Poesiealbum, sondern ein persönliches Versprechen Gottes an mich – so jedenfalls habe ich es empfunden –, kann ich nicht als schuldig verurteilt worden sein.

Drittens: Wie ist dieses Paradoxon zu erklären?

17. Juni 2001
Es ist ganz einfach:
Gott ist das Problem.
Ohne Gott keine Verheißungen.

Ohne Verheißungen keine Hoffnung.
Ohne Hoffnung keine Enttäuschung.
Ohne Enttäuschung kein Leid.

18. Juni 2001
Liebes Tagebuch,
mir ist klar, dass auch du mir keinen Rat geben kannst, aber – dieser Drang, immer und immer zu rekapitulieren, was passiert ist, mir wieder und wieder in endlosen Selbstgesprächen das Unfassbare vor Augen zu führen, um den Fehler zu finden, die Schwachstelle, die das Netz zum Reißen gebracht hat. Sünde, Missverständnis, Blindheit – was immer es ist: Ich will nicht, dass es unerkannt weiter in meinem Leben frisst, ich will niemandem damit auf die Nerven gehen, deswegen wirst du geduldiger Zeuge meiner Suche werden.

Liebes Tagebuch, du wirst die Chronik meiner Verzweiflung sein, bis ich die Antwort gefunden habe.

19. Juni 2001
War es leichtsinnig, Gott zu vertrauen? Sollte man ihn raushalten aus solchen Angelegenheiten? Oder lieber einen doppelten Boden einbauen? Ist der Glaube nichts als so ein „Self-fullfilling-Ding", das man nicht über Gebühr strapazieren sollte?

Wenn ja, ist Gott nichts als ein Konstrukt und Glaube was für Jammerlappen, die die Leere und Sinnlosigkeit des Universums nicht ertragen wollen?

20. Juni 2001
Vielleicht liegt die Lösung ganz klar auf der Hand, logisch und schlicht, aber ich will sie einfach nicht sehen: Es gibt gar keinen Gott.

21. Juni 2001
Aber wenn es doch einen Gott gibt, muss ich wissen: Können wir seinen Willen erkennen? Kann ich auf sein Reden zählen oder dienen die Verheißungen in der Bibel nur der Verkleidung von Kühlschranktüren? Zur poetischen Aufladung eines sonst allzu tristen Alltags? Zur Ruhigstellung Verirrter? Was also soll ich von Gott halten?

24. Juni 2001
Mehrmals täglich bitte ich Gott um Antwort, aber er schweigt. Jedenfalls höre ich ihn nicht.

Wie glücklich waren die Zeiten, in denen es schien, als sei Gottes Wort direkt an mich persönlich gerichtet. Jetzt scheint es mich zu verspotten:

Bittet, so wird euch gegeben; suchet, so werdet ihr finden; klopfet an, so wird euch aufgetan.

Pah, das wüsste ich. Ich wäre schon zufrieden, wenn wenigstens die Lieferantenklappe sich öffnete.

12.

CARO

Ich höre Felix' ruhige Atemzüge neben meinem Kopfkissen. Schon seit Stunden beobachte ich den wandernden Mond, die eiligen Wolken, die scheu an dem bleichen Trabanten vorbeihuschen, streiche nachdenklich über die Metallschienen, die meine Sehnen dehnen sollen.

Nacht für Nacht. Nur der Mond ist immer anders und manchmal auch gar nicht zu sehen. Und wenn ich endlich eingeschlafen bin, wache ich wenige Stunden später mit Rückenschmerzen wieder auf. Die Prognose, dass die Schmerzen irgendwann verschwinden würden, traf leider nicht zu, die Beschwerden sind nicht weniger geworden seit dem Unfall.

Ich schleiche durch den dunklen Flur ins Wohnzimmer und setze mich ans Klavier. Vorsichtig, damit Felix nicht wach wird, lasse ich einige Akkorde erklingen, melancholische Kadenzen, die wie kleine Papierschiffchen im Ozean des Schweigens meine Traurigkeit geladen haben. So viel Traurigkeit, dass sie an ihrer Last versinken. Wie gerne würde ich jetzt Chopin spielen oder Beethoven. *Lieber Vater, hilf mir.*

Am nächsten Morgen ist Gottesdienst, ich sitze in der letzten Reihe – für den Fall, dass ich wieder weinen muss. Aber heute will ich ganz bestimmt nicht in Tränen ausbrechen. Nach vorne sehen, meine Träume vergessen, meine Hoffnungen; andere schaffen das auch.

Es ist früh, noch sind viele Plätze in den Reihen unbesetzt, denn ich bin mit Felix gekommen, der schon vorne steht und sich einspielt. Das Cello ist gestimmt, Felix improvisiert ein paar Takte:

Lobpreis sei dir, jeden Tag mehr, für deine große Liebe, Herr. Mein Tröster, mein Helfer, du bist mir Zuflucht und Kraft ...

Anette fällt mit ein paar Akkorden Klavierbegleitung ein. Früher war das mein Part.

Mein Tröster, mein Helfer ...

Ich schlucke. Nach vorne schauen, das Vergangene vergessen.

... du bist mir Zuflucht und Kraft.

Zusammenreißen. Lächeln.

Nach und nach treffen die anderen Gottesdienstbesucher ein, einige schütteln mir die Hand, andere nicken lächelnd zu mir herüber. Dann beginnt der Gottesdienst, Ronald begrüßt die Gemeinde, danach erklingt das erste Lied:

Unaufhörlich gibst Du Liebe aus,

sie füllt mein Herz und lässt mich nie mehr los.

Und vor nichts brauch ich mich fürchten, Du bist hier.

So treu liebst nur Du, singen alle. Ich komme nur bis ... *so treu ...*, dann versagt meine Stimme und das nächste Lied schaffe ich schon gar nicht.

Du stillst die Sehnsucht in mir, mein Verlangen, dir nah zu sein ...

Schließlich weine ich doch, verdammt.

Ich nutze die Akkorde des letzten Liedes – *Das, was mich atmen lässt, ist deine Nähe, die in mir lebt ...* –, um meine Tränenflut unauffällig in den nassen Taschentuchfetzen zu schnäuzen. Mein letztes Tempo ist durch, als Thorsten seine Predigt beginnt. „Heute werden wir Entscheidendes lernen über das Gebet."

Er blättert in seiner Bibel und sieht die Gemeinde vielversprechend an.

„In 1. Johannes 5,14 nennt Johannes die Grundvoraussetzung jeder Gebetserhörung", sagt er und liest: „Johannes 14,13+14: ‚Und was ihr bitten werdet in meinem Namen, das will ich tun, damit der Vater verherrlicht werde im Sohn. Was ihr mich bitten werdet in meinem Namen, das will ich tun.'"

Felix' Taufspruch. Ich lächle, irgendwie diffus gerührt.

„Wir sehen, Jesus wiederholt in diesem Vers sogar sein Versprechen, damit wir begreifen, dass er das auch wirklich so meint", erklärt Thorsten. „Die Frage ist also: Wie bitten wir ‚in Jesu Namen'? Reicht es, einfach an unsere Bitte ein ‚In Jesu Namen' zu hängen? Nein, natürlich nicht!", beantwortet Thorsten seine eigene Frage. „Wir müssen sicherstellen, dass unsere Bitte in Einklang mit dem Willen Gottes ist, und wenn wir dann wissen, dass unsere Bitte mit dem Willen Gottes übereinstimmt, können wir sicher sein, dass Gott unser Gebet erhört und wir genau das empfangen, worum wir ihn gebeten haben."

Ich stöhne leise auf. Rückenschmerzen und brennende Augen.

„Wie aber können wir ganz konkret Gottes Willen für unser Leben kennenlernen, damit wir in seinem Willen bitten?", fragt Thorsten, lehnt sich über die Kanzel und blickt in die Gemeinde: „Auf drei Wegen finden wir den Willen Gottes für unser Leben heraus: Erstens durch Gottes Gebote, zweitens durch die Verheißungen in der Bibel und drittens durch direkte Eingebungen des Heiligen Geistes. Am einfachsten und besten erkennen wir Gottes Willen für das, was er uns geben und für uns tun möchte, durch seine Verheißungen." Thorsten richtet sich wieder auf, atmet tief durch und erklärt mit großem Nachdruck: „Wir haben die Wahl: Entweder berufen wir uns auf die Erfahrungen, die man als Mensch im Allgemeinen so macht, oder wir machen uns Gottes Sicht von uns ‚neuen Kreaturen' zu eigen. Wer sich also auf eine Verheißung beruft, die Gott ihm gegeben hat, wird das Verheißene empfangen. Das Wort Gottes verspricht uns das an vielen Stellen:

‚Was Gott verheißt, das kann er auch tun.' Römer 4,21.

‚Was er zusagt, hält er gewiss.' Psalm 33,4.

‚Es ist unmöglich, dass Gott lügt.' Hebräer 6,18."

Thorsten schaut herausfordernd in die Runde. „Wer von uns glaubt das?"

Alle Hände schnellen begeistert in die Höhe.

„Ja, Herr, ich glaube das! Hilf mir“, flüstere ich trotzig, meine Hand aber ist zum Hochheben zu schwer.

„Gott kann, will und wird seine Versprechen erfüllen!“, höre ich Thorstens Stimme.

„Ja, Herr“, flüstere ich und meine doofen Augen wollen wieder weinen.

„Wer sich auf Gottes individuelles Reden verlässt, wird selbst in ausweglosesten Situationen die schützende Hand Gottes über sich erfahren.“

Mir wird schwindelig. Nein, nicht in Tränen ausbrechen, ich will das nicht mehr. Stürme aus dem Gottesdienstraum und fische im Herausrennen in meiner Tasche. Habe schon wieder nicht genug Tempos mitgenommen.

Draußen regnet es in Strömen und ich flüchte in unser Auto, das Felix direkt vor der Tür geparkt hat.

„Herr, wo bist du? Hilf!“, flehe ich, ohne wirklich mit einer Antwort zu rechnen.

Ich weiß nicht, wie lange ich schluchzend im Wagen sitze, und auch nicht, wie lange ich das zaghafte Klopfen schon überhört habe, bis ich endlich Carolines braune, durchnässte Lockenpracht an der Beifahrertür erkenne. Ihr ernstes Gesicht blickt mich fragend an.

„Kann ich mich zu dir setzen?“, höre ich sie dumpf durch das unrhythmische Prasseln des Regens. Ich nicke. Sie öffnet die Tür, setzt sich neben mich und wischt sich die nassen Strähnen aus dem Gesicht.

„Du bist auch rausgegangen?“, frage ich überflüssigerweise und starre auf die an der Windschutzscheibe hinunterschlingernden Wasserspuren, die wie hinabstürzende Kometen unzählige kleine Perlen beiläufig mit sich reißen. Auch Caro scheint in dieses Schauspiel zu versinken und ich erwarte längst keine Antwort mehr, als ins unermüdliche Klopfen des Regens hinein ihr Satz fällt:

„Ich habe Krebs."

Draußen zerrt eine alte Dame ihren Pudel hinter sich her, zeternd reißt sie an der Leine. Ein junger Vater mit Kinderwagen überquert eilig die Straße und versucht dabei das Regenverdeck festzuhalten. Ich schließe die Augen, lege meine Hand auf Caros Arm.

Und wieder nur das Hämmern des Regens auf dem Autodach.

Irgendwann reißt uns lautes Klopfen aus dem Schweigen. Die Fahrertür wird aufgerissen. Felix ruft fröhlich: „Rückt mal durch, Mädels!", ehe er sich zu mir herunterbeugt. Mit einem „Ich ruf dich an" verschwindet Caro und ich klettere auf den Beifahrersitz. Felix steigt ein und haucht mir einen flüchtigen Kuss auf mein verheultes Gesicht. Ich versuche zu lächeln, während Felix beginnt, aufgeregt zu erzählen: „Ach, schade, dass du raus bist, es war sehr interessant."

Er startet den Wagen.

„Hier, ich habe mitgeschrieben." Felix fischt einen zusammengefalteten Zettel aus seiner Jackentasche und reicht ihn mir. „Lies mal!"

Während Felix durch die Stadt fährt, studiere ich den Zettel. Ich versuche, meiner Stimme Festigkeit zu verleihen, als ich seine in krakeliger Schrift notierten Worte vorlese: „‚Eure Sünden verbergen Gottes Angesicht vor euch, dass ihr nicht gehört werdet.' Jesaja 59,1+2. ‚Wenn ich Unrechtes vorgehabt hätte in meinem Herzen, so hätte der Herr nicht gehört.' Psalm 66,18."

„Andere Seite!", befiehlt Felix. „Du musst den Zettel umdrehen. Das ABC-Prinzip, lies mal vor!"

Ich drehe den Zettel um und versuche Felix' Schmiererei zu entziffern.

Prinzip des Verheißungs-ABC steht als Überschrift, darunter:

A: Alles bitten

B: Bewusst glauben

C: Christus im Voraus danken

Felix lässt mir kaum Zeit zu lesen und berichtet überschwänglich: „Thorsten hat darüber gepredigt, dass Jesus nur aufgrund des Glaubens der Menschen hat wirken können. Wenn der Glauben fehlte, konnte er nichts tun."

Ich spüre Widerwillen. Was soll das? Wieso sollte Jesus von irgendwem oder irgendwas abhängig sein?

„Bei dem mondsüchtigen Jungen zum Beispiel", fährt Felix begeistert fort und übersieht in der Aufregung beinahe ein Mädchen, das eilig über eine Pfütze springt. „Die Jünger konnten dem Mondsüchtigen nicht helfen und Jesus schimpfte daraufhin mit ihnen: ‚O du ungläubiges und verkehrtes Geschlecht, wie lange soll ich bei euch sein? Wie lange soll ich euch erdulden?' Danach heilte Jesus den Jungen. Als die Jünger wissen wollten, was sie falsch gemacht hatten, sagte Jesus ihnen: ‚Wegen eures Kleinglaubens konntet ihr ihn nicht heilen. Denn wahrlich, ich sage euch: Wenn ihr Glauben habt wie ein Senfkorn, so könnt ihr sagen zu diesem Berge: Heb dich dorthin, so wird er sich heben; und euch wird nichts unmöglich sein.' Unser Glaube ist also der Schlüssel zu unserer Vollmacht."

Wäre wohl doch besser sitzen geblieben, denke ich.

Felix sprudelt unterdes weiter: „Oder bei Matthäus. Er erzählt, dass Jesus in seiner Heimatstadt kaum Wunder tun konnte."

„Was?", rufe ich aus. „Wieso das denn nicht?"

„Ja, Matthäus 13 glaube ich. Wegen ihres Unglaubens konnte er kaum Zeichen tun. Steht da wirklich so drin, krass, oder? Habe das erst auch nicht geglaubt."

Ist das etwa der Grund dafür, dass Gott mir nicht helfen konnte, obwohl er es versprochen hatte? Unglaube? Aber was ich nicht verstehe: Ich war doch so fest davon überzeugt, dass Gott mir helfen würde. Falls mir Glauben gefehlt hat, dann habe ich davon nichts gemerkt. Wenn ich aber nicht einmal merke, dass was mit meinem Glauben nicht stimmt, was soll ich dann von meinem geistlichen Zustand halten? Und wenn ich Gott frage und nicht einmal sein

Reden höre, wie verhärtet muss mein Herz sein? Und wie soll Gott mir helfen, wenn ich so harthörig bin?

Und schon wieder bin ich mitten in diesem Strudel aus Mutmaßungen und Selbstverdächtigungen, wie sie mich mittlerweile fast täglich zur Verzweiflung treiben. Wo ist der Anfang dieses irrsinnigen Geflechtes, das ich seit Monaten zu entwirren versuche?

„Also noch mal zu der Geschichte, wo die Jünger den mondsüchtigen Jungen nicht heilen können“, reißt mich Felix aus meinem Brüten und erzählt mir, wie der Vater des kranken Jungen zu Jesus sagte: ‚Wenn du kannst, so erbarme dich unser und heile mein Kind!‘ Und dass Jesus dem Vater geantwortet hat: ‚Was heißt hier, wenn du kannst – alle Dinge sind möglich dem, der da glaubt.“

„‚Ich glaube; hilf meinem Unglauben!‘“, zitiere ich leise die Worte des verzweifelten Vaters.

Felix nickt. „Bei fast allen Heilungen hat Jesus gesagt: ‚Dein Glaube hat dir geholfen.‘ Gott braucht also unseren Glauben, um zu wirken.“

Den Rest der Fahrt schweige ich, während mein Denken wie ein Bluthund nach der Lücke im System sucht, durch die mein Glaube herausrinnt wie aus einem zerbrochenen Gefäß.

„Thorsten hat dann noch gepredigt, dass man seinen Glauben stärken muss“, höre ich Felix' Stimme.

„Wer weiß, vielleicht wäre das mit Fernandoz nicht passiert, wenn wir das alles eher gewusst hätten“, spricht Felix schließlich meine Befürchtung aus, als er den Wagen in die Parklücke vor unserer Wohnung rangiert.

13.

DAS SCHWEIGEN DES LAMMES (1)

Kaum habe ich meine Jacke ausgezogen, klingelt das Telefon.

Es ist Caro.

Ich ziehe mich mit dem Apparat ins Schlafzimmer zurück.

Was Caro mir in ihrer ruhigen Art erzählt, schockiert mich.

„Vorletzte Woche habe ich einen Knubbel in der Brust gespürt. Bin sofort zum Frauenarzt und der hat mir gesagt, ich solle ruhig bleiben, aber seine Stimme klang ziemlich nervös. Es muss operiert werden."

„Wie sind denn die Heilungschancen?", will ich wissen.

„Na ja, der Tumor ist halt schon recht groß."

„Scheiße", rutscht es mir raus. „Metastasen?"

Caros Schweigen beunruhigt mich. Schließlich erklärt sie mir: „Dr. Kohlmann sagt, je eher wir operieren, desto besser. Wenn ich will, bekomme ich schon in zehn Tagen einen Termin."

„Was heißt: Wenn ich will? Willst du denn nicht?"

„Ich habe nachgedacht, Joelle", meint Caroline leise. „Ich habe eine Freundin in Estland, Estelle, die hatte Lungenkrebs. Vor vier Jahren. Sie hat gebetet, die ganze Gemeinde hat gebetet und Estelle wurde geheilt. Alle Geschwüre waren mit einem Mal verschwunden. Völlig. Ein Wunder, meinen auch die Ärzte. Unmöglich, rein medizinisch."

Ich höre Caros Atem, das Radio in der Küche.

„Ich kann doch nicht als erste Option zum Arzt gehen", meint sie. „Jesus ist unser Arzt."

Töpfe klappern.

„Ich sollte es wenigstens mit Gebet versuchen."

Vielleicht kocht Felix uns was.

Ich weiß nicht, was ich an Caros Stelle tun würde. Aber ich weiß, dass Gott Wunder tut und dass das Himmelreich laut Bibel unter anderem daran erkannt wird, dass Lahme gehen, Blinde sehen, Trauernde getröstet werden.

Wir haben die Wahl, klingen Thorstens Worte in mir nach. *Entweder berufen wir uns auf unsere menschlichen Erfahrungen oder wir machen uns Gottes Sicht von uns neuen Menschen „in Christus" zu eigen.*

Da ist es wieder, dieses ungezähmte Raubtier in meinem Kopf, und wieder höre ich es in mir streiten:

Was er zusagt, hält er gewiss.

Aber Gott hat sein Wort nicht gehalten.

Deine eigene Unaufmerksamkeit hat dich dahin geführt.

Gott hat mich ins offene Messer laufen lassen.

Gott ist nicht schuld.

„Man hört ja viel über Heilungen", sage ich, um das Raubtier zum Schweigen zu bringen.

„Ja, Gott freut sich, wenn er unser Vertrauen in seine Güte belohnen kann", sagt Caro und mein Raubtier faucht böse.

„Ich gehe morgen zu Thorsten. Er und Francis werden für mich beten."

Ich starre auf Felix' gerahmten Taufspruch neben seinem Bett: „Was ihr bitten werdet in meinem Namen, das will ich tun, damit der Vater verherrlicht werde im Sohn. Was ihr mich bitten werdet in meinem Namen, das will ich tun."

„Ich kann danach ja immer noch ins Krankenhaus", sagt Caro.

„Hhm", murmele ich. *Heilt die Kranken.*

Es ist sicher nicht leicht, völlig aus Glauben zu leben. Sich vom irdischen Denken zu trennen, Christus in uns zu leben.

Neue Kreatur.

Entscheide dich!

Möglich, dass auch Caro am anderen Ende der Leitung solche

Gedanken hat, dass auch sie in diesem Moment darum ringt, was sie glauben soll.

„Wär toll, wenn du mitkämst", sagt sie schließlich.

Ohne Glauben ist's unmöglich, Gott zu gefallen.

„Ja", sage ich. „Wann?"

„Morgen, sechzehn Uhr, in der Gemeinde, ich hole dich von zu Hause ab."

Ich bin sehr aufgeregt. Die Nacht über habe ich gebetet, Gott mein Vertrauen ausgesprochen, dass ich die größeren Dinge sehen will, die seine Nachfolger in seinem Namen tun werden, dass ich meine Enttäuschungen nicht über sein Wort stellen will. Jetzt bin ich aufgekratzt, traue Gott alles zu. Noch nie habe ich ein echtes Heilungsgebet miterlebt, endlich werde ich hautnah dabei sein.

Auch Caro scheint aufgewühlt. Während der Fahrt reden wir unablässig von Wundern, die Gott auf der ganzen Welt tut. Als wir vor dem Gebäude parken, sind wir völlig euphorisch.

Freudestrahlend umarmen wir Thorsten und Francis, die uns vor dem Seelsorgeraum erwarten.

„Der Herr wird heute Großes tun!", sagt Francis sanft, als sie Caro umarmt, und zu mir meint sie: „Auch dein Glaube wird gestärkt werden, du wirst sehen, auch dich wird der Herr dadurch segnen."

Nichts wünsche ich mir mehr als das, denke ich und folge den dreien in den kleinen Raum.

Ohne große Umschweife beginnen Francis und Thorsten.

„Ich will, dass du weißt", wendet sich Thorsten an Caro, „der Herr hat am Kreuz nicht nur unsere Schuld, sondern auch unsere Krankheit getragen." Francis öffnet derweil ihre Bibel und liest Jesaja 53: „Er wurde verachtet, von allen gemieden. Von Krankheit und Schmerzen war er gezeichnet. Man konnte seinen Anblick kaum ertragen. Wir wollten nichts von ihm wissen, ja, wir haben ihn sogar verachtet. Dabei war es unsere Krankheit, die er auf sich nahm; er erlitt die Schmerzen, die wir hätten ertragen müssen ... Durch seine Wunden sind wir geheilt."

Thorsten nickt und blickt wieder Caro an. „Ist dir klar, was das bedeutet?"

Als Caro den Kopf schüttelt, nimmt Thorsten ihre Hände und erklärt langsam, ganz eindringlich: „Wir brauchen weder Sünde noch Krankheit in unserem Leben zu akzeptieren, denn beides hat unser Herr ans Kreuz gebracht. Durch seine Sühne sind wir gerecht, durch seine Wunden sind wir geheilt. Gottes Wille ist, dass wir gesund sind, so wie er uns geschaffen hat."

„Aber nutzt Gott nicht manchmal Krankheit und so, um an uns zu wirken?", wende ich ein.

„Ja, das tut er. Gott kann das Böse nutzen, um Gutes zu tun. Er nutzte die Bosheit und die Sünde von Josefs Brüdern und machte daraus Gutes. Aber sollte man deshalb das Böse und die Sünde wollen, gutheißen oder akzeptieren, nur weil Gott daraus schließlich doch Gutes schaffen kann?"

Ich schüttle den Kopf.

„Gott ist souverän, er ist uns auch dann gnädig, wenn wir unseren Auftrag, die Kranken zu heilen, ignorieren, und kann uns auch in der Krankheit segnen. Aber das ist nicht der Königsweg. Genauso wenig wie wir Sünde deshalb billigen sollen, weil Gott aus ihr Gutes hervorbringen kann, sollen wir Krankheit akzeptieren, nur weil Gott so gnädig ist, auch dadurch zu wirken. Ich meine – hat der Herr uns nicht den Auftrag gegeben, seine Werke zu tun?"

Caro und ich nicken.

„Hat Jesus auch nur zu einem einzigen Kranken gesagt: ‚Ich werde dich nicht heilen, ist besser so für dich?'"

Caro und ich schütteln stumm unsere Köpfe.

„Durch Gottes Geist sind wir Christi Nachfolger und Erben seiner Autorität und seiner Kraft. Wir sind Christi Leib auf Erden mit dem Auftrag, seine Werke zu tun. Im Laufe der Jahre haben Francis und ich gelernt, Gott bei seinem Wort zu nehmen. Wir haben lange dafür gebraucht, Gottes Wort so rückhaltlos zu vertrauen, aber wir sind belohnt worden, jetzt dürfen wir mehr und mehr das Reich Gottes sehen."

„Lasst uns also unsere Autorität als Kinder und Erben ergreifen und Satan zeigen, wie der Herr ihn im Triumphzug zur Schau stellt, wie Kolosser 2,15 besagt", übernimmt Francis das Wort und legt ihre Bibel neben sich auf das Sofa.

„Aber wieso werden wir denn dann überhaupt krank, wenn Satans Macht gebrochen ist?", spricht Caro aus, was auch ich denke.

„Unwissenheit", sagt Thorsten. „Satan nutzt unsere Unwissenheit aus. Er ist besiegt, jetzt kann er nur noch lügen, uns in Unwissenheit halten, uns von unserer Autorität und Berufung ablenken, uns dumm halten."

„Es hat lange gedauert", ergänzt Francis, „bis Thorsten und ich gelernt haben, wirklich unsere Gedanken gefangen zu nehmen unter den Gehorsam Jesu Christi und alles von seinem Wort und seinem Wesen her zu sehen."

Ich hole tief Luft. *Wahnsinn!*, denke ich. *So will ich glauben!*

Auch Caro scheint begeistert.

„Ich will Gottes Wirklichkeit auf keinen Fall im Wege stehen", sagt sie. „Wenn er Krankheit besiegt hat, wäre es ja fast Gotteslästerung, krank zu sein."

„Na, wunderbar!", strahlt Thorsten und stellt sich neben seine Frau. Dann beten sie, wie ich noch nie jemanden habe beten hören, befehlen dem Geschwür zu verschwinden und danken Gott, dass er den Krebs bereits besiegt habe.

„In Jesu Namen", beschließen sie ihr Gebet. „Der Krebs beginnt – jetzt! – zu schrumpfen. Halleluja, praise the Lord!"

Mit einem tiefen Atemzug und einem beglückten Lächeln sieht Caro uns an. „Danke, Herr!", seufzt sie.

Etwas unschlüssig sehen wir uns an und dann traue ich mich doch: „Könnt ihr auch für mich beten?"

„Klar, die Salbung ist da, ich spüre das."

Francis nimmt meine kaputte Hand. Dann erzähle ich in Kürze meine Goliat-Geschichte – sie kennen sie ja eigentlich – und bitte: „Wenn da vielleicht Sünde oder Unglauben oder sonst etwas ist, sodass der Herr nicht wirken konnte, dann will ich sie gerne bekennen. Aber ich habe mich wieder und wieder erforscht und ich finde einfach nichts."

„Das ist ja auch die Aufgabe des Heiligen Geistes", lächelt Thorsten.

„Ich weiß, aber genau das ist mein Problem, ich höre Gottes Reden einfach nicht, es ist, als wäre ich taub."

Wie auf Kommando schließen Thorsten und Francis die Augen, legen ihre Hände auf meine Schultern und auch Caros Hand spüre ich auf meinem Rücken, schließe die Augen, lausche in mich hinein, höre aber nur das Rauschen des Gasboilers hinter der Wandverkleidung, Autohupen auf der Straße. *Herr, wenn ich dich schon nicht höre, so offenbare dich doch wenigstens meinen Geschwistern.*

„Ich sehe dich als Kind." Francis sanfte Stimme zaudert, als entwickelte sich langsam ein Bild vor ihrem inneren Auge. „Es ist dunkel, du bist in irgendwas eingesperrt, eine Art Wäschekorb oder so."

„Ja!", ruft Thorsten. „Du hast große Angst, fühlst dich verlassen."

Ich suche vergeblich in meiner Erinnerung.

„Du warst ganz klein, fast noch ein Baby." Francis' Stimme ist jetzt sicher und ganz klar.

„Vielleicht ein Trauma, dass Joelle verdrängt hat?", wirft Caro fragend ein.

„Ja, ich sehe es genau: Du hast große Angst, völlige Finsternis, du fühlst dich total verloren."

Ich versuche mich in die Situation hineinzuversetzen, aber es will mir nicht gelingen. Vielleicht wirklich ein Trauma, so schrecklich, dass ich es verdrängt habe? Ich weiß nicht. Vielleicht war ich zu klein, um mich zu erinnern. *Herr, hilf meiner Erinnerung.*

„Diese Situation als kleines Kind, das ist die Grunderfahrung deines Lebens. Solange du davon geprägt bist, wirst du Gott nie völlig vertrauen können, immer wieder wirst du glauben, Gott hätte dich alleingelassen."

„Der Heilige Geist will diese Erinnerung jetzt heilen", sagt Francis und meint: „Jetzt stell dir vor, du sitzt in dieser Kiste, aber da ist Jesus neben dir. Du bist nicht allein. Du brauchst keine Angst zu haben."

Aber ich erinnere mich an nichts. Versuche mir die Situation vor Augen zu malen, vergeblich. Vielleicht sitzt das Trauma zu tief, vielleicht sperre ich mich gegen das Wirken des Geistes. Vielleicht ist das hier der Schlüssel zu allem und ich verweigere mich Gottes Wirken! Vielleicht wollte Gott mich durch die Goliat-Sache an diese tief vergrabene Wunde führen. Aber ich, ich sitze hier, hilflos, trotzig, einsam und offensichtlich geistlich blind und taub.

„In Jesu Namen sprechen wir jetzt Heilung aus über dich, Heilung deiner Erinnerung. Heilung deiner Gefühle von Verlassenheit, von Im-Stich-gelassen-Werden."

Ich atme tief durch. Wir werden sehen.

Thorsten hat schon den Schlüssel im Schloss der großen Eingangstür, als Caro fragt: „Soll ich denn jetzt zur OP oder nicht?"

„Das musst du entscheiden", antwortet er. „Das hängt von deinem Glauben ab. Erinnere dich: Der Herr braucht unseren Glauben, um zu wirken. ‚Dir geschehe, wie du geglaubt hast.'"

Thorstens Worte erschrecken mich ein wenig. Ich habe mich nicht in der Kiste gesehen und deswegen natürlich auch Jesus nicht.

Mit gemischten Gefühlen verabschiede ich mich von Thorsten, Francis und Caro.

„Ich geh zu Fuß", entschuldige ich mich, „ich muss nachdenken."

Nach dem Treffen habe ich mit Fasten angefangen, vielleicht wird mein Geist so für Gottes Reden empfänglicher, hoffe ich auf einen Durchbruch. Außerdem habe ich meine beiden Brüder gefragt.

Alex lebt mittlerweile in Kanada und Bastian in der Schweiz. Sie müssten sich doch daran erinnern – ich meine, wenn ich als Baby ... – sie waren doch alt genug.

Aber sie wussten von keinem Korb oder dass ich sonst irgendwo eingesperrt gewesen wäre. Vielleicht haben meine Eltern ihnen das verschwiegen? Oder Alex und Basti haben es vergessen? Oder wollen mir nichts sagen?

Ich bin ziemlich durcheinander. Auch meine Stille Zeit, die ich eigentlich intensivieren wollte, um Gott endlich wieder nahezukommen, ist mittlerweile der pure Jammer. Ich sitze da, kann mich auf nichts anderes konzentrieren als auf mein „Problem". Ich fasse keinen klaren Gedanken, nicht mal fünf Minuten kann ich einfach nur an Gott denken, ohne dass ich mich elend fühle und verlassen und manchmal schlafe ich einfach ein. Mein Glaube und meine Gottesbeziehung sind ziemlich lädiert und je mehr ich versuche, Gott nahe zu sein, desto erbärmlicher wird es.

Ich bitte dich, Herr, bete ich täglich, *dass du mir hilfst, dass du zu mir sprichst.* Aber je länger ich bete, ohne dass was passiert, desto schwerer fällt es mir, an Gottes Eingreifen zu glauben. Wahrscheinlich spricht Gott sogar die ganze Zeit zu mir, aber ich bin taub für sein Reden. Aber noch immer hoffe ich jeden Tag, dass ich ihn endlich doch höre. Nach zehn Tagen Fasten esse ich wieder. Ich habe sechs Kilo abgenommen, aber Gott habe ich nicht gehört.

23. August 2001
Erforsche mich, Gott, und erkenne mein Herz; prüfe mich und erkenne, wie ich's meine. Und sieh, ob ich auf bösem Wege bin, und leite mich auf ewigem Wege.

Caro hat sich dann doch operieren lassen. Ihr Mann Thomas habe darauf bestanden, sagt Caro. „Er kann natürlich nicht verstehen, dass wir auf übernatürliche Heilung hoffen – er kennt Gott ja nicht", erklärt sie, als wir sie als Hauskreis im Krankenhaus besuchen.

Bei dem Schweregrad dürfe man nicht lange zögern, habe der Arzt gemeint. Der Krebs sei sehr aggressiv, vor allem bei jungen Frauen streue er sehr stark.

„Ich habe es für Thomas getan!", sagt Caro. „Das sieht Gott doch auch", scheint sie sich zu entschuldigen, obwohl ihr niemand einen Vorwurf macht. Ich glaube, sie schämt sich, dass ihr Glaube für ein Wunder nicht ausgereicht hat.

Glücklicherweise haben sie die Brust erhalten können, das Gewebestück einfach rausgeschnitten. Und einen Lymphknoten. Hoffentlich hat sie jetzt alles überstanden. Sie kriegt noch Chemo, danach Bestrahlung.

Ich bin trotzdem traurig und verwirrt, dass sie nicht übernatürlich geheilt wurde.

„Gott hat sie doch geheilt", behauptet Richarda, „durch die Ärzte!"

Aber ich finde, man macht sich was vor. *Heilt die Kranken. Bittet, so will ich handeln.* Ein Krebsgeschwür kann man auch ohne Gott rausschneiden.

Ich weiß nicht, was ich davon halten soll.

14.

DAS SCHWEIGEN DES LAMMES (2)

„Lebensfreude! Fülle! Wohlergehen!"

Thorstens Augen leuchten.

„Zufriedenheit, Nächstenliebe, spirituelles Wachstum."

Bei jedem Wort breitet er die Arme weiter aus.

„Alles Gute kommt von Gott. Die Frage ist nur: Glauben wir an diesen großzügigen Gott, der denen gerne gibt, die ihn bitten, oder blicken wir auf unsere widrigen Umstände und begnügen uns mit unserem Tellerrand?"

Caro sitzt neben mir in der vorletzten Reihe. Von ihren wunderschönen Haaren überdecken nur noch spinnwebengleiche Reste ihre bleiche Kopfhaut. Schrecklich sieht sie aus, mit ihren geröteten, wimpernlosen Augen.

„Der Herr will seinen ganzen Segen über uns ausgießen. Alles, was wir tun müssen, ist empfangen. Ihr Lieben, es liegt nicht an Gott, dass wir nicht empfangen, sondern an unseren geschlossenen Fäusten, mit denen wir ängstlich unsere Erfahrungen umklammern. Unsere Theologie wird weniger durch das Wort Gottes bestimmt als durch das, was wir für möglich halten. Und wir machen nicht die Erfahrung von Gottes Wunderwirken, weil wir Wunder nicht wirklich erwarten. Jakobus 1,5–8 sagt –"

Caro blättert in ihrer Bibel. Aus den Augenwinkeln betrachte ich ihre schlanken Finger mit den gelblichen, aufgerissenen, zersplitterten Nägeln. Thorsten liest: „‚Wer bittet, soll aber voll Glauben bitten und nicht zweifeln, denn wer zweifelt, ist wie eine Welle, die vom Wind im Meer hin und her getrieben wird. Ein solcher Mensch bilde sich nicht ein, dass er vom Herrn etwas erhalten wird. Er ist wie ein Mann mit zwei Seelen, unbeständig auf all seinen Wegen.'"

Caro streicht über ihre aufgeschlagene Bibel, ihre magere Hand sieht aus wie die einer alten Frau.

„Im Königreich Gottes gilt die Gleichung: Schwacher, schwankender Glaube = schwache Manifestierungen von Gottes Zusagen an uns. Die ausschlaggebende Frage ist also: Woher bekommen wir einen festen Glauben? Ihr Lieben, es ist das Wasserbad des Wortes, das Unglauben abwäscht, denn im Wort Gottes erfahren wir, wer wir wirklich sind. Dann sollten wir allerdings auch entsprechend handeln, sonst sind wir wie dieser Mann aus Jakobus: Er blickt in den Spiegel, erfährt also aus dem Wort Gottes, welche Identität er in Christus hat, dann allerdings macht er so weiter wie gewohnt und vergisst sofort wieder, wer er in Gottes Augen ist." Thorsten atmet lange aus. „Oder einfacher ausgedrückt: Nur wer weiß, was Gott tun kann und will, kann empfangen."

Gebannt höre ich zu. Ich will!!!! doch diesen Glauben, damit Gott endlich wieder in meinem Leben wirken kann. Ich will nicht auf meine Erfahrungen schauen, sondern auf Gottes unsichtbare Wirklichkeit! Müde lächelnd sieht Caro mir ins Gesicht. Sie scheint das Gleiche zu denken, aber auch ihr fehlt wohl die Kraft dazu.

„Jesus selber sagte: ‚Der Mensch lebt nicht nur von Brot, sondern von jedem Wort, das aus Gottes Mund kommt.' Liebe Geschwister, unserem Körper geben wir doch auch täglich Nahrung, aber füttern wir genauso unseren so viel wichtigeren Geist? Unser Geist braucht Nahrung, er braucht Gottes Geist, ernährt sich von der Wahrheit aus Gottes Wort."

Plötzlich ist alles voller Blut. Caros Kleid, ihre Bibel, Blut auch auf meiner Hose. Caro beugt sich vor, ihr Gesicht in den blutigen Händen. Die Chemo greift die Schleimhäute an. Nasenbluten. Nicht das erste Mal, dass ich mit Caro runter zum Damenklo muss, weil es ihr schlecht geht.

Sie lächelt, als ich ihr die Feuchttücher gebe.

Wieder muss Thomas kommen, um sie vorzeitig abzuholen.

17. Dezember 2001
Liebes Tagebuch,
wieso ist Caro nicht geheilt? Ich hatte insgeheim gehofft, dass sie Caro aufschneiden und ganz erstaunt feststellen, dass da kein Krebs mehr ist. Dass die Ärzte ihre Köpfe schütteln und sagen: „Ein medizinisches Wunder, wir können uns das nicht erklären." Und dass Thomas, der Zweifler, auf seine Knie fällt und endlich Gottes Macht anerkennt. Das wäre für Caro das Höchste.

21. Dezember 2001
Warum hat der Krebs bei Caro so viel zerstörerische Kraft – trotz Golgata? Es kann doch nicht sein, dass Jesu Heilungsauftrag nicht auszuführen ist.

Hat Caro denn nicht genug geglaubt, um die Heilung in Gang zu setzen? Sie liebt Gott doch so sehr. Sie war sich so sicher, er würde sie heilen. Was muss man denn noch tun?

25. Dezember 2001
Weihnachten war furchtbar für Caro. Sie versteht nicht, was an ihrem geistigen Immunsystem nicht funktioniert hat, was den Tumor verursacht hat, wo sie doch so sehr auf ein gottgefälliges, seelisch gesundes Leben achtet.

30. Dezember 2001
Telefoniere oft mit Caro. Sie hat viel gebetet und ist sich sicher, dass Gott sie schützen wird. „Ich entscheide mich für das Leben", hat sie gesagt.

1. Januar 2002
Dieses Jahr werde ich die ganze Bibel einmal durchlesen. Ich möchte sie so lesen, als wäre es das erste Mal. Ich will wissen, was Gottes Wort wirklich zu alldem sagt.

25. März 2002
Herr, ich liebe dich, bitte verlass mich nicht!

1. April 2002
Ab heute habe ich einen Job. Regale einräumen. Bin über die Behindertenquote reingekommen. Ein regionaler Dienstleister, wir machen den Service für mehrere Supermärkte. Ist ganz okay, besser als nichts, diese Gerichtssache hat uns finanziell ganz schön zu schaffen gemacht, da zählt jeder Cent. Dienstag, Mittwoch, Donnerstag ganztags, montags und freitags nur halbe Tage, wegen der Klavierstunden.

20. Juli 2002
Mein Rücken tut jetzt fast dauernd weh. Schon nach zwei Stunden Einräumen schmerzt alles. Auch meine Hand ist nach der letzten OP nicht wirklich besser geworden. Fühle mich alt.
Wo ist Gott?

15. August 2002
Caro geht es immer schlechter. Sie verträgt die Chemo überhaupt nicht – trotz all der Gebete!

29. August 2002
Der Hauskreis dankt noch immer für Caros Heilung, sie sagen, sie wollen das Sichtbare nicht akzeptieren, sondern an Caros Heilung festhalten. Ich weiß nicht mehr, was ich denken soll, vielleicht ist es ja gut, dass wenigstens sie noch an ein Wunder glauben. Caro kommt jedenfalls nur noch selten. Das ist alles zu anstrengend für sie.

Freitagvormittag. Ich ziehe mir meinen Schal ins Gesicht. Müssen ja nicht alle mein fleckiges Gesicht und meine geröteten Augen sehen. Geht mir wieder besch… heute.

Manchmal habe ich einigermaßen gute Tage. Dann denke ich: *Vielleicht komme ich ja drüber hinweg.* Aber dann überfallen mich solche Tage wie heute. Von morgens an habe ich gegrübelt und gebetet. Immer und immer führe ich völlig unnütze Selbstgespräche und am Ende bin ich jedes Mal total erschöpft. Mein Kopf schmerzt vom Weinen.

Blöde Idee, ausgerechnet an einem solchen Tag in die Stadt zu fahren. Jetzt stehe ich an der Zapfsäule und versuche die verschwommene Anzeige abzulesen. Neue Tränen. So ein Mist, ich muss gleich bezahlen, wie soll ich denn mit so einem Gesicht an die Kasse?

Dann hupt der blaue Ford hinter mir. Wütend gestikuliert der junge Mann durch seine Windschutzscheibe. Ich soll endlich die Säule frei machen. Ich werde also der Welt meinen Schmerz zeigen müssen, zumindest den Kunden dieser Aral-Tankstelle. Wickle den Schal ein weiteres Mal um mein Gesicht. Wahrscheinlich sehe ich aus, als wollte ich die Kasse ausrauben. Wie ist das? Verbergen die anderen ihre Tränen vor ihren Mitmenschen? Oder müssen die nie weinen? Kann man denn in dieser verkehrten Welt leben und nicht daran leiden? Oder ist das Leiden an Gott das Schlimmste und trifft deshalb nur wenige?

Die Kassiererin tut so, als bemerke sie nichts, dann erlöse ich den Ford endlich und fahre den Wagen halb blind zur Service-Station, stelle mich neben den Reifendruckmesser.

Hinter dem Steuer ringe ich um Fassung, bitte um Jesu Freude. *Alles bitten – bewusst glauben – Christus im Voraus danken.* Aber das macht alles nur schlimmer, denn ich weine einfach weiter. Welle um Welle kommt der Schmerz, die Enttäuschung; mein Herz brennt, ich spüre es körperlich, als wäre das Organ in meiner Brust entzündet.

Alles ist so kompliziert.

Wer bittet, dem wird gegeben, denke ich und flehe inniglich, Gott möge mir wenigstens ein kleines Zeichen seiner Gnade geben. Dass jemand vorbeikommt, aus der Gemeinde oder vom Hauskreis. Mich in den Arm nimmt. Oder anlächelt. Von mir aus nur von Weitem. Nur ein winziges Zeichen, dass Gott mich nicht vergessen hat.

„Herr, ich danke dir, dass du mir jemanden zum Trost vorbeischickst“, schluchze ich und versuche mir vorzustellen, dass Tanja kommt oder Natalie oder sogar Caro – eigentlich egal wer, irgendjemand. Mein himmlischer Vater wird mich doch nicht so verzweifelt hier stehen lassen, wo er für andere sogar einen Parkplatz sucht. *Bitte, Herr! Sei doch gnädig mit mir! Ich brauche das jetzt wirklich, zeige dich mir! Nur ein einziges Mal!*

Ich warte, bete, halte Ausschau … ob nicht irgendwo jemand … und während ich warte, wird der Schmerz immer schlimmer.

Herr!

Nach einer knappen halben Stunde bin ich völlig durchgefroren und fahre nach Hause.

Es ist niemand gekommen.

15.

DAS BEFREIUNGSGEBET

Der Schnee knirscht, als Caros Sportwagen vor unserem Haus hält. Mit meinem Mantel und dem Reiseproviant unterm Arm stürze ich los, packe die mit Tempos befüllte Handtasche und den kleinen Reisekoffer, die beide griffbereit im Flur stehen, laufe durchs Treppenhaus und dann zwischen den Wällen zusammengefegten Schnees hindurch, Caro entgegen, die lächelnd mit ihren Handschuhen winkt. Ihren Kahlkopf hat sie unter einer schicken Baskenmütze versteckt.

„Hallo, Jo", ruft sie mir zu. „Ist es also endlich so weit!"

Im Moment ist Caros Zustand einigermaßen stabil, auch wenn ihre Fröhlichkeit etwas bemüht wirkt. Aber immerhin, sie ist stark genug, um an der Heilungs- und Befreiungskonferenz in der Nähe von Stuttgart teilzunehmen.

Sabine fährt das Fenster herunter und begrüßt mich mit ausgelassenem Lachen. Sie sieht wieder mal umwerfend aus in ihrem schicken Blazer und dem Seidentuch, der so perfekte Falten wirft wie sonst nur die Schals in Schwarz-Weiß-Filmen.

Richarda, die mit einer Art Holzfällerhemd in der offenen Fahrertür steht, grinst mich von oben bis unten an und beobachtet mich, wie ich mit Mantel, Tüte, Handtasche, Reisekoffer und Heckklappe jongliere.

„Nee, Leute, der Mensch kann doch nicht durch Evolution entstanden sein", brüllt sie über das Autodach, „sonst hätten sich doch bei Frauen zehn Arme entwickeln müssen." Dann lässt sie sich laut lachend auf den Fahrersitz plumpsen und startet den Wagen.

Ich quetsche mich zwischen Tanja und Caro auf die Rückbank.

Als Erstes fällt mir der leichte Verwesungsgeruch auf, wie metallisches, altes Blut. Aber lange nicht so schlimm wie am Anfang, als Caro die ersten Chemos hatte.

Richarda fährt los, sie ist total aufgedreht und führt unbeirrt das Gespräch fort, das sie für den kurzen Stopp vor unserem Hause anscheinend unterbrochen hatte.

„Glaub mir, Gott heilt dich, Caro, kein Problem. Durch Eric hat Gott schon so viele Wunder getan, Dinge, die man kaum glauben kann. Wie in der Zeit der Apostel."

Dann wendet sie sich an mich.

„Und du, Jo, was du brauchst, ist klares Reden Gottes, da ist ja gehörig was durcheinander bei dir. Eric ist ein großer Prophet, er wird dir sicher helfen."

Während ihrer Worte dreht sie sich beängstigend weit nach hinten, um ihre Zuversicht zu mir in den Fond zu lächeln. „Kann mit dir ja so nicht weitergehen, Süße. Ich verspreche dir, deine Not hat bald ein Ende, basta!"

Ich hoffe, sie hat recht. Denn deshalb fahre ich mit nach Stuttgart: Ich will Gott hören, ich will wissen, wie ich mein Leben in Ordnung bringen kann, damit der Segen wieder fließt. Ich will endlich erfahren, wieso der Feind mich ausplündert, mir alles raubt, was Gott mir schenken will. Ich will endlich runter vom Schlachtfeld.

Richarda plappert derweil ohne Unterlass. Im Moment geht sie mir damit ziemlich auf die Nerven und ich versuche mich abzulenken, indem ich mir aus den Kennzeichen vorbeifahrender Autos Fantasieabkürzungen ausdenke: KS – Kiefer-Sperre, Kirchen-Sanierung, Krimi-Sucht oder DO – Darm-Operation, Denk-Orgie, Dusch-Ordnung oder HF – Herz-Frequenz, Harn-Fluss, Hirn-Funktion.

„... Ich habe gehört, Eric McDowel hat die Gabe, bei anderen Geistesgaben freizusetzen", teilt uns Tanja mit. „Ich hätte gerne auch die Gabe der Prophetie." Dann erzählt sie uns, dass sie sich von einem prophetischen Dienst auferbauende Kärtchen schicken lässt mit Verheißungen, die sie täglich proklamiert.

„Wäre auch was für euch", meint sie, an Caroline und mich gewandt. „Das stärkt total den Glauben."

Richarda, die sich nur ungern in ihrem Redefluss unterbrechen lässt, kichert plötzlich und fragt in die Runde: „Kennt ihr den? Beklagt sich ein evangelischer Pfarrer bei einem älteren Kollegen über die Fledermausplage in seiner Kirche – er hätte alles versucht, um sie zu vertreiben, nun bleibt nur noch Teufelsaustreibung. Darauf der Kollege: ‚Ich habe meine getauft und konfirmiert – danach kommt ganz sicher niemand mehr wieder.'" Richarda lacht laut und dreht sich wieder bedrohlich weit zu uns nach hinten. „Noch einen?"

„Soll lieber jemand anderes fahren?", meint Caro, aber Richarda schüttelt vehement den Kopf und quasselt auch die folgende Stunde unaufhörlich. Sabine, die anfangs noch vergebliche Versuche unternommen hat, Richardas in die Runde geworfenen Fragen zu beantworten, hat mittlerweile eingesehen, dass dies in Richardas Gesprächskonzept nicht vorgesehen ist, und gibt nur noch ab und an einen Laut von sich, den ich zwischen Zustimmung und Verzweiflung einordne.

Nach knapp drei Stunden sind wir endlich da. Die Konferenz findet in einer freien Gemeinde statt und schon auf dem Parkplatz wird uns klar, dass hier keine Massen zusammenkommen werden. Auf der riesigen Fläche stehen verloren einige Autos, ist offensichtlich ein Geheimtipp, die Konferenz. Umso besser, dann steigen meine Chancen, Eric McDowel persönlich zu sprechen.

Ein junger Mann mit Schal und halblangem Zeugen-Jehova-Mantel weist uns lächelnd den Weg in den Versammlungsraum, wo Lobpreismusik aus einem Lautsprecher erklingt. Alle flüstern, obwohl die Reihen noch licht sind und die Bühne leer ist.

Viertel vor acht, mit einer Viertelstunde Verspätung begrüßt der Pastor der Gemeinde die übersichtliche Zuhörerschaft, kaum mehr als 80 Leute, und stellt uns Eric vor: „Ich habe meinen lieben Bruder Eric vor vier Jahren kennengelernt. Durch ihn ist damals unser jüngster Sohn Elischa von Epilepsie geheilt worden. Halleluja! Eric ist so was wie mein geistlicher Vater geworden. Er hat mir geholfen, meine Vollmacht in Christus zu verstehen. Aber ich will dir, Eric, nicht vorgreifen und nur noch sagen, wie glücklich wir sind, Eric, dass du die Zeit gefunden hast, in unserer bescheidenen Runde zu sprechen und uns Gottes Reden und Wirken zu offenbaren."

„Danke, Markus", hört man leise, dann schaltet Eric die Übertragungseinheit des Mikros an.

„Liebe Geschwister", erklingt Erics warme, sonore Stimme. Er ist ein recht kleiner Mann mit grauen Locken und freundlichem, väterlichem Gesicht. Unaufgeregt und ohne Umschweife beginnt er seine Predigt: „Den Menschen zur Zeit Jesu und im ersten Jahrhundert danach war klar, dass Krankheit und Not ein Werk Satans waren. Sie wussten: Krankheiten, Gebrechen und Niedergeschlagenheit gehörten zu Satans Mitteln, Gottes Geschöpfe zu quälen und über sie zu herrschen. Hatte nicht Gott selber seinem Volk Segen, Wohlstand und Gesundheit zugesagt, wenn es seine göttliche Schöpfungsordnung achtete?

5. Mose 11: ‚Siehe, ich lege euch heute Segen und Fluch vor: den Segen, wenn ihr den Geboten des HERRN, eures Gottes, gehorcht, die ich euch heute gebiete, und den Fluch, wenn ihr den Geboten des HERRN, eures Gottes, nicht gehorcht.'"

Und damit niemand in Ungewissheit darüber bleibt, was Segen und was Fluch ist, erklärt er wenige Sätze später:

„‚Wenn ihr den HERRN, euren Gott, liebt und ihm dient von ganzem Herzen und von ganzer Seele, so will ich eurem Lande Regen geben zu seiner Zeit, dass du einsammelst dein Getreide, deinen Wein und dein Öl, und will deinem Vieh Gras geben auf deinem Felde, dass ihr esst und satt werdet.' Andererseits der Fluch bei Ungehorsam: ‚Verflucht wird sein dein Korb und dein Backtrog. Verflucht wird sein die Frucht deines Leibes, der Ertrag deines Ackers, das Jungvieh deiner Rinder und Schafe. Der HERR wird unter dich senden Unfrieden, Unruhe und Unglück in allem, was du unternimmst.‘ Der Segen einerseits: Gedeihen, Wohlstand und Erfolg, andererseits der Fluch: Krankheit, Armut, Unfruchtbarkeit.

Krankheit, Armut, Unfruchtbarkeit gehören demnach nicht zum eigentlichen Plan Gottes für seine Kinder, sondern sind Flüche, die ans Fluchholz von Golgata gehören. Nun erleben wir aber, dass gläubigen Menschen solche Dinge widerfahren, wie Gott sie unter den Flüchen aufgezählt hat. Wieso?“

Eric blickt uns an und es scheint, als wendete er sich direkt an Caro und mich, die wir beide links am Fenster sitzen.

„Würde Satan den Himmel gerne mit Scheitern, Traurigkeit, Krankheit überziehen, wenn er könnte?“

Man hört die Klospülung aus dem Vorraum, so still ist es in der Atempause, die jetzt folgt.

„Ja, sehr gerne würde er das tun, aber er kann nicht, denn im Himmel gelten Gottes Regeln. Wieso aber lassen wir ihn hier auf Erden solche Dinge tun, wo wir doch das Reich Gottes ausbreiten sollen, das ‚Königreich der Himmel‘, wie es richtigerweise heißt? Satan freut sich, dass wir unsere Rolle als Leib Christi auf Erden nicht einnehmen – denn dann kann er sich weiter austoben, als hätte es Golgata nie gegeben. In Matthäus 8,16+17 steht: ‚… und machte alle Kranken gesund, auf dass erfüllt würde, was gesagt ist durch den Propheten Jesaja, der da spricht: Er hat unsre Schwachheit auf sich genommen, und unsre Krankheit hat er getragen.‘“

Dann geht Eric darauf ein, wie Satan zu verhindern sucht, dass wir die verheißenen Segnungen empfangen, und ermutigt uns, nicht nachzulassen, unserem Feind die Stirn zu bieten. Wenn wir die Verheißungen nicht empfingen, könnte das entweder an unserem Unglauben liegen oder aber am Teufel oder seinen Dämonen, die die Manifestation von Gottes Kraft behindern. Vorfahrenschuld, verborgene Sünde, Flüche, okkulte Praktiken – bewusst oder unbewusst ausgeübt.

Gebannt lausche ich den Geschichten. Von dem jungen Mann zum Beispiel, der ein Unglück nach dem anderen erlebte und auf keinen grünen Zweig kam, bis der Geist Gottes während einer Konferenz, bei der der junge Mann zu Gast war, Eric offenbarte, dass der junge Mann im Urlaub einen buddhistischen Tempel betreten und damit den Dämonen, die im Tempel herrschten, Macht gegeben hatte, ihn zu zerstören. Erst als er Buße getan hatte und die Macht der Dämonen explizit gebrochen wurde, ging es wieder bergauf mit ihm.

Oder die junge Mutter, deren Kind ständig bedrohlich krank wurde, bis der Geist Gottes Eric offenbarte, dass die Frau während ihrer Schwangerschaft dämonisch belastete Fantasiebücher gelesen hatte.

Ich bin aufs Äußerste gespannt. Immer mehr bin ich davon überzeugt, dass Satan mir all das abzapft, was Gott für mich vorgesehen hat, und ich nur herausfinden muss, woher Satan sich dieses Recht nimmt. Heute könnte ich endlich den ausschlaggebenden Hinweis bekommen. Ich bin froh, hier zu sein, denn Gott gebraucht Eric, um Menschen aus den Fängen Satans zu befreien.

„Wenn ihr die Segnungen Gottes nicht empfangt, weder sein Reden noch seinen Frieden erlebt, dann habt ihr irgendwo ein Türchen geöffnet, durch das sich der Dieb eingeschlichen hat und euch ausraubt. Diese Tür müssen wir schließen."

Caro und ich blicken uns vielsagend an. Vielleicht hat unser Leiden heute endlich ein Ende.

Im Anschluss an Erics Predigt folgt ausgelassener Lobpreis, Leute tanzen, überall höre ich „Danke, Jesus"-Rufe. Je ungestümer es um mich herum wird, desto stiller wird es in mir. Ich fühle mich seltsam leer und unendlich schwer. Was ist los mit mir? Caro ist irgendwann während der Predigt rausgegangen. Ich sollte sie suchen gehen, nachsehen, ob es ihr gut geht. Aber eine unglaubliche Müdigkeit überfällt mich. Ich sacke auf dem Stuhl zusammen.

Um mich herum wird der Lobpreis immer wilder und die Schwere, die auf mir lastet, immer größer. Nach einem halben Dutzend Lobpreislieder kann ich mich nicht mehr aufrecht halten und lasse mich von meinem Stuhl auf den Boden sinken. Eine Aussätzige, eine, die von Gottes Freude nicht erreicht werden kann. Ein Fremdkörper. Eine, die in ihrem Glauben Schiffbruch erlitten hat. Aber vielleicht fischt mich Gott heute aus dem Ozean der Verzweiflung.

Nach dem Lobpreis werden die eingeladen, nach vorne zu kommen, die sich segnen lassen wollen, Heilung brauchen oder das Reden Gottes erfahren möchten. Ich reihe mich hinter Caro in die lange Schlange der Wartenden ein – fast alle wollen zu Eric. Eine Viertelstunde rücke ich in der plaudernden Schlange Schritt für Schritt voran und mit jedem Schritt wird mein Körper bleierner. Als nur noch fünf Leute vor mir sind, muss ich mich auf einen der freien Stühle neben dem Gang setzen.

Als Caro dran ist, höre ich, wie Erich Heilung über sie ausspricht, dem Krebs befiehlt zu gehen und ihr empfiehlt, jetzt im Glauben zu erfassen, dass sie geheilt ist, egal was der Augenschein sagt. Erics Worte ziehen seltsam schwach an mir vorbei. Ich kann nicht mehr.

Dann stehe ich vor Eric, zentnerschwer.

„Der Böse hat dir übel zugesetzt, nicht wahr?“

Ich nicke müde.

„Aber wir werden ihm schon zeigen, mit wem er es zu tun hat, nicht wahr?“ Ich nicke wieder. Er sieht mich lächelnd an und ich erzähle ihm meine Geschichte in aller Kürze. In Erics Augen erkenne ich Mitleid und Wärme, dann schließt er die Augen und betet: „Herr, du kennst deine Tochter, die dir treu dient. Du siehst ihre Fragen und freust dich, dass sie zu dir kommt. Du hast ihr in Jesus die Fülle geschenkt.“

Auch ich schließe die Augen. Konzentrieren, mich empfänglich machen. *Herr, bitte, sprich.*

„Du hast für sie den Sieg über den Bösen errungen. Wir wissen, dass wir in deiner Hand sicher sind und dass uns nichts und niemand etwas antun kann."

Kloß im Hals.

„Und nun, Satan! Verschwinde aus dem Leben dieser Schwester und gib ihr wieder, was du gestohlen hast. In Jesu Namen! Alle Dämonen müssen weichen, wir binden alle Flüche, die über unserer Schwester ausgesprochen worden sind. Im Namen Jesu fordern wir das Erbe der Gerechten ein! In deinem heiligen Namen, Herr, sprechen wir völlige Wiederherstellung an Leib, Seele und Geist über ihr aus."

Dann drückt er ganz fest meine Hand.

Endlich!, denke ich und versuche die Zweifel zu vertreiben, die wie grinsende Gnome in den Ecken meines Geistes lauern.

ABC, Bitten – Glauben – Empfangen. ABC.

„Der Herr verspricht dir, jemanden zu senden, der dir all deine Fragen beantworten wird", fügt Eric an, zieht mich zu sich heran und flüstert: „Die Musicals, von denen du da erzählst – der Herr hat mir gerade offenbart, dass du sie in eigener Verantwortung veröffentlichen sollst. Er will seinen Segen reichlich über dir ausgießen. Er will diese Ehre ganz für sich alleine. Der Herr will allen Ruhm und nun ist die Zeit der Ernte gekommen. Erwarte viel von ihm. Er geht dir voran und alles muss ihm weichen."

Noch auf dem Weg zurück zu meinem Platz tue ich Buße für meine Kleingläubigkeit. Ich will wieder alles von Gott erwarten.

Die Schwere in meinem Körper bleibt und ich bin froh, als wir wieder im Auto sitzen. Ich brauche Zeit und Ruhe, das Gesagte zu verdauen. Da wir alle müde sind, verebbt das Gespräch bald. Richarda schläft, Caro schweigt, Sabine fährt.

Ich gehe während der Rückfahrt die letzten Jahre im Gebet durch. Schritt für Schritt. Nicht zum ersten Mal, aber vielleicht zeigt mir Gott diesmal, an welcher Stelle die Füchse in seinen Weinberg kommen. Ich will die Lücke schließen, koste es, was es wolle. Ich werde gnadenlos und unerbittlich mein Leben durchforsten, bis ich das Loch im Zaun gefunden habe. Ich will Frucht bringen. Vor allem, wenn ich das Musical jetzt in eigener Regie rausbringe, will ich ganz sichergehen, dass mir niemand raubt, was Gott mir gegeben hat. Während der Fahrt befehle ich dem Gericht, in Jesu Namen auch im Nachhinein noch Recht zu sprechen, befehle meiner Hand zu heilen, dem Schmerz und der Schwere und Dunkelheit in mir zu gehen, meinen Ohren, Gottes Stimme zu hören. Befehle den Dämonen zu weichen, binde Flüche und spreche Segen und Fülle über mir aus. Als wir nach dreieinhalb Stunden Autofahrt zu Hause ankommen, bin ich total erschöpft.

Am nächsten Tag geht es mir deutlich besser, ich fühle mich entschlossener, sogar zuversichtlich. Bevor ich zum Hörer greife, um in der Kanzlei anzurufen und mich danach zu erkundigen, was ich tun muss, um meine Musicals auf eigene Faust zu veröffentlichen, befehle ich Satan, Gottes Eigentum loszulassen. Ich verbiete ihm, die Veröffentlichung der Manuskripte zu verhindern. Ich fordere Gottes Eigentum für sein Reich zurück. Natürlich danke ich Gott zum Schluss dafür, dass die Musicals jetzt bald erscheinen werden. Zu seiner Ehre. Der Herr wird sich auf diese Weise verherrlichen. Diesmal will ich alles richtig machen.

Dann wähle ich entschlossen die Nummer der Kanzlei Jorgenhardt.

16.

DAS ENDE DES TUNNELS?

Ich rupfe einen Weizenhalm vom Wegesrand. Schon wieder ist ein Sommer fast vorbei. Ein weiterer Sommer, in dem ich um Durchbruch gerungen habe – vergeblich. Dieses Mal bin ich dem Rat meines Anwalts gefolgt und nicht vor Gericht gezogen, um die Nutzungsrechte an meinen Musicals zu erstreiten. Die gehören nämlich laut Vertrag rein rechtlich der Agentur Fernandoz – ich selber habe das damals unterschrieben! Goliat hat also reiche Beute gemacht.

Keine Verheißung, kein Wunder, kein Durchbruch und es kommt auch keiner, der mir das alles erklärt.

„Totgeburt", meinte Felix, als ich ihm davon erzählte, dass mein Musical, mit dem ich so lange schwanger war, für immer verloren sei.

Kein „Sohn der Verheißung", kein Licht im finsteren Tal.

Seit diesem Rückschlag geht es mir wieder furchtbar und manchmal frage ich mich, ob ich dieses Leben überhaupt will, wenn Gottes Wille sein Ziel mit mir sowieso nicht erreicht. Wozu dann die Quälerei?

Felix gegenüber verheimliche ich solche Gedanken. Ist ja eh alles schon gesagt und er braucht seine Kraft für die neue Band – einen Bassisten und einen Gitarristen hat er mittlerweile gefunden und ist dabei, einen Percussionisten anzugraben. Da hat er für meine unendliche Geschichte keinen Kopf frei.

Meine Spaziergänge mit Caroline sind mittlerweile mein einziger Trost.

Immerhin hatte sich wenigstens Caro nach der Konferenz recht gut erholt. Die Chemos gingen vorüber, danach jede Woche Bestrahlung, und als sie aus der Reha zurückkam, hat der Hauskreis sie mit einem großen Fest begrüßt. Wir haben ihre Heilung gefeiert.

Zu früh, wie sich herausstellte. Bei der letzten Mammografie fanden sie neue Knoten in beiden Brüsten.

Seit Tagen ist Caros Blick verzweifelt und heute, da sie neben mir den Hügel hinaufgeht, sieht sie sehr müde aus.

„Ich will nicht sterben, Jo. Ich will, dass Gott mich heilt. Warum tut er das nicht? Ich war so sicher, er würde mich gesund machen. Am Anfang zumindest. Auch noch als Eric gebetet hat. Alles hätte ich darauf verwettet, dass ich gesund werde. Aber jetzt, nach all den Rückschlägen …", sagt sie trotzig.

„Ich kann nicht mehr glauben" – die starke Caro klingt verzweifelt –, „es geht einfach nicht, verstehst du?" und ich sehe wütende Tränen in ihrem Gesicht. „Und niemand kann mir vorwerfen, ich hätte es nicht versucht."

Ihr müder Schritt ist mit einem Mal stur und entschlossen geworden.

Sie ist aufgewühlt und ich weiß nicht, was ich ihr sagen soll, denn ich kenne diesen Teufelskreis der Selbstanklage sehr gut. Man kann einfach nicht mehr glauben, obwohl man es so gerne täte, und empfängt nicht, weil man nicht mehr glaubt, und hat keinen Glauben mehr, weil man nichts mehr empfängt. Tiefer und tiefer reicht die Spirale des Wahnsinns, bis zu den Pforten der Hölle. Immer weiter weg von Gott.

„Die anderen meinen, ich soll mit der OP noch warten, Gott eine Chance geben", sagt Caro.

Gott hatte seine Chance, schießt es mir durch den Kopf. Sage ich natürlich nicht, weil man so was nicht einmal denken darf.

Dieser verdammte Zynismus zersetzt meinen Glauben. Wie Krebs. Was soll Gott mit solch einem jämmerlichen Glauben wie meinem denn schon anfangen? Ich bringe nicht mal über die Lippen zu behaupten, dass Caro an Gottes Zusage festhalten soll. Ich weiß einfach nichts mehr.

„Joelle, ich verstehe das nicht. Du und ich, wir suchen doch beide Gott von ganzem Herzen."

„Ach, Caro, ich würde dir so gerne helfen, aber ich kann nicht." Mir geht es wie ihr. Mein Gottvertrauen fährt gerade voll vor die Wand und ich kann nichts dagegen tun. Im Gegenteil – je mehr ich mich bemühe, desto schneller rase ich dem finalen Crash entgegen.

Plötzlich bleibt Caro erschöpft stehen, schnauft, die Hände in den Seiten. Dann sackt sie heulend in sich zusammen.

„Ich will nicht sterben, Jo."

Ich nehme sie in den Arm, wiege sie wie ein kleines Kind, stammle Sachen, die sie trösten sollen, aber alles klingt fehl am Platz.

„Ach, Jo, was habe ich falsch gemacht? Warum habe ich Krebs?"

Ich halte sie fest umschlungen, atme ihren Metallgeruch ein, spüre ihre Trauer. Es ist zu früh zum Sterben. Viel zu früh.

Sie fasst mich am Mantel und stützt sich auf meinen Arm. Die Bestrahlung hat ihr Herz geschwächt und sie kann den Weg nicht mehr ohne Hilfe gehen, also laufen wir die paar Schritte bis zu unserer Bank ineinander verhakt.

„Ich glaube ja, dass Gott mich jederzeit heilen kann. Auch jetzt noch", sagt Caro, aber ihre Stimme ist unendlich leise. Ihre Lunge hat Wichtigeres zu tun.

Auch ich will so gerne glauben, dass Caro wieder gesund wird. Ich will mir nicht vorstellen müssen, dass sie Caro die Brüste abschneiden, dass sie sie wieder vergiften. Ich will nicht, dass sie vom Krebs oder von dessen Bekämpfung aufgelöst wird. Das kann Gott nicht wollen!

„Meine Heilung wäre so ein Zeugnis von Gottes Größe. Vor allem für Thomas."

„Ja", sage ich.

„Die anderen meinen, ich sollte meinen Glauben auferbauen, um meine Heilung zu empfangen. Mehr positive Dinge über mein Leben sagen, mehr für meine Heilung danken. Und mehr Lobpreis machen. Ständig simsen sie mir Verheißungen zu. Sie meinen es sicher gut, aber ich kann diese Bibelsprüche langsam nicht mehr hören. Verstehst du das?“

Ich nicke und wir stieren lange in die herbstlich vergehende Landschaft.

„Ach, Joelle, warum ist alles so kompliziert?“

Dann lauschen wir dem Wind, der allerdings auch keine Antwort weiß, sondern nur die heruntergefallenen Blätter vor sich her pustet. Caro schiebt mit ihren Turnschuhen einige Steinchen vor der Bank zusammen, zerteilt den Haufen wieder, umkreist die Flächen mit ihrer Fußspitze.

„Vielleicht sollte ich dir das lieber nicht erzählen“, sagt sie schließlich zögernd.

„Was?“

„Felix hat mich angerufen. Er macht sich Sorgen. Weil wir so oft zusammen sind.“

„Wie bitte? …“

„Er meint, du hättest eventuell einen schlechten Einfluss auf meine Heilungszuversicht.“

Fast wäre ich aufgesprungen.

„Hey, Jo, beruhige dich. Felix meint es doch nur gut. Er findet, in deinem deprimierten Zustand würdest du meinem Glauben eher schaden“, versucht Caro mich zu beschwichtigen. Ich bin sprachlos. „Dein Mann macht sich Sorgen um dich. Er sieht, wie niedergeschlagen du bist, und meint, auch ich täte dir nicht gut, denn mein Zustand könnte dich noch mehr betrüben.“

Jetzt springe ich doch auf, laufe aufgeregt vor der Bank auf und ab, aber meine innere Aufruhr legt sich nicht.

„Und – wer sich Sorgen macht, ist automatisch im Recht oder was? Ich hasse das!“

„Hätte ich dir doch lieber nicht erzählen sollen, oder?“, fragt Caro kleinlaut.

„Nein, nein, schon gut", beruhige ich mich. „Ich weiß doch schon lange, dass die anderen nicht richtig finden, was ich tue, aber dass sogar Felix …"

„Sie verurteilen nicht dein Verhalten", verbessert mich Caro, „sondern deine Gedanken, deine Gefühle."

„Ich habe aber genau diese Gedanken und diese Gefühle. Soll ich mir irgendwo andere kaufen?", fauche ich unvermittelt los.

„In einem Laden für geistliche Bedarfsartikel? Ein ‚Set für schwierige Lebenslagen'? Eine Packung Mull, um das Herz zum Schweigen zu bringen, eine Flasche ‚übernatürlichen Glauben', eine Kurpackung Dauerlächeln?"

„Endlich sehe ich mal wieder deine alte Leidenschaft", schmunzelt Caro.

„Aber eine zerstörerische Leidenschaft!", kontere ich.

„Ach, Hauptsache Leidenschaft!", behauptet Caro und ich bin froh, dass sie mich nicht verurteilt. Mal laut sagen dürfen, was man denkt. „Ich kann mir Hoffnung und Glauben eben nicht selber machen. Wenn Gott sie mir nicht gibt, kann ich sie mir nicht selber basteln."

„Das wäre auch unlauter", meint Caro.

„Heuchelei."

Ein kräftiger Wind reißt die letzten verdorrten Blätter aus der Eiche über uns und verteilt sie wahllos.

„Lass uns nach Hause gehen!", sagt Caro.

Diesmal nehmen wir die Abkürzung, Caro ist zu schwach für die große Runde.

Als ich unsere Wohnungstür aufschließe, bin ich noch immer sauer. Sich in meine Freundschaften einzumischen! Ich schleudere meine Stiefel unter das Schuhregal. Wie ein Bluthund durchsuche ich die Zimmer, aber Felix ist nicht da. Koche erst mal Tee, er wird schon kommen.

Als eine knappe Stunde später der Schlüssel an der Wohnungstür klimpert, stelle ich mich in die Tür zum Flur. Ich habe mich nicht beruhigt, im Gegenteil, in der vergangenen Stunde habe ich dem Küchenstuhl mir gegenüber erbitterte Reden entgegengeschmettert. Ich sehe trotz meines Bemühens, Ruhe auszustrahlen, vermutlich aus wie eine Rachegöttin, denn Felix zieht bei meinem Anblick den Kopf ein. Sein um Beiläufigkeit bemühtes „Hallo, Schatz“ macht mich noch wütender. Auch dass er erst mal für eine Ewigkeit im Bad rumort, der Feigling. Er wird mir nicht entkommen, denn wie eine Spinne auf ihr Opfer lauere ich unbeweglich, bis die Tür zum Bad endlich aufgeht.

„Is was?“, geht Felix in die Offensive, da ihm ein erneuter Rückzug ins Bad nicht mehr angemessen scheint.

„Was fällt dir eigentlich ein, Caro vorzuschlagen, den Kontakt mit mir abzubrechen?“, poltere ich los.

„Aber ich …“

„Wieso glaubst du, entscheiden zu dürfen, wer mit wem welchen Kontakt hat?“

„Joelle, ich …“

„Das verletzt mich. Caro ist die Einzige, die meine Lage versteht.“

„Aber genau da liegt doch das …“

„Wieso glaubt ihr alle zu wissen, wie ich mein Leben zu leben habe?“, falle ich ihm ins Wort.

„Wenn ihr schon nicht versteht, wieso es mir so beschissen geht, dann haltet euch doch wenigstens raus.“

„Joelle, dürfte ich jetzt auch mal …“

„Es ist unglaublich, dass mich jeder hier für minderbemittelt hält.“

„Aber, Süße, das stimmt doch gar nicht …“

„Nix ‚Süße‘. Behandle mich wenigstens wie eine Erwachsene.“

„Dann solltest du aber auch ein Streitgespräch ermöglichen, im Moment bevorzugst du offensichtlich die Form des Monologs“, kontert Felix völlig ruhig und ich ärgere mich, dass er recht hat.

Aber heute will ich nicht verständnisvoll sein. Heute will ich meiner Wut freien Lauf lassen. Immer habe ich Verständnis, heute will ich einfach nur unreflektiert schlechte Laune haben.

„Joelle“, nutzt Felix meine Denkpause und redet mit leiser Stimme auf mich ein, „ich sehe doch, wie niedergeschlagen du bist. Ich denke, du solltest dich nicht noch mehr mit schlechten Nachrichten belasten. Mach doch was Schönes.“

Ich beiße mir auf die Lippen. Ich will mir seine Ratschläge nicht anhören.

„Schatz, Caroline braucht jetzt jemanden, der sie aufbaut. Und ich glaube, wir sind uns einig, dass du das im Moment nicht sein kannst.“

„Und wieso nicht? Glaubst du, Caro zieht es vor, sich von irgendeinem Witzbold belustigen zu lassen? Kann ja sein, dass du das nicht begreifen kannst, aber es gibt Zeiten im Leben, da will man einfach nicht lachen.“

Felix' Augen werden ganz ernst. Sanft tastet er mein Gesicht mit forschendem Blick ab. Fast hätte ich mich versöhnt, wenn Felix an dieser Stelle geschwiegen hätte. Doch er schweigt nicht, sondern nimmt meine Hände in seine und meint: „Ich mache mir Sorgen um dich. Wo ist deine Leidenschaft, deine Zuversicht? Als wir uns kennengelernt haben, war ich fasziniert von deinem Lebenshunger. Diese Joelle gibt es nicht mehr.“

Er zögert kurz, bevor er sagt: „Manchmal sehe ich dich an und glaube, eine alte, verbitterte Frau vor mir zu haben.“

Ich entreiße ihm meine Hände und erwidere kalt: „Was willst du von mir?“

„Ich will, dass du glücklich bist.“

„So, und du glaubst, so macht man eine Frau glücklich, ja? Vielen Dank!“, schleudere ich ihm im Wegdrehen entgegen.

„Was hat dich denn so aufgebracht?“, fragt mich Caro, als ich sie empört anrufe, um ihr von Felix' Frechheiten zu berichten.

Wenn man von Caroline uneingeschränktes Mitleid erwartet, wird man immer enttäuscht. Unbestechlich fair trifft sie den Kern der Sache, egal ob man ihn sehen will oder lieber nicht. Ich schätze das eigentlich sehr an ihr, aber jetzt zöge ich unreflektiertes Mitleid einer nüchternen Analyse vor.

„Ich hätte mir mehr Vertrauen von Felix gewünscht", beantworte ich ihre Frage. „Wenn schon nicht in mich, dann doch in Gott, der ja immerhin versprochen hat zu vollenden, was er angefangen hat. Ich brauche keine Menschen, die sich Sorgen machen um mich. Verstehst du, man fühlt sich so verkehrt, so … Ich meine, was soll man antworten? Darüber kann man nicht einmal richtig streiten. Man kann ja niemandem das Recht absprechen, sich zu sorgen, oder?"

„Na ja, warum eigentlich nicht?", widerspricht Caro. „Gott ist auch kein Fan von Sich-Sorgen-Machen."

„Hhm", kommentiere ich ihren Gedanken. Stimmt wahrscheinlich. „Weißt du, Caro, im Grunde sagen die anderen mir damit doch lediglich, dass ich ihren Erwartungen an mich, ihren Vorstellungen von Leben und Glauben nicht entspreche."

Der Hörer verzerrt Caros tiefes Ausatmen rauschend.

„Mir würde es schon reichen, wenn sie mich einfach ernst nähmen. Wenn sie mich so akzeptieren würden, wie ich bin. Auch wenn alles so beschissen ist wie im Moment. Behaupten doch alle ständig: ‚Bei uns darfst du sein, wie du bist.'"

„Ach, Joelle", stöhnt Caro. „Ein schöner Traum. Ich habe bislang keine Gruppe kennengelernt, auch keine christliche, wo man wirklich sein darf, wie man ist."

Der müde Ton ihrer Stimme erschüttert mich.

„Überall muss man eine Maske aufsetzen. Manchmal eben eine fromme."

Ich würde sie gerne trösten …

„Aber ist vielleicht auch okay so."

… ihr widersprechen …

„Sonst läuft der Laden nicht."

… aber ich weiß nicht, was ich ihr antworten soll.

Nach zwanzig Minuten Telefonieren legen wir schweigend auf. Vorm Ins-Bett-Gehen bitte ich Felix für meinen bekloppten Ausbruch um Entschuldigung. Ich will nicht auch noch meinen Mann verlieren.

17.

WER BITTET …

„Schatz."

Felix beugt sich über sein Samstagsfrühstück, legt den Eierlöffel beiseite und blickt mir direkt ins Gesicht. Seine Stimme klingt so wie damals, als wir uns kennenlernten.

„Lass uns einfach mal raus hier. Wir steigen in unser Auto, fahren in die Rhön, gehen schön in ein Landgasthaus essen und besuchen abends eine Vorstellung in der Frankfurter Oper. Sie geben Rigoletto. Dann suchen wir uns ein kleines Hotel und …"

Sein vielsagender Blick beendet den Satz. Seine Augen haben wieder diesen Glanz, in den ich mich verliebt hatte. So lange schon habe ich dieses Leuchten vermisst. Wann ist Felix seine Spontaneität, diese Kleine-Jungen-Mentalität, verloren gegangen? Ich bin sofort Feuer und Flamme.

„O ja, das sollten wir mal tun. Aber ist das nicht zu teuer? Du weißt, dass wir ziemlich knapp bei Kasse …"

„Ach, papperlapapp!" Felix steht mitten im Satz auf, kommt zu mir herüber, greift mich am Ärmel und sagt: „Lass uns abhauen. Jetzt, sofort!"

„Aber ich muss doch erst …"

Er lässt mich nicht zu Ende führen, was ich alles vorher noch zu erledigen hätte, nicht einmal den Frühstückstisch räumen wir ab und sitzen eine Viertelstunde später im Wagen.

Schenk mir und Felix doch bitte einen unbeschwerten Tag miteinander, einen Tag Freude, Herr. Ich danke dir.

Jetzt, da wir auf der Landstraße durch die kleinen Dörfer fahren, habe ich alle Bedenken hinter mir gelassen. Ich freue mich darauf, endlich mal wieder unser gemeinsames Leben genießen zu können. Spontan biegt Felix in einen Feldweg.

„Hier war ich früher mal", erklärt er begeistert. „Hier muss irgendwo ein Bauernhof liegen, wo sie früher Festivals organisiert haben. Da hatte ich meinen allerersten richtigen Auftritt. Mit den ‚Sofahelden', meiner ersten Band."

Und schon ist Felix wieder bei seinem derzeitigen Lieblingsthema: seiner neuen Band.

„Die Jungs sind einfach gut", schwärmt er (er hat den Drummer schließlich doch rumgekriegt). Seit einiger Zeit trifft er sich mehrmals in der Woche mit Florian, Carlos und Rudi zum Proben.

„Das Einzige, was uns zu unserem Glück jetzt noch fehlt, ist eine Sängerin. Man sollte es nicht glauben, wie schwierig es ist, eine gute Sängerin mit Blues in der Stimme und einigermaßen überzeugender Bühnenpräsenz zu finden."

„Ich find's gut", stimme ich Felix zu, „im Grunde bist du Jazzer, die Philharmoniker werden dich auf Dauer nicht ausfüllen" und werfe ihm einen Kuss zu, der allerdings vermutlich nur bis zum Getränkehalter fliegt, denn in dem Moment schimpft Felix:

„Wo ist denn dieser blöde Hof?"

Der Weg wird immer schlechter und wir biegen einige Male in Feldwege ab. Zwanzig Minuten lang ächzt unser kleiner Fiat durch ausgetrocknete Schlammlöcher. Mit jedem Mal, bei dem wir in irgendeinem Schotterweg drehen, sinkt Felix' anfangs euphorische Stimmung rapide.

„Kennst du denn den Namen von dem Hof?", frage ich vorsichtig.

„Was soll mir der Name denn jetzt helfen?", erwidert Felix, mittlerweile leicht gereizt. „Der muss hier irgendwo liegen, das weiß ich genau."

Herr, Feuersäule, bitte, wir brauchen Führung!, schießt es mir durch den Kopf und ich sage so zuckersüß wie möglich: „Wir könnten zu Hause im Internet gucken und dann ein andermal in aller Ruhe zusammen hierherkommen. Vielleicht sogar, wenn sie wieder ein Festival organisieren."

„Ich will nicht zum Festival, ich will dir nur den Hof zeigen", antwortet Felix und ich spüre seine Ungeduld. Er hasst es, wenn die Sachen, die er sich vornimmt, nicht gelingen.

Endlich, nachdem wir weitere zehn Minuten über ausgefahrene Wege gefahren sind, gibt Felix auf.

„Ach was, ist ja auch nicht so wichtig", winkt er ab. „Ich dachte nur, du würdest dich vielleicht dafür interessieren, was ich früher so gemacht habe."

Ich weiß, Felix hat nicht direkt behauptet, ich interessierte mich nicht für seine Vergangenheit. Ich hätte das nicht unbedingt als Vorwurf verstehen müssen. Ich hätte auch einfach die Klappe halten können. Dann hätten wir uns sicher auch nicht gestritten. Aber seine Bockigkeit nervt mich so, dass ich dumme Kuh die Äußerung unbedingt kommentieren muss: „Jetzt behaupte bitte nicht, ich würde mich nicht für dich interessieren. Ich hab allerdings gedacht, wir wollten in der Rhön wandern, schön Kaffee trinken und so, aber jetzt ist es schon halb eins und wir kurven noch immer in der Walachei herum."

Klar, ich hätte ahnen können, dass das nicht gut ankommt bei ihm.

„Ja, genau", sagt er scharf. „Und wer von uns hat den Vorschlag gemacht, in die Rhön zu fahren? Ich doch, oder?"

„Ja, du. Und ich finde ihn großartig, deinen Vorschlag, aber wir hätten schon vor einer halben Stunde einfach auf die Landstraße zurückfahren …" Ich beende meinen Satz nicht, weil wir in eine mit Gras bewachsene Bucht ausweichen müssen, um einen Trecker vorbeifahren zu lassen. Meiner Ansicht nach die Gelegenheit, den Bauern mal zu fragen, wie wir wieder hier rausfinden.

Vielleicht ist es der verächtliche Blick des Bauern auf unseren rostigen Fiat, vielleicht auch Felix' verletzter Stolz oder einfach ein Prinzip, weshalb Felix mir verbietet, auszusteigen und den Mann nach dem Weg zurück auf die Landstraße zu fragen.

„Bleib sitzen, ich weiß, wo's langgeht!", befiehlt er, noch bevor ich Luft holen kann, und ich gehorche, innerlich kochend. Ich habe kein Problem damit, über Feldwege zu fahren, es ist eigentlich schön hier zwischen Obstwiesen mit reifen Äpfeln und den herbstlichen Feldern. Ich habe nur ein Problem damit, dass ich Felix wie ein rohes Ei behandeln muss.

Als wir endlich irgendwann wieder auf der Landstraße ankommen, atme ich tief durch. Neues Spiel, neues Glück. Ich schweige lieber, bis Felix den Vorschlag macht, jetzt erst mal einen Kaffee zu trinken. Das ist im Moment wahrscheinlich das einzig Richtige, denn eine Tasse guten Kaffees bringt Felix normalerweise schnell wieder ins Lot.

Ich entdecke wenige Minuten später einige ausgeblichene Langnese-Schirme, die den Schriftzug „Maritas Kaffeehaus" halb verdecken.

„Da, lass uns dort halten", schlage ich vor. Felix, dessen Laune sich mittlerweile wieder auf Normalnull eingependelt hat, parkt wortlos neben dem Audi des einzigen weiteren Gastes.

„Da sitzt aber schon einer am Nebentisch, der beobachtet uns", wehrt Felix ab, als ich mich an einen der Tische in der Sonne setzen will.

Ich beruhige mein aufwallendes Gemüt und versuche Gelassenheit wenigstens vorzutäuschen, als ich säusele: „Was hältst du von dem Platz da hinten? Da sitzt man geschützt und hat eine schöne Aussicht."

Schweigend steuert Felix den kleinen runden Tisch an und es kostet ihn sichtlich Mühe, zu den geschmacklosen Sitzauflagen zu schweigen, auf die er sich endlich zögerlich setzt.

Dass der Kaffee mies ist und „Marita" heute nicht ihren besten Tag hat (nicht die Einzige hier), teilt mir Felix mehrfach mit. Auch meine eigene Einschätzung dieses Tages beginnt mittlerweile gefährlich zu kippen. Meine Versuche, Felix die Vorzüge unserer Lage vor Augen zu führen („Hör mal, eine Singdrossel!"/„Die alten Schirme erinnern mich an meine Urlaube mit meinen Eltern."/ „... dass wir einen so schönen Herbsttag erwischt haben, wir können sogar draußen sitzen!"), scheinen Felix eher zu nerven und er wirft mir Unentspanntheit vor.

Mein Vorrat an Optimismus ist in dem Augenblick endgültig aufgebraucht, als der sympathische junge Mann, der gerade seinen Opel neben unseren Fiat geparkt hat, lächelnd auf uns zukommt und fragt: „Ist das Ihr Wagen?", ich verbindlich nickend seine Annahme bestätige und er mit dem Satz: „Sie wissen, dass Sie einen Platten haben?" diesem Tag den Todesstoß gibt.

Ich erspare mir die Einzelheiten – das Rumtelefonieren, den abschätzigen Blick des Mannes, der unseren Reifen abmontiert, und all das – und komme direkt zum zweiten wesentlichen Satz dieses Nachmittages. Er stammt aus dem Mund des Werkstattleiters, der uns unseren geflickten Reifen vorbeibringt.

„Ihr Schätzchen wird nur noch durch die Fußmatten zusammengehalten", vermeldet er. „Sie können froh sein, wenn Sie damit noch nach Hause kommen."

Nicht dass wir diese Ansicht nicht hätten nachvollziehen können. Schließlich haben wir Augen im Kopf. Doch Felix und ich haben den Zustand unseres Autos erfolgreich geschönt. Nach meinem Unfall haben wir ihn recht billig erstanden, einen neueren konnten wir uns nicht leisten, denn als Klarinettist verdient man bei den Gießener Symphonikern nicht sonderlich viel und die vielen Schulden aus dem Prozess sowie die Studiengebühren für den Kompositionslehrgang an der Fernuni, die legale Version von Band-in-a-Box, all diese zusätzlichen Ausgaben haben ein riesiges Loch in unsere Finanzen gerissen. Unser kleines finanzielles Polster ist längst aufgebraucht. Kurzum, wir sind pleite und schon wieder ein neues Auto ist nicht drin.

Als wir an dem Tag nach Hause fahren, unterdrücke ich die Tränen der Enttäuschung. *Bittet, so wird euch gegeben* ... War dieser Scheißtag jetzt etwa Gottes Geschenk an mich? Gebetserhörung?

Von unserem missratenen Ausflug erzähle ich niemandem, es ist mir peinlich. Ich bin nun schon jahrelang Christ, aber noch nie hat mir jemand erzählt, dass Gott flehendes Gebet nicht nur nicht erhört hat, sondern dass es nach jedem Gebet schlimmer gekommen ist, als man sich ausmalen konnte. Man muss höllisch aufpassen, was man betet. Gott kennt unsere Sehnsüchte? Ich unterdrücke den Gedanken, dass Gott sadistische Züge hat. *Reiß dich zusammen, es liegt ja nicht an Gott, es liegt … keine Ahnung, an mir, an irgendwas …*

Bin ich denn die Einzige, die so was erlebt? Passiert das anderen nie? Oder verschweigt man so was als Christ?

Ich sage also lieber nichts, schon gar nicht am kommenden Sonntag, als darum gebeten wird, der Gemeinde seine Erlebnisse mit Gott mitzuteilen. Hätte auch nicht gut gepasst zwischen dem Bericht von Julius, dem Gott aufgrund seines Gebetes eine „super Stelle" verschafft hat, und den Dankesworten von Isabella an alle, die für ihre Prüfung gebetet haben – sie habe als eine der Besten abgeschnitten. Natürlich gehe ich nicht nach vorne, nachdem Tanja – wie fast jeden Sonntag – uns von Gottes übernatürlichem Eingreifen bei den diversen Kinderkrankheiten ihres kleinen Joschuas Zeugnis gibt. Meine Erfahrungen passen nicht zu den begeisterten Erzählungen der anderen. Ich fürchte mich vor den verlegenen Blicken, der peinlichen Stille. Kein Platz für Halleluja-Rufe. Natürlich bleibe ich schön unauffällig in der letzten Reihe sitzen, damit keiner kommt und fragt, ob er für mich beten soll.

Die folgenden Tage verbringe ich vor dem Internet, Auto24.de, autoscout24.de, mobile.de. Stundenlang klicke ich mich durch Angebote. Vergeblich. Ich finde nichts. Kein Auto für uns dabei. Zu teuer, zu hoher Verbrauch, Raucherwagen und so.

Völlig frustriert flehe ich Felix an: „Es ist wie verhext. Es kann doch nicht so schwer sein, einen stinknormalen Kleinwagen zu finden."

Dann sitzen wir einen frustrierenden Vormittag lang zu zweit vor dem Bildschirm. Ohne Ergebnis. Trotzdem sind wir uns einig: Gott lässt uns nicht hängen. Er hat den Wagen für uns schon ausgesucht und wird ihn uns auch zeigen.

Tatsächlich kommt Felix am nächsten Tag mit der frohen Botschaft von den Proben zurück: „Der Kontrabass hat ein Auto für uns. Zwölf Jahre alt, aber gut in Schuss. Neunhundertachtzig Euro."

Am nächsten Tag holt Felix den Wagen von seinem Kollegen ab und wir stoßen spontan mit einem Glas Weißwein an. Felix gibt mir einen Kuss auf die Wange: „Siehst du? Wusst ich's doch: Gott hat für uns gesorgt."

„Ja", sage ich. „Gott ist gut."

Den Nachmittag verbringe ich damit, den dunkelgrünen Lack zu polieren. Ich habe richtig Spaß dran. Sieht hübsch aus, unser Neuer.

„Was ist denn in dich gefahren?", lacht Felix, als er nach Hause kommt. „Bist du plötzlich Spießer geworden?"

Behutsam fahre ich mit dem Lappen über die Motorhaube und lächle: „Ich freue mich halt."

„Bist ja richtig verliebt in den Kleinen. Hab ich Grund zur Eifersucht?"

„Wer weiß, wer weiß", zwinkere ich Felix zu. Dass ich schon fast nicht mehr daran geglaubt hatte, dass Gott Gebete erhört, verrate ich ihm nicht.

Wir sind ausgelassen, freuen uns über unseren hübschen Wagen. Heute ist ein guter Tag.

Zwei Wochen später bleibe ich mitten in der Stadt stehen, umwölkt von stinkender Kühlflüssigkeit, die aus den Fugen der polierten Motorhaube dringt.

„Wahrscheinlich die Zylinderkopfdichtung", meint der kahlköpfige, freundlich dreinblickende junge Mann, der seinen Kopf aus dem Beifahrerfenster des neben mir stehenden Wagens steckt.

„Teure Angelegenheit", ruft er noch, als die Ampel auf Grün springt, „lohnt bei dem Wagen nicht!", und links abbiegt.

13. Januar 2004
Ich gebe meinen Freunden recht, ein kaputtes Auto ist kein Drama, das kann passieren. Kein Grund überzureagieren. Erst dachte ich: Sie haben recht, reg dich nicht so auf. Aber dann fiel mir diese kleine Geschichte vom Seemann und seiner Verlobten in die Hände und mir wurde klar, warum mich die Sache mit der kaputten Zylinderkopfdichtung so fertiggemacht hat:

Eine junge Frau ist mit einem Matrosen verlobt. Viele Monate sind sie getrennt, Monate des Wartens, des Hoffens, des Schweigens. Kein Brief, kein Gruß kommt über das weite Meer zu ihr, obwohl sie ihm täglich schreibt. Denkt er an mich oder hat er mich längst schon vergessen?

Eines Tages, nach unendlich langem Warten, bekommt sie endlich ein Päckchen von ihrem Liebsten. Ihr Herz will fast zerspringen: ein Zeichen seiner Liebe aus der Ferne. Das Päckchen ist nicht groß, aber darauf kommt es wirklich nicht an. Es ist von ihm! Vielleicht ein Tuch aus Indien oder ein Fläschchen von den Philippinen. Eine getrocknete Blume, ein Bildchen, völlig egal … Es wird ein Briefchen von ihm dabeiliegen mit lang ersehnten Worten, die ihr seine Treue und Liebe bekunden werden. Sie streicht zärtlich über das Papier, entfernt Lage um Lage, um endlich den Deckel des Kistchens zu lösen … Da springt ihr mit einem scharfen, schrillen Klirren eine boshaft grinsende Fratze entgegen. Ein wie im Wahn zuckender, zitternder Springteufel.

28. Februar 2004
Ich muss irgendwas tun, um meinen Absturz aufzuhalten.

12. Juni 2004
Sprich nur ein Wort, Herr, dann wird meine Seele gesund.

18. Juli 2004
Ich will dich hören, Herr!

20. Juli 2004
Ein einziges Wort!

21. September 2004
Antworte, Herr!!!

5. Oktober 2004
Bitte!!

18.

STEINE UND BROT

Seit einem halben Jahr versuche ich einfach alles zu verdrängen. Ich will mich nicht immer nur um mein Problem drehen, das macht alles nur noch schlimmer. Ich will endlich zurück in die Spur, aus der mich Goliat geschossen hat.

Es gibt Tage, da gelingt es mir, meinen Blick eng auf das zu richten, was ich zu erledigen habe. Tage, die ich verbringe wie unter Psychopharmaka. Das sind die guten Tage.

Ich wäre so gerne in der Nähe meines geliebten Gottes, aber ich wage einfach nicht mehr, mich nach ihm oder nach einem Zeichen von ihm auszustrecken, aus Angst davor, dass mein Herz noch mehr leidet.

Auch meine Stille Zeit, meine Bibellese – eine Folterkammer. All diese Zusagen, die ich in meiner Bibel lese, sind Öl in die Flammen meines Entsetzens. Was soll ich mit solchen Sätzen anfangen wie: „Der Herr ist mein Licht, er rettet mich. Vor wem sollte ich mich noch fürchten? Bei ihm bin ich geborgen wie in einer Burg. Vor wem sollte ich noch zittern und zagen?" Mein Leben wäre leichter, wenn es solche Worte nicht gäbe. Oder wenn ich sie nicht für wahr hielte. Auch die Psalmen trösten mich nicht, fast alle enden voller Zuversicht, ich hingegen erlebe Gottes Hilfe nicht.

Und das Schrecklichste von allem ist, dass ich Gott nicht hören kann. Trotzdem schleppe ich mich weiter. Wie sagt Paulus? Ein Wettlauf. Nicht liegen bleiben! Weiterkriechen! Es kostet mich alle Kraft, meinen Glauben aufrechtzuerhalten, und dennoch habe ich immer weniger den Eindruck, für Gott noch irgendwie brauchbar zu sein.

Glücklicherweise habe ich Caroline, die ihren eigenen Kampf an meiner Seite führt.

Dann allerdings passiert die Sache mit den Steinen und dem Brot und ich begreife, dass auch Caros Kraft am Ende ist.

Wir sitzen an einem Mittwoch im Dezember in Caros riesigem Wohnzimmer und Felix liest Matthäus 7,7-11 vor. „Bittet, so wird euch gegeben; suchet, so werdet ihr finden; klopfet an, so wird euch aufgetan. Denn wer da bittet, der empfängt; und wer da sucht, der findet; und wer da anklopft, dem wird aufgetan. Wer ist unter euch Menschen, der seinem Sohn, wenn er ihn bittet um Brot, einen Stein biete? Oder, wenn er ihn bittet um einen Fisch, eine Schlange biete? Wenn nun ihr, die ihr doch böse seid, dennoch euren Kindern gute Gaben geben könnt, wie viel mehr wird euer Vater im Himmel Gutes geben denen, die ihn bitten!"

„Der Herr ist unser himmlischer Vater, er sorgt für uns, er tut uns gut", meint Christian begeistert. Er hat heute den Bibeltext vorbereitet.

Ich stehe auf und gehe ans Fenster. ... *wie viel mehr wird euer Vater im Himmel Gutes geben denen, die ihn bitten!*

Schön wär's, denkt es rebellisch in mir. Wie oft habe ich Steine bekommen, als ich hungrig war. Ich kann es drehen und wenden, wie ich will: Gottes Wort widerspricht meinen Erfahrungen. Aber ich halte lieber den Mund. Denn wer bin ich, Gottes Wort in Zweifel zu ziehen?

Die riesigen Fenster von Caros und Thomas' Bungalow blicken hinab auf die Stadt. Millionen von Lichtern zu meinen Füßen, die zu verschwimmen beginnen. Ich will lieber schweigen, will die anderen mit meinem Kram in Ruhe lassen. Ihr Glaube ist im Moment so stark, sie sind so begeistert, so voller kindlicher Zuversicht, sie erleben Gottes Nähe, seine Versorgung. Sie lernen gerade, ihm völlig zu vertrauen. Da will ich nicht mit meinem Kummer nerven. Wäre wahrscheinlich jetzt nicht gut für sie.

In meinem Rücken höre ich den Hauskreis diskutieren, dann wird es schlagartig still.

„Joelle! Setz dich doch zu uns."

Ich drehe mich um und blicke in fragende Gesichter.

„Komm, setz dich."

Gehorsam folge ich der Anweisung.

„Was ist los mit dir? Ich dachte immer, es gäbe nichts, was dich erschüttern kann." Christians Stimme ist ruhig und ernst. „Aber – mit Verlaub – du siehst total besch… aus." Er legt sanft seine Hand auf meinen Arm.

„Ja, Jo", fällt Tanja ins Wort. „Du hast mir doch immer gesagt, ich soll meinem Vater im Himmel vertrauen, jetzt setz dich einfach mal in seinen Schoß und genieße seine Gegenwart und seinen Trost", sagt sie, steht auf und legt ihre Hand neben die von Christian.

Was wird das?, denke ich unwillig, ziehe meinen Arm unter ihren Händen weg und sage mit mühsam unterdrückter Bitterkeit: „Da ist kein Vaterschoß. Und schon gar kein Trost."

Erschrocken blicken sie mich an.

„Nicht für mich."

„Jo, bitte!", seufzt Felix. Er sitzt, die Ellenbogen auf den Knien, weit vorgeneigt, den gesenkten Kopf auf die gefalteten Hände gestützt.

„Mach es bitte nicht zu kompliziert."

„Felix hat recht", meint Tanja und blickt an mir vorbei. „Gottes Angebot gilt für dich genau wie für jeden anderen. Nimm das einfach an für dich. Einfacher, kindlicher Glaube."

„Aber versteht ihr nicht?", versuche ich zu erklären. „Etwas Wesentliches läuft verkehrt." Ich suche nach Fassung und nach Worten. „Ich kann nicht."

„Jeder, in dem der Geist Gottes wohnt, wirklich jeder kann glauben." Sabines Stimme klingt belegt. „Schlichtes, kindliches Vertrauen. Mehr erwartet niemand von dir. Und dann wird alles gut. Ganz von alleine."

„Es ist, als könnte Gott mich nicht erreichen", widerspreche ich. „Und ich weiß einfach nicht, weshalb." Dann versagt meine Stimme und ich fange einen besorgten Blick von Felix auf, den die Situation sichtlich überfordert. Er gehört schließlich zu den Männern, die emotionale Ausbrüche in der Öffentlichkeit schrecklich finden. Ich wünsche mir, er nähme mich in den Arm, stattdessen ist es Sabine, die ihren Arm um mich legt und versucht mich zu trösten: „Wir haben es doch gerade gemeinsam gelesen, Jo. Du darfst sicher sein: Dein himmlischer Papa wird dir Brot geben, wenn du ihn darum bittest. Er liebt dich doch."

„Und was, wenn man Gott um Brot anbettelt und er setzt dir immer nur Steine vor?", höre ich Carolines Stimme, der man den mühsam unterdrückten Zorn anhört. Sie steht mit einem Tablett voller Schnittchen in der Durchgangstür. Ihr Totenkopfschädel hat wieder einen leichten Flaum echter Haare, aber die Augenbrauen kommen aus dem Internet. Richarda, Jan, Sabine, Christian, Felix, Tanja und Natalie starren in Richtung der Bücherwand, in deren Aussparung Caroline steht wie eine Schaufensterpuppe, die der Dekorateur vergessen hat.

„Ich habe Gott um Heilung angefleht", sagt sie bitter, „immer wieder. Und heute habe ich die Ergebnisse der Nachuntersuchung bekommen. Ich habe Metastasen in den Eierstöcken und in der Leber. Ich werde sterben."

„Hör auf! Caro!", ruft Tanja erschrocken. „Achte auf deine Worte! Gott will, dass du lebst!"

„Ja, sprich Worte des Lebens, nicht des Todes!", meint Natalie.

„Aber es ist die Wahrheit."

„Das ist ja eben nicht die Wahrheit!", ruft Richarda aufgeregt dazwischen, „das ist nur ein Arztbericht. Das Wort Gottes sagt etwas anderes, nämlich dass wir in seinen Wunden geheilt sind!"

„Caro, denk an Thomas!" Auch Natalie ist ganz aufgebracht. „Wie soll dein Mann denn je an Gottes Macht glauben, wenn du selber daran zweifelst?"

Christian und Sabine beginnen fieberhaft in ihren Bibeln zu blättern. Sabine vermeldet schließlich: „Hier! 2. Mose 15, Vers 26: Ich will dir keine der Krankheiten auferlegen, die ich den Ägyptern auferlegt habe; denn ich bin der HERR, dein Arzt."

„Ach, scheiße!", schreit Caro auf und schmettert das Tablett mit den Schnittchen auf die Fliesen.

Erschüttert blicken alle Augen auf Caros jämmerliche, bebende Gestalt.

„Was?", schreit Caro.

Alle schweigen erschrocken.

„Ich kann das alles einfach nicht mehr hören!" Hilflos fuchtelt sie mit den dünnen Armen herum. „Ich sterbe und ihr redet so einen Schwachsinn! Macht doch eure Augen auf, verdammt noch mal!"

Wutentbrannt sieht sie die Runde herausfordernd an. Kampfbereit, aber alle schweigen peinlich berührt.

„Ich …" Sie setzt zu einem neuen Angriff an, winkt aber dann doch frustriert ab. „Ach!", krächzt sie, schießt voller Ärger eines der Sandwiches unter den Couchtisch und rennt aus dem Zimmer.

Ich will aufstehen, ihr hinterher, aber Felix hält mich am Arm fest und ich lasse mich resigniert in den Sitz fallen.

Alle betrachten unbewegt die auf dem Fußboden verstreuten Schnittchen. Nur Natalie versucht zu retten, was zu retten ist, und jagt planlos einzelnen herumrollenden Oliven hinterher.

Die schwarze Nacht hinter den großen Fensterscheiben scheint leicht zu schwanken, wir starren noch immer die verbliebenen Käsebrotwracks an und die zwei Cocktailtomaten, die zerplatzt dazwischenliegen.

Schließlich sagt Jan: „Ich mache mir ziemliche Sorgen um Caro."

„Ja", ist Tanjas energische, aber verhaltene Stimme zu vernehmen. „Sie darf sich doch von Laborergebnissen nicht von ihrem Weg abbringen lassen."

„Sie muss sich endlich entscheiden, wem sie glaubt", ergänzt Richarda, „dem Wort Gottes oder einem Laborbericht."

Mir wird unwohl, aber ich weiß nicht, was ich denken soll.

„Also ehrlich, ich kann Caro verstehen“, sagt Sandra leise und drückt sich – als wolle sie sie sich einverleiben – ihre Bibel an ihre Brust.

„Ja, klar, verstehen tue ich sie ja auch“, wirft Richarda ein, „aber sie darf sich nicht so gehen lassen, gerade weil es ihr so schlecht geht.“

„Also, ich weiß nicht.“ Jan ist aufgestanden und geht im weitläufigen Wohnzimmer auf und ab. „Caro ist echt tapfer, finde ich. Ist doch klar, dass sie mal einen schlechten Tag hat, das kann man doch verstehen.“

„Jan, das ist doch genau das Problem. Satan ist listig und versucht sich zu schnappen, wen er kriegen kann. Er nutzt jede Lücke in unserer geistlichen Rüstung und er fragt nicht danach, ob wir einen guten Tag haben oder nicht“, widerspricht Sabine.

Ich höre zu und spüre eine Schwere auf mir, als wäre ich unter Tonnen von Gestein verschüttet. Etwas stimmt nicht. Etwas ist verkehrt an dem, was sie sagen. Aber ich weiß nicht, was. Und ich bin im Moment sicher nicht diejenige, die das beurteilen könnte.

„Ich kenne das“, unterbreche ich vorsichtig die Diskussion. „Man hofft, dann kommen die Rückschläge, man hofft weiter, betet, kämpft, wird wieder enttäuscht. Der Glaube wird immer geringer. Man kann nichts dagegen tun. Es ist schrecklich. Man kann diesem Strudel einfach nicht entkommen.“

Alle sehen mich betroffen schweigend an.

„Irgendwann fehlt einem die Kraft. Man weiß nicht mehr, was Gott will, hört Gottes Stimme nicht mehr. Und von all diesem vergeblichen Hoffen wird das Herz ganz krank. Man traut sich einfach nicht mehr, etwas Gutes zu erwarten. Aus Angst, enttäuscht zu werden.“

Ich erzähle ihnen von den vielen Rückschlägen, den unerfüllten Gebeten und aus irgendeinem Grund hören sie mir zu.

„Es muss doch möglich sein herauszukriegen, wo dein Problem

liegt", meint Jan schließlich und alle nicken. Irgendwann kommen wir zu dem Schluss, es sei am besten, ich suche einen prophetischen Seelsorgedienst auf, mit dem einige aus der Gemeinde schon sehr gute Erfahrungen gemacht haben.

So fahre ich einige Tage darauf mit dem Zweitwagen von Christian über die Dörfer bis zu dem Ort Freudenberg. Der umgebaute Bauernhof, in dem die Seminar- und Gebetsräume der *Prayer Healing Company* untergebracht sind, liegt etwas außerhalb. Es ist schon dunkel, als ich eintrete und müde bete: *Danke, Herr, dass du heute zu mir reden wirst.*

Ein Reflex.

ABC.

Doch meine Worte sind schon längst nicht mehr von Glauben erfüllt. Aber wer weiß – vielleicht will Gott ausgerechnet heute das dunkle Geheimnis meines Lebens endlich aufdecken. Könnte ja sein.

Irene, Ken und Doreen begrüßen mich freundlich und führen mich in einen kleinen Raum, wo wir uns in einen Kreis um ein niedriges Tischchen setzen. Durch das winzige Fenster dringt die schwache Sonne, die die Kerze, das Fläschchen mit Salböl, die vier Bibeln und das Päckchen Taschentücher in Dämmerlicht taucht.

„Schön, dass du da bist, Joelle", eröffnet Ken lächelnd das Gespräch. „Du bist hier, weil du möchtest, dass wir uns mit dir dem Reden Gottes öffnen."

Ich nicke leicht und lächle müde.

„Der Herr freut sich, sich dir zu offenbaren", meint Doreen.

Da bin ich mir mittlerweile nicht mehr sicher, schießt es mir durch den Kopf.

Ja, Herr, rede!, reiße ich mich zusammen. Jetzt nur kein Selbstmitleid.

Ich schildere den dreien kurz meine Situation, sie nicken lächelnd, senken ihre Köpfe. Ich höre das leise Schnaufen ihres Atems. Sie beginnen nach kurzem Schweigen zu beten.

Ken meint zögernd: „Joelle, ich kann im Geist sehen, dass du in dieser Gerichtssache wie ein kleines Kind deinem himmlischen Papa vertraut hast, das freut ihn zwar, aber dir fehlte Weisheit. Du bist einfach losgestürmt, ohne ihn nach seinem Willen zu fragen, ohne den Rat deiner Geschwister einzuholen, aber dein himmlischer Papa sieht deinen kindlichen Glauben und ist nicht böse über dein Verhalten."

Mir wird schwindelig. Was redet er? Das stimmt doch gar nicht. Alle haben meinen Entschluss bestätigt, alle haben sie mich ermutigt zu kämpfen.

„Gott will dich mutig machen, zu einer Kämpferin. Ich sehe dich mit einem riesigen Schwert und einer ganz tollen, goldenen Rüstung", ergänzt Doreen.

Gekämpft habe ich ja wohl genug, braust es in mir auf, ich halte aber lieber den Mund und höre, wie sie immer mehr „Eindrücke" über mich ausgießen, meine „Ängstlichkeit" binden, Mut freisetzen, Gott um Überwinderglauben bitten, Gottes Berufungen über mir lösen, Gottes Segen und den Geist der Buße und des Trostes freisetzen ...

Ich könnte schreien, wovon reden sie? Jeder Satz ein Peitschenhieb. *Herr!* Blutige Striemen, wo sich die Haut auf meiner Seele doch eh schon so geschunden anfühlt.

Herr, du kennst doch meine Geschichte, rechtfertige mich!

Beten weiter, bis meine Haut in Fetzen auf meiner Seele hängt.

Warum in aller Welt sitze ich hier wie ein Schaf auf der Schlachtbank auf diesem ausgemusterten Seelsorgesofa und rotze Taschentücher paketweise voll und höre mir diesen bekloppten Schund an? Warum schmeiße ich nicht das plastikdeckenverhüllte Seelsorgetischchen mitsamt Salbölfläschchen und Teelichtern um? Warum schreie ich nicht diese ganze heilige Einrichtung in Grund und Boden? Warum renne ich nicht einfach weg?

Ja, warum?

Weil ich noch immer damit rechne, dass Gott doch spricht. Weil ich nicht mehr weiterweiß, weil ich verzweifelt hoffe, irgendwann erinnert man sich im Himmel doch noch meiner. Weil ich den Glauben nicht aufgeben will, nicht aufgeben kann, dass die schwere Tür sich doch irgendwann öffnet. Dass Gott durchbricht zu mir. Und wer weiß, vielleicht redet Gott ja gerade zu mir und ich kapier es in meiner Verblendung einfach nicht.

Als die mir zugeteilte Packung Tempos nass ist, drückt mir Irene ein neues Päckchen in meine gefalteten Hände und flüstert: „Gut so, Gottes Reden ist heilsam, auch wenn es schmerzt. Lass alles raus! Das tut gut."

Und Doreen lehnt sich vor und sagt sanft: „Gott will dir sagen, dass er dich liebt. Ich sehe, wie er dir ein riesengroßes, wunderschönes Lebkuchenherz schenkt."

In diesem Moment bin ich hundertprozentig sicher, dass es ganz bestimmt nicht Gott ist, der hier spricht.

19.

DER FLUCH

„Ich glaube, ich kenne jetzt endlich den Grund!“, platze ich heraus, kaum dass ich die Tür von Zimmer Nummer 358 hinter mir zugezogen habe.

Mit müden Augen starrt mich Caro unter ihrer weißen Bettdecke an. Auch sie hat viel geweint, wie ihre matten Augen verraten.

Caro liegt seit zehn Tagen wieder im Krankenhaus. Nach ihrem Wutausbruch war sie weder in der Gemeinde noch im Hauskreis. Der ganze Vorfall wird totgeschwiegen.

„Setz dich erst mal“, flüstert sie.

Ich muss es ihr unbedingt erzählen: „Ich glaube, ich habe endlich die Lösung gefunden. Vielleicht wird das auch dir helfen.“

Ich höre ein leises Stöhnen und über Caros Gesicht flieht ein Hauch von Schmerz.

„Ich weiß, Caro, tut mir leid.“ Ich streichle ihre Wange. „Es nervt. Ich kann verstehen, wenn du nichts mehr davon hören willst. Ich bin ja schon still.“

Caro schließt die Augen und schüttelt leise den Kopf. „Schon gut“, haucht sie. „Erzähl ruhig.“

Ich setze mich ganz nah an ihr Bett, lege ihre kühle, schmale Hand in meine.

„Du weißt ja, all diese Prophetien und dass ich Gott nicht höre – ich kann es ja auch nicht erklären, aber es ist, als sei der ganze Himmel über mir voller Bosheit und Lüge.“

Wieder Caros schwacher Händedruck.

„Caro, ich glaube, jetzt habe ich endlich, endlich die Lösung gefunden, den Grund für diese geistliche Verwirrung. Ich war im

Internet und habe mir jede Menge YouTube-Predigten zum Thema Vorfahrenschuld angehört – du erinnerst dich, Eric hat auch davon gesprochen. Ich hätte der Spur schon damals nachgehen sollen. Wenn der Geist Gottes einem keine Sünde im Leben aufdeckt, die diesen Fluch nach sich zieht, liegt das vielleicht daran, dass man gar nicht selber gesündigt hat, der Fluch ist quasi geerbt."

„Und was heißt das jetzt?", flüstert Caro.

„Das heißt, ich muss rauskriegen, welche Sünde in der Vergangenheit diesen Fluch über meine Familie gebracht hat."

Caro schließt die Lider, ein leises Stöhnen. Ich streichle ihr ein wenig die Hand.

„Tut mir so leid, Caro. Ich überfordere dich mit meinem Zeug, du brauchst Ruhe."

Lächeln und Kopfschütteln sind nur noch zu erahnen.

„Ich halte jetzt besser die Klappe. Erzähl mir lieber, wie es dir geht."

Bevor ich eine knappe Stunde später wieder gehe, sage ich ihr noch, wie lieb ich sie habe, dass sie mir trotz ihrer körperlichen Schwäche eine wahre Stütze ist. Ich verabschiede mich mit den Worten: „Übernächste Woche muss ich auch ins Krankenhaus. Dr. Allmann will ein Implantat in den Daumen legen, dann soll ich besser greifen können. Wenn ich aus dem Krankenhaus bin, geht es dir sicher auch wieder besser. Bestimmt." Dann hauche ich ihr einen Kuss auf die kalte Stirn und schleiche aus dem Zimmer.

Ich besuche Caro jeden Tag in der Klinik, oft nach der Arbeit und fast jedes Mal treffe ich auf Thomas. Sein Gesicht ist ganz grau und eingefallen. Er scheint Caro über alles zu lieben und sieht aus, als würde er mit ihr sterben.

Von den anderen hat bislang noch niemand Caro besucht. Tanja ist mittlerweile mit ihrem zweiten Kind schwanger und will das Ungeborene „nicht dem Geist des Todes aussetzen". Natalie meint, sie sei gerade sehr damit beschäftigt, ihre Ehe mit Achim wieder in den Griff zu kriegen. Da brauche sie alle Kraft. „Krankheit und so ist gerade nicht mein Thema, Caro wird das sicher verstehen. Wegen der geistlichen Schwingungen … du verstehst."

Sabine und Richarda warten auf einen klaren Impuls des Heiligen Geistes. „Wir wollen nichts aus dem Fleisch heraus machen, sondern uns vom Geist leiten lassen, wir kommen aber natürlich sofort, wenn der Geist uns beauftragt."

Zwei Wochen später liege auch ich in meinem Krankenzimmer, die andere Patientin aus meinem Zimmer ist seit vorgestern Mittag nicht mehr da. Gut so, dann habe ich viel Zeit, nachzudenken und der Sache mit dem Generationenfluch auf den Grund zu gehen. Ich lade mir vom Internet noch mehr Lehre zu dem Thema auf den Labtop runter und notiere mir Schriftstellen.

4. Mose 14,18: Der HERR ist geduldig und von großer Barmherzigkeit und vergibt Missetat und Übertretung, aber er lässt niemand ungestraft, sondern sucht heim die Missetat der Väter an den Kindern bis ins dritte und vierte Glied.

Tagelang verschlinge ich Geschichten von Menschen, die aufgrund von Generationenschuld litten und erst frei wurden, als der Fluch prophetisch gebunden war. Ganz aufgeregt verfolge ich die Predigten, die mir die Dringlichkeit vor Augen führen, prophetisch die Schuld der Vorfahren offenbart zu bekommen, um sie konkret zu binden beziehungsweise stellvertretend Buße zu tun.

„Wer als Christ sein Leben noch nicht vollständig gereinigt hat von Vorfahrenschuld", lese ich in einem Forum. „Wer von dämonischen Gebundenheiten noch keine Befreiung erlangt hat, wer noch – bewusst oder unbewusst – okkulte Praktiken betreibt oder Gegenstände in seinem Haus aufbewahrt, die mit einem Fluch behaftet sind (denn dieser Fluch liegt damit auch auf dem Besitzer dieser Dinge), der steht unter dem Einflussbereich Satans."

Möglich, dass ich endlich den Schlüssel zu Goliats Sieg und Gottes Schweigen gefunden habe.

Also wühle ich in Erinnerungen und binde alles, was mir irgendwie verdächtig vorkommt: dass mein Vater – obwohl ich mir das irgendwie nicht vorstellen kann – als Banker dem Gott Mammon gedient haben könnte, meine Großmutter ein uneheliches Kind hatte, meine Mutter manchmal unter Depressionen litt und in zum Teil dubiosen Künstlerkreisen verkehrte, alles bringe ich unters Kreuz, tue stellvertretend Buße für meine Eltern, Großeltern und pauschal für meine Urgroßeltern, die ich nie kennengelernt habe, bis ich die vier Generationen zusammenhabe. Aber es ändert nichts, außer dass es mir noch schlechter geht.

Suche mittels Konkordanz alle Stellen mit „Väter" und „Schuld". Als ich Hesekiel 18 ab Vers 2 lese, klappe ich wütend meinen Laptopdeckel zu. Was für ein Schwachsinn wird eigentlich verbreitet?

„Und des HERRN Wort geschah zu mir: Was habt ihr unter euch im Lande Israels für ein Sprichwort: ‚Die Väter haben saure Trauben gegessen, aber den Kindern sind die Zähne davon stumpf geworden'? So wahr ich lebe, spricht Gott der HERR: Dies Sprichwort soll nicht mehr unter euch umgehen in Israel. … Denn nur wer sündigt, der soll sterben. Der Sohn soll nicht tragen die Schuld des Vaters, und der Vater soll nicht tragen die Schuld des Sohnes, sondern die Gerechtigkeit des Gerechten soll ihm allein zugutekommen, und die Ungerechtigkeit des Ungerechten soll auf ihm allein liegen."

Als Felix kommt, bin ich noch immer total aufgebracht: „Der ganze Schmu mit der Generationenschuld ist eine Erfindung der Mistery-süchtigen Geheimniskrämer und Sonderoffenbarungsfreaks", begrüße ich ihn wütend. Nichts als eine fadenscheinige Erklärung, eine Entschuldigung, wenn die versprochene Heilung, Segnung – was auch immer – nicht eintritt."

Felix kommt an mein Bett und küsst mir lächelnd auf die Stirn. „So, so, dir scheint es ja gut zu gehen."

Ich wettere weiter: „Ich habe in der Bibel gelesen: Der viel zitierte Vers, dass Gott die Schuld der Väter bis ins vierte Glied verfolgt, der ist schon im Alten Testament aufgehoben. Abgesehen davon, dass das Evangelium doch besagt, dass Christus per se allen Fluch ans Kreuz gebracht hat."

Ich zeige Felix die Stelle in Hesekiel und er muss mir recht geben.

„Ich habe mich lange mit Natalie über deinen Fall unterhalten", erzählt er, als ich mich schließlich beruhigt habe. „Sie hat was sehr Interessantes herausgefunden und ich habe dann auch ein bisschen gegoogelt", meint er. „Die Spur sollten wir unbedingt verfolgen. Du kennst doch Omas Sessel."

„Omas Sessel?"

„Ja, der Sessel bei uns im Flur, du weißt, der hat doch so Symbole im Polster."

„Symbole? Du meinst so kleine … so … Blümchen …"

Felix schüttelt vehement den Kopf. „Blümchen? Wenn du wüsstest! In Wirklichkeit ist das die heraldische Lilie." Er blickt mich bedeutungsvoll, fast triumphierend an. „Weißt du überhaupt, was die heraldische Lilie für eine Bedeutung hat?"

„Keine Ahnung, sag's mir."

„Die steht für das Patronat der Gottesmutter, die laut Natalie – und ich habe das im Internet recherchiert – eigentlich die Himmelskönigin ist", berichtet Felix ganz aufgeregt. „Astarte, eine heidnische Gottheit."

Mit triumphierendem Blick und verschränkten Armen wirft sich mein Mann gegen die Rückenlehne des Krankenhausstuhls.

„Und mit solchen okkulten Symbolen gibt man Satan Macht. Sie sehen total harmlos aus, sind in Wirklichkeit aber Einfallstore des Bösen."

„Habe ich gerade auch im Internet gelesen", sage ich verhalten. „Aber ich weiß nicht, ob das nicht auch Humbug ist." Ich werde plötzlich unglaublich müde.

„Humbug? Den Sessel sollten wir unbedingt sofort neu beziehen lassen", meint Felix. „Wir können es uns wirklich nicht erlauben, Satan auch nur das kleinste Törchen zu öffnen. Das weißt du doch am besten!"

„Mir tut der Kopf weh", erkläre ich. Das ist mir alles zu viel. Ich fühle mich schlecht und alles fühlt sich falsch an. Ist es wirklich so kompliziert, ein Kind Gottes zu sein? Felix gibt mir einen Abschiedskuss, er will vor der Probe noch zum Einkaufen.

Ich bleibe allein zurück, verwirrt, verwundet. Wo bin ich da hineingeraten? Wo ist die Macht des Kreuzes, wenn ein alter Sessel Gottes Sieg gefährdet? Langsam beginne ich verrückt zu werden. Hier stimmt was nicht. *Herr, hilf!*

Und wirklich erhalte ich endlich mal eine Antwort, als ich Apostelgeschichte 27 lese. Ich stolpere über ein Detail, das ich sonst immer überlesen habe: Paulus war gezwungen, nach seinem Schiffbruch auf Kreta zu bleiben und auf ein Schiff zu warten, das ihn mitnehmen würde. Später verlässt Paulus die Insel auf einem alexandrinischen Schiff mit dem Zeichen der Dioskuren, das auf der Insel überwintert hat. Dioskuren? Ich google: Dioskuren – Söhne des Zeus, in der Seefahrt als helfende Gottheiten verehrt, die man in Seenot anrief. *Paulus auf einem Schiff, das seine Hilfe von Götzen erwartet,* denke ich. Wenn Paulus mit einem Götzenschiff gefahren ist, dann hätte er sich sicher auch ohne Probleme auf den Sessel meiner Oma gesetzt.

Mein Unfall ist nun sechs Jahre her, mein Goliat-Erlebnis fast viereinhalb. Ich habe jeden Stein in meinem Leben umgedreht, um den Fehler zu finden, den Grund dafür, weshalb ich Gottes Segen verloren habe, die Lücke im Zaun meines Weinberges. Jahrelang habe ich keine Antwort bekommen auf die Frage: Warum konnte Gott mich nicht schützen? Ich sollte endlich aufhören, im Dunkel zu wühlen. Ich bin müde. Sogar zu müde zum Beten. Ich bin so wund, ich will nur noch den Schmerz einer enttäuschten Hoffnung um jeden Preis vermeiden.

„Hingezogene Hoffnung macht das Herz krank, aber ein eingetroffener Wunsch ist ein Baum des Lebens“, behauptet Sprüche 13,12 und ich spüre mein krankes Herz jeden Tag, ein Brennen in der Brust. Vielleicht müsste ich zum Arzt, aber gegen mein Leiden gibt es keine Medizin.

Mittlerweile habe ich aufgehört, Gott um irgendwas zu bitten. Ich kann nicht mehr kämpfen. Ich gebe auf. Ich will nur noch mein Herz schonen, wie ein zu oft geschlagenes Kind die Schläge gleichmütig einstecken, ohne ihnen eine Bedeutung zuzuschreiben.

Ich liebe dich doch, Herr!

Habe ich Jesus nicht mein Leben gegeben?

Er kann doch damit machen, was ihm beliebt.

Wenn er will, kann er es wegwerfen.

Es gehört nicht mehr mir.

Ich habe es ihm übergeben und werde meine Entscheidung nicht zurückziehen.

Ich kapituliere.

Wer bin ich, dass ich mich darüber beschweren könnte, dass Gott nicht das mit meinem Leben macht, was ich gerne hätte?

Ich liebe Gott mit meinem wunden Herzen, meinem Körper, der sich anfühlt, als wäre Schicht um Schicht blankes Fleisch abgezogen worden. Mit meiner entsetzten Seele. Es ist nicht mehr viel von mir übrig, von dieser lebenshungrigen Frau, die mit Gott über Mauern springen, von ihm Großes erwarten wollte.

Diese Frau, sie existiert nicht mehr.

20.

LUDMILLA

Dann taucht eines Tages Ludmilla auf. Natalie hat sie an ihrem Gemüsestand aufgegabelt und mit zu Sabine gebracht. Das war Dienstag vor drei Wochen, wir saßen in Sabines Wohnzimmer, einem Raum, der aussieht, als stamme er aus einem Hochglanzprospekt.

Es ist schon zehn nach acht, als es klingelt. Sabine erhebt sich und verschwindet Richtung Wohnungstür. Sekunden später steht Ludmilla in ganzer Pracht vor uns, eine Frau, die man nicht übersehen kann. Sie hat platinblondes, lockiges Haar, das sie mit einem Seidentuch turbanähnlich zusammenhält.

An jenem Abend, als sie so dasteht mit ihren hohen Wangenknochen, den Blick ihrer unfassbar blauen Augen wie einen Billardball in die Runde schickt, sieht man sofort, dass sie Russin ist – wenn man das nicht schon an der schrillen, mit Blumenmustern übersäten Kleidung erkannt hätte.

Mag sein, vielleicht sind es auch nicht ihre auffällig geschminkten mandelförmigen Augen, sondern ihre üppige Figur, mit der sie sowohl Rembrandt als auch Wagner alle Ehre macht, der Grund für ihre Präsenz. Ihren wogenden Wallkürenbusen präsentiert sie wirksam inmitten von wallenden Tüchern mit knallig bunten Ornamenten. Trüge sie Konfektionsware, käme sie mit 46 nicht aus. Trotzdem wirkt sie nicht fett, sondern ziemlich sexy. Ich schätze, sie ist etwa so alt wie ich, vielleicht ein, zwei Jahre älter.

Sie scheint die Männerwelt nicht kaltzulassen, jedenfalls springt mein Felix sofort auf, um ihr seinen Platz im Sessel anzubieten, in den sie sich mit süßem Lächeln wirkungsvoll hineingießt. *Sieh an, sieh an,* denke ich, *Felix, der Gentleman,* aber dann erscheint auch mir der Gedanke, Ludmilla könnte ihren Luxuskörper auf einen der freien Esszimmerstühle platzieren, völlig absurd. Wahrscheinlich hätte auch ich ihr intuitiv meinen Sessel angeboten, wenn ich einen gehabt hätte, aber ich sitze nur auf einem der ungemütlichen Designerergüsse.

„Hallo! Schön, dass ich sein darf hier." Ihre volle Stimme mit dem rollenden R steht in verwirrendem Kontrast zu den blitzenden Augen, die noch immer vom einen zum anderen springen. Ihr – wie wir bald erfahren – St. Petersburger Akzent ist nicht zu überhören.

An dem Abend dreht sich alles um Ludmilla. Sie versteht es, die gesamte Runde mit ihren Erzählungen zu faszinieren. Sie sei vor sechs Jahren aus St. Petersburg nach Gießen gekommen, wo sie vier Jahre lang „ihre Dienste angeboten" habe, wie sie ihr eindeutiges Geschäft zweideutig umschreibt. Auch in Sankt (sie besteht auf dem „Sankt") Petersburg habe sie bereits seit ihrem vierzehnten Lebensjahr in einem Luxusbordell gearbeitet.

„Ich kennen viele wichtigen Leute von ganze Nationen, alle sie meine Kunde", bemerkt sie.

Aber vor zwei Jahren habe Jesus ihr Leben radikal verändert.

Die ganze Zeit über wickelt Natalie aufgeregt ihre roten Dreadlocks um ihren rechten Zeigefinger, während sie sich mit der anderen Hand Sabines Käsestangen einverleibt. Sie scheint wie auf Kohlen, wartet die ganze Zeit hibbelig darauf, uns von Ludmilla zu berichten.

„Ludmilla erlebt ganz irre Sachen mit Gott", fällt Natalie Ludmilla schließlich mit vollem Mund ins Wort.

„Ach", winkt Ludmilla ab und erklärt uns: „Der Herr mir schenken viele Traum und Offenbarung. Er sieht Sünderin, wo umgekehrt ist zu gute Leben."

„Ludmilla ist eine Prophetin", lässt uns Natalie wissen und nimmt noch ein Bündel Käsestangen vom Teller. Ich sehe sehr wohl, dass sie ihren Anglerstolz zu verbergen sucht, aber ich gönne ihr den Fang. Niemand anderem von uns außer Natalie wäre es jemals gelungen, so jemanden wie Ludmilla an Land zu ziehen.

Mitunter huscht ein fragender Blick über Ludmillas Gesicht, offenbar kann sie unsere Zurückhaltung (die nichts anderes ist als Sprachlosigkeit ob dieser eindrucksvollen Erscheinung) nicht einschätzen. Schließlich wendet sie sich an Natalie.

„Natalia, was los mit deine Freunde? Sind wie kalte Fisch in Eimer!", stellt sie fest und wischt sich eine blonde Locke aus dem Gesicht.

Da habe ich Ludmilla in mein Herz geschlossen.

Tatsächlich scheint Gott mit Ludmilla auf besondere Weise zu sprechen. Sie hat ein feines Gespür für geistliche Dinge. Das erste Mal, dass ich das erlebt habe, war im Café Rumpelstilz, Natalies Lieblingsgastronomie. Der Kaffee ist Fairtrade und Lars, der Besitzer, ein Möchtegernrasta mit Geheimratsecken und Hundeblick.

Richarda, Natalie, Sabine, Sandra und ich verabreden uns in unregelmäßigen Abständen zu einem Plausch dort.

Diesmal ist Ludmilla mit von der Partie und der Ecktisch, an dem wir sechs sonst sitzen, ist durch Ludmilla plötzlich zum Mittelpunkt des Raumes geworden, was nur zum Teil an ihrem durchdringenden, vibrierenden Lachen liegt.

„Hallo schöne Junge!", ruft sie lautstark nach Lars, der uns beim Reinkommen nur mit einem kurzen Nicken begrüßt hat.

„Wieso du Kaffee nicht bringe an Tisch? In Russland mir alle Leute immer bringe Kaffee an Tisch. Warum nicht mache du? Ich nicht hole Kaffee wie in Kaufladen. Wir deine Gast. Warum du so mache?"

Sabines verzweifelte Versuche, Ludmilla zum Schweigen zu bringen – „Lass mal, ich hol schon. Das ist hier so üblich" –, prallen an ihr ab. Der Barista kommt tatsächlich an unseren Tisch. Wie ein Schuljunge fragt er kleinlaut: „Was darf ich Madame bringen, bitte?“ und wirft sich mit der freien Hand seine perlengeschmückten Rastalocken ins Genick.

„Na, Kaffee, meine süße Junge“, mahnt sie den Armen mit ihrer warmen Stimme und ihrem Kleopatra-Augenaufschlag.

„Das ist Café. Oder ist nicht Café? Wir nicht wolle Soljanka. Sowieso niemand koche Soljanka wie Anuschka Palienkow in Sankt Petersburg. Naturlich du bringe gute Kaffee for mir und meine Freunde.“

Jeder im Raum verfolgt diese Szene. Sandra und Sabine würden sich am liebsten unter dem Tisch verkriechen. Richarda ist wohl doch froh, mit dem Rücken zum Publikum zu sitzen. Natalie stört sich nicht sonderlich an Ludmillas Aufstand und ich genieße diese Darbietung. In Ludmillas Gegenwart vergesse ich meine Traurigkeit für einen Moment.

Als wir dann unseren Kaffee haben, wird Ludmilla schlagartig still. Die Tasse am Mund, erstarrt sie und mit eindringlicher Stimme wendet sie sich an Natalie: „Natalia. Du auch merke? Hier böse Geist.“

Wir schauen uns verwundert an.

„Was nicht in Ordnung mit dem Kaffee?“, erkundigt sich Lars von der Theke aus, aber Ludmilla gebietet ihm mit einer abwehrenden Geste zu schweigen.

„Hier böse Dinge in Boden von Zeit.“ Ihre Stimme klingt beschwörend und mit einem Mal sieht sie sehr ernst aus.

„Boden von Zeit?“, wiederholt Sandra verwirrt.

„Sie meint bestimmt, dass hier früher schlimme Dinge passiert sind“, vermute ich und ernte ein Nicken von Ludmilla, die jetzt nur mit mir spricht:

„Du auch spüre diese … diese … diese furchtbar … Du nicht höre Schreie?“

Ich sehe Verzweiflung und Entsetzen auf Ludmillas Gesicht, fassungslos lauschen wir ihrem Stammeln.

„Ehrlich gesagt …", schaltet sich Richarda ein, „ehrlich gesagt … nicht."

Erschrocken blickt uns Ludmilla an, als könne sie nicht fassen, dass wir nichts spüren.

„Hier viele Fraue tot. Сжигание ведьм. Viele."

Wir zucken mit den Schultern, sehen uns hilflos an.

„Женщины преследовались из за их веры", sagt sie flehend. „Leute Fraue geben in Feuer."

„Hexenverbrennung?", schießt es aus mir heraus und Ludmilla fällt mir beinahe um den Hals.

„Ja!", ruft sie. „Hexe verbrenne."

„Ich schaue mal nach, ob ich was finde", meint Sabine und hat schon ihr Smartphone zur Hand. Wir schauen verlegen aneinander vorbei, nippen an unserem Kaffee und warten auf eine erlösende Nachricht aus dem Internet.

„Nichts!", sagt sie und Ludmilla blickt entsetzt in die Runde, ihr Lockenkopf mit dem obligatorischen Turban fällt auf den Tisch. Stumm starren wir uns an. So kennen wir Ludmilla nicht.

Lars verlässt seine Theke und eilt herbei. Er scheint sich mittlerweile für das Wohlbefinden seines russischen Rassegastes verantwortlich zu fühlen und steht steif – ein Wischtuch über dem Che-Guevara-Tattoo – neben ihr. „Kann ich was für Sie tun, Madame?" und verbeugt sich, was bei seinem Outfit wie ein Programmierfehler wirkt.

Da Ludmilla unbeweglich in ihrer Lage verharrt, sucht er in unseren Gesichtern um Hilfe.

„Hat's hier früher Hexenprozesse gegeben?", fragt Richarda geistesgegenwärtig.

„O ja!" Lars rührt sich, schiebt den letzten freien Stuhl vom Tisch ab, sortiert seine geflochtenen Strähnen umständlich zum Pferdeschwanz, setzt sich und erzählt: „Im Mittelalter gab es überall Hexenverfolgung. Nach dreißig Jahren Krieg stand nicht mehr viel: Häuser kaputt, Seuchen, Tote, schlechte Ernten, alles Scheiße.

Man suchte nach Verantwortlichen für das Desaster und dachte: Die Frauen sind schuld."

„Super", unterbricht Natalie, „das kenn ich von zu Hause."

Lars straft die Unterbrechung mit gespielt strengem Blick.

„Der Dominikaner Heinrich Kramer veröffentlichte im Jahre 1486 den ‚Hexenhammer', sozusagen der wissenschaftliche Beweis, dass die Frauen schuld sind", grinst er zu Natalie hinüber. „Er erfand einige grausame Methoden, die Frauen zum Reden zu bringen. Obwohl" – er fährt sich über seinen Dreitagebart – „ich wusste gar nicht, dass man Frauen dazu foltern muss. Die meisten Frauen, die ich kenne …"

„Kann es sein", unterbricht Sabine, „dass das alles andere als lustig ist?"

„Ja, stimmt, nicht witzig, sorry", gibt Lars zu und erläutert: „Es gibt da viele fiese Methoden, man hat zum Beispiel die Leute so lange in einer Streckbank auseinandergezogen …"

Uns allen steht Abscheu auf dem Gesicht geschrieben, doch das scheint Lars' Vortrag eher zu beflügeln.

„… bis sie so gestreckt waren, dass man das Licht einer Kerze hindurchscheinen …"

„Tut mir leid, deine Horrorshow vorzeitig abbrechen zu müssen", versuche ich Lars zu stoppen. „Uns interessiert vor allem, was das mit diesem Ort hier zu tun hat."

„Ach ja!" Lars erhebt sich, denn es erschallt ein „Bekommt man hier eigentlich Kaffee oder nicht?" von der Theke, und beugt sich vor: „Hier in diesem Gebäude war zu der Zeit die staatliche Gerichtsbarkeit untergebracht. Kramer mochte die lieber als die kirchliche. Die waren ihm nämlich nicht streng genug. Zu viele Überlebende."

Dann rückt er polternd den Stuhl vom Tisch ab, wendet sich zur mittlerweile umlagerten Theke und ruft: „Ich komme ja schon!"

5. Januar 2006
Seit dem Erlebnis im Café Rumpelstilz haben sich unsere Treffen ziemlich verändert. Der Wunsch, die geistliche Wirklichkeit stärker zu erfahren, wird bei allen immer größer. Alle möchten sich der geistlichen Welt und Gottes Reden mehr öffnen. Es gibt jetzt sehr ausgiebige Zeiten des hörenden Gebetes und des Lobpreises. Vor allem Jan, Sandra, Sabine und Tanja haben laufend prophetische Eindrücke.

5. März 2006
Es herrscht eine unglaubliche Euphorie in unserem Hauskreis. Alle sind sich sicher, dass Gott unseren Kreis geistlich zurüstet. Ludmilla scheint alle zu beflügeln. Ich aber sitze wie im Zuschauerraum und weiß nicht, wie ich mit all dem umgehen soll. Denn ich höre nichts.

8. März 2006
Ich wünsche mir nichts sehnlicher als das Reden Gottes. Alle anderen erleben Gott, nur ich bin wie blind und taub. Ich kann sehr gut verstehen, dass sie mir nicht mehr vertrauen und dass sie sich an Ludmilla wenden und nicht an mich. Sogar was Joschuas Allergien angeht oder Natalies Ehe bin ich schon lange nicht mehr auf dem neuesten Stand.

Ludmilla hier, Ludmilla da. An ihrer Stelle würde ich das sicher auch so machen. Niemand, den ich kenne, hört Gott so gut wie Ludmilla.

Mag sogar sein, sie ist die Hilfe, die mir Gott versprochen hat.

13. April 2006
Alle um mich herum werden immer bunter, mutiger, scheinen an Gestalt zu gewinnen, nur ich, ich verliere immer mehr Substanz, mit jedem Mal, da der Boden unter mir einbricht. Mit jedem Weg, den ich als Gottes Weg zu erkennen glaube, der dann in einer Sackgasse endet. Mit jeder Hoffnung, die schließlich ihre verlogene, trügerische Maske fallen lässt. Mit jedem Trostwort, das mich verspottet. Immer schwächer wer-

den Seele und Geist, selbst mein Körper stöhnt unter der Last. Meine Arbeitstage stehe ich nur mit Schmerztabletten durch. Auch die Anzahl der Lieder, die ich mit dem Chor singen will, wird stetig kleiner. Am liebsten singe ich aus dem alten roten Liederbuch. Paul Gerhardt, Michael Praetorius, Matthias Claudius.

Ich werde in alldem immer einsamer.

Ich schrecke hoch. Die grünlichen Ziffern neben meinem Bett zeigen drei Uhr nachts.

Ich hatte die Antwort.

Gerade.

In meinem Traum.

Absolut klar.

Ich fische nach meinem Notizblock. Ich muss den Traum festhalten. Gott hat gesprochen … Endlich! Eben hatte ich den Schlüssel zu allem. In meinem Traum war ich einkaufen, weiß nicht genau, wo, Klamotten oder so. Ludmilla war dabei, aber sie sah irgendwie anders aus. Wir haben was zum Anziehen gekauft, ich war in der Umkleide und habe Ludmilla mit dem Verkäufer vor dem Vorhang reden hören und sie hat etwas zu dem Verkäufer gesagt und ich wusste: Das ist die Lösung! Aber was war es? Was hat sie gesagt? *Herr! Bitte! Heiliger Geist, hilf mir, mich zu erinnern.* Gerade eben hatte ich es. *Bitte!!!*

20. April 2006

Ich bete jetzt jeden Abend vorm Ins-Bett-Gehen um Offenbarung im Traum. Vielleicht haben die anderen recht und kann Gott nur reden, wenn mein Verstand schweigt. Hilf, Herr, erbarme dich! Und hilf, dass ich den Traum nicht wieder vergesse.

13. Juli 2006
Auf den Sohn der Verheißung warte ich seit Jahren vergebens. Ab und an setze ich mich ans Klavier, würde liebend gerne meine Wut, meinen Schmerz, meine Verzweiflung zum Beispiel mit Rachmaninows Opus 18 in die Tasten prügeln, aber meine Hand, dieser sture Krüppel …

Manchmal, abends, wenn Felix nicht da ist, schlage ich in blindem Schmerz mit beiden Fäusten auf mein Klavier ein, bis meine Hände schmerzen.

Rette mich, Herr!

7. August 2006
Ich weiß nicht, wie lange ich das noch durchhalte.

12. September 2006
Felix wollte mir eine Freude machen und hat mich gestern in ein Klavierkonzert eingeladen. Ich musste rausrennen. Habe es nicht ausgehalten. Felix tut mir wirklich leid. Er hätte eine normale, fröhliche Frau verdient. Was soll ich nur tun?

14. September 2006
Ich bin am Ende. Warum antwortet Gott nicht?

21.

GUISEPPE

„Ich werde mir eine Woche Auszeit nehmen“, erkläre ich Felix beim Kaffeetrinken. Den kurzen spöttischen Zug um seinen Mund halte ich für die unterdrückte Bemerkung: *Auszeit wovon?*

„Du weißt, wir können uns keine großen Sprünge erlauben, das ist dir klar, oder?“, sagt Felix stattdessen und ich weiß, dass er recht hat.

„Ich will nur ein paar Tage in die Berge, das kostet nichts, ich nehme das 29-Euro-Ticket. Übernachten werde ich irgendwo in der Wildnis.“

Was die Falten auf Felix' Stirn bedeuten, weiß ich. Sie sind die Spuren unterdrückter Einwände wie: *Das ist doch gefährlich, du als Frau …* Aber solche Diskussionen hatten wir schon. Es ist nicht das erste Mal, dass ich alleine losziehe. Ich brauche das, um den Kopf wieder freizubekommen, und ich schätze es sehr, dass Felix mich in der Regel ziehen lässt.

„Ich habe dir doch erzählt, dass ich Giuseppe auf Renés Party getroffen habe und dass er mich zu sich eingeladen hat. Ich fahre erst Mal bis München, Giuseppe wohnt in Jachenau, das soll nicht weit von München liegen. Ich werde bei Giuseppe übernachten und dann sehe ich weiter.“

Ich bin Felix sehr dankbar, dass er nicht ernsthaft versucht mich abzuhalten, aber ich glaube, im Moment ist er eh sehr beschäftigt mit seiner Jazzcombo und froh, wenn seine Frau keine Ansprüche an ihn stellt. Sie haben nämlich endlich ihre Sängerin gefunden. Blues und Soul satt, überwältigende Bühnenpräsenz und jede Menge Sexappeal in der Stimme: Ludmilla. Seit drei Monaten proben sie und Felix ist völlig hingerissen von ihrer Stimme und ihrer Ausstrahlung. *Ich werde ihm also nicht sehr fehlen,* denke ich. In zweieinhalb Wochen haben sie ihren ersten Auftritt. Da kommt ihm meine Auszeit wahrscheinlich nicht ungelegen.

Eins ist klar: Jachenau liegt ganz sicher nicht direkt bei München. Das sind noch knapp 80 Kilometer! Im Schnitt (was für ein blöder Ausdruck), im Schnitt brauche man vom Hauptbahnhof München höchstens zwei Stunden, bis man da sei, hatte die Schalterbeamtin behauptet. Ich, Joelle Lautermann, muss diesen Schnitt auf Jahre hin versaut haben, denn ich komme eine Viertelstunde vor Mitternacht, also neun Stunden später in Jachenau bei Giuseppes Häuschen an. Ich will, kann und werde auf die Details dieser Reise nicht näher eingehen und Giuseppe will sie auch nicht hören, als ich endlich bei ihm am Tisch sitze und seine aufgewärmte (aber köstliche) Suppe löffele, die er mir mit den Worten: „Wer an die Auferstehung des Leibes glaubt, sollte auf jeden Fall das Vorläufermodell nicht durch schlechtes Essen beleidigen" aufgetischt hat.

Giuseppe hat sich eine ehemalige Schäferei umgebaut. (Nicht alles, was auf „-ei" endet ist per se großartig.) Im Grunde ist das Ganze nicht mehr als ein Einzimmerhaus plus Stallgebäude, in dem Giuseppe sein „Materiallager" hat.

Aber ich finde die Hütte toll. Giuseppe hat innen alles aus Fundsachen gebaut. Ein Raumteiler aus alten Türen, ein Sessel aus der umgedrehten, mit Fellen gepolsterten Motorhaube eines ausgedienten Treckers, das Gästebett eine Hängematte aus Seilen und Schafsfellstreifen (überraschend bequem, wie sich später herausstellt). Die Wände sind mit Lehm verputzt, in die Giuseppe hinter dem Spülbecken – der ehemaligen Schaftränke – ein Mosaik aus Scherben gedrückt hat. Daneben ein schmaler, beigefarbener Küchenherd, dessen Glut die Stube im Moment angenehm wärmt. Giuseppe trägt dasselbe Hemd wie bei Renés Party, heute allerdings eine Wollweste darüber. Überhaupt hat er wohl kaum Klamotten, wenn das, was an der rostigen Egge neben seinem Bett hängt, wirklich sein Kleidervorrat ist.

„Ich freue mich“, sagt er. „Ich hätte nicht geglaubt, dass du wirklich kommst.“

Ich versuche, mein herzhaftes Gähnen hinter einem Lächeln zu verstecken, was nicht mal halb gelingt. „Ich bin auch froh, dass ich hier bin.“

„Kaffee?“

Ich nicke. Trotz der anstrengenden Fahrt will ich noch nicht ins Bett. Während Giuseppe auf dem kleinsten Küchenherd der Welt einen Kaffee für uns beide kocht, inspiziere ich den Raum.

„Du bist Clown?“, rufe ich erstaunt aus, als ich das Foto auf der Futterkiste entdecke, die wahrscheinlich Giuseppes ganzen Hausrat enthält. Giuseppe mit entsetzlich trauriger Miene, auf den Brettern einer roh gezimmerten Bühne sitzend. Rote Nase, das Gesicht nur leicht geschminkt, aber um die Augen ziehen sich breite Striche, die mich an seine Wassermelone erinnern. Unter einer furchtbar geschmacklosen Baskenmütze quellen seine strubbeligen Haare hervor.

„So ist es“, meint er, als er mir den Becher mit duftendem Kaffee reicht.

„Mental-Artist, soso.“

Er grinst.

„Das ist die Visitenkarte, die ich austeile, um die Leute zu verwirren. Ich habe eine Schwäche für die Sekundenbruchteile, in denen Menschen diesen verletzlichen Ausdruck zeigen, kurz bevor sie sich ihr Vorurteil bilden.“

Keine Ahnung, was das für ein Kaffee war oder ob es weniger am Kaffee als vielmehr an Giuseppe lag, dass wir noch bis zur Morgendämmerung gequatscht haben. Giuseppe gegenüber fühle ich mich nicht verkehrt mit dem, was ich zu erzählen habe, mit meiner

Finsternis, den Abgründen meiner Fragen. Giuseppe liebt es, intensiv zu leben, liebt den Tanz auf dem Vulkan, den Rand des Abgrundes. Er geht bis an die Schmerzgrenze, das spüre ich.

Vielleicht ist er auch deshalb der Erste, der mir meine Geschichte wirklich glaubt. Der Erste, auf dessen Gesicht ich nicht den Gedanken lese: Da kann doch irgendwas nicht stimmen, so handelt Gott nicht. Bei dem ich nicht das Gefühl habe, er zöge meine Erfahrungen in Zweifel.

„Ich arbeite den Sommer über meist im Zirkus", erzählt Giuseppe mir. „Da gibt es die Artisten, Seiltänzer, die Leute oben am Trapez. Das sind Könner. Sie trainieren hart, um immer waghalsigere Darbietungen zu zeigen. Aber sie riskieren nicht viel. Sie wissen: Da unten ist das Netz. Die meisten Menschen sehen Gott genauso: Als Netz, das sie auffängt, wenn sie fallen."

„Für mich war Gott nicht das Netz", werfe ich ein, „sondern das Seil, auf dem ich getanzt habe."

Giuseppe sieht mich an, unverstellt, angstfrei und ich sage: „Das Seil ist gerissen – und kein Netz."

„Und dann?", will Giuseppe wissen.

„Seitdem liege ich am Boden, fühle mich fast wie tot." Ich versuche die Tränen zu unterdrücken.

„Wo ist das Problem?"

Giuseppe sieht mir mit seinen durchdringenden Augen ernst ins fassungslose Gesicht.

„Du bist leidenschaftlich, Joelle. Das habe ich immer an dir gemocht. Wir sind uns ähnlich, Leben mit Risiko, der schmale Pfad halt. Sonst wärst du nicht auf dieses Seil gestiegen – ohne Netz."

Und dann sagt er, leise, als wüsste er, wie lieblos das in meinen Ohren klingen muss: „Abstürzen gehört eben dazu."

Ich heule dann auch los, was Giuseppe aber nicht sonderlich aus der Fassung bringt. Für ihn scheint Weinen eine ganz normale Lebensäußerung zu sein.

„Leute wie du und ich wollen keine falschen Sicherheiten, keinen bequemen Sessel: eine schöne Gemeinde, gesicherte, tradierte Bibelerkenntnis, erbaulicher Lobpreis, etwas charismatischer Thrill. Nein, du hast gekriegt, was du insgeheim wolltest."

„Was?", fahre ich dazwischen. „Das wüsste ich aber! Ich bin dabei, meinen Glauben zu verlieren, mein Herz sieht aus wie nach einem Massaker, meine Geschwister vertrauen mir nicht mehr und sehen mir nicht einmal mehr richtig ins Gesicht, ich weiß überhaupt nicht mehr, was ich denken oder fühlen soll, alles ist verkehrt! Was daran sollte ich bitte schön insgeheim gewollt haben?"

„Du wolltest Gott kennen, wie er wirklich ist."

„Ich … aber … warum …"

Giuseppes Worte rauben mir Sprache und Verstand. So sollte Gott sein?

„Joelle."

Giuseppes Stimme ist sanft.

„Der Gott, der existiert, ist nicht der Gott, den wir verstehen. Der Gott, den wir verstehen, ist nicht der Gott, der existiert. Wir machen uns Bilder von Gott, die uns helfen, ihn zu handhaben. Wir Menschen haben den Hang zu Vorurteilen. Im Grunde können wir nicht ohne leben. Ist in Ordnung, man sollte sich aber der Vorläufigkeit seiner Erkenntnisse bewusst sein. Auch und vor allem über Gott. Die Vorurteile helfen uns, den Allmächtigen auf Abstand zu halten. Nicht viele Menschen lieben die Wahrheit an sich, deswegen verbieten sie sich den Zweifel. Dabei ist genau diese Selbstzensur meines Erachtens die stärkste Form des Zweifels."

Ich muss ein ziemlich ratloses Gesicht machen, denn Giuseppe erklärt: „Na, wer sich verbietet zu zweifeln, hat doch im Grunde Angst, sein Glaube könnte eventuell nicht auf Substanziellem beruhen. Er befürchtet, ungezähmter Zweifel könnte die furchtbare Wahrheit an den Tag legen, dass alles Illusion ist. Wer den Zweifel meidet, bezweifelt demnach im Grunde die Tragfähigkeit seiner Glaubensgründe."

Giuseppe steht auf, um Holz nachzulegen, und braucht eine Weile, bis er den Gedanken zu Ende führt.

„Dabei ist der schmale Weg gerade deshalb schmal, weil links und rechts Abgrund ist. Sonst wäre er ja breit. Beim breiten Weg macht es nichts aus danebenzutreten. Wird der Weg halt noch breiter."

„Was, wenn man beim schmalen Weg danebentritt?"

Ich spüre Angst. Vielleicht will ich den schmalen Weg gar nicht gehen. Ich will nicht abstürzen.

„Dann stirbt man."

Mehr sagt Giuseppe nicht.

Was soll das für eine Botschaft sein? Redet er vielleicht nur wirr? Ist Giuseppe nichts als ein Schwätzer?

„Was soll das, Giuseppe?" Ich lehne mich in meinem Stuhl zurück. Um Giuseppes Augen bildet sich für Sekundenbruchteile ein Zug tiefen Mitleids.

„Wir Menschen fürchten den Tod, dabei ist er Teil unserer Neugeburt. Die Voraussetzung sogar."

Er steht auf, nimmt eine Zeichnung von der Wand, die mich schon die ganze Zeit in ihren Bann zieht, eine Tuschezeichnung, zittrige Striche, furchtsam-mutig. Der Gekreuzigte.

„Hat Gottfried mir geschenkt." Dann dreht er das Bild um. Ich lese die ungelenke Schrift, wie die eines Kindes:

Mein lieber Giuseppe,
es war mir stets eine besondere Ehre, Dich in Deinem Leben ein Stück weit begleiten zu dürfen. Als mein Vermächtnis möchte ich Dir mit auf den Weg geben, was mich mein Leben lang begleitet hat:

Oder wisst ihr nicht, dass alle, die wir auf Christus Jesus getauft sind, die sind in seinen Tod getauft? So sind wir ja mit ihm begraben durch die Taufe in den Tod, damit, wie Christus auferweckt ist von den Toten durch die Herrlichkeit des Vaters,

auch wir in einem neuen Leben wandeln. Denn wenn wir mit ihm verbunden und ihm gleich geworden sind in seinem Tod, so werden wir ihm auch in der Auferstehung gleich sein. Wir wissen ja, dass unser alter Mensch mit ihm gekreuzigt ist, damit der Leib der Sünde vernichtet werde, sodass wir hinfort der Sünde nicht dienen. Denn wer gestorben ist, der ist frei geworden von der Sünde.
Römer 6,3-8

Ich bin glücklich, Dich kennen zu dürfen als einen mutigen Mann Gottes, und befehle Dich unserem großen Herrn an.
In väterlicher Liebe
Dein Gottfried

Ich rege mich nicht, denn es liegt Heiligkeit im Raum, zart und zerbrechlich. Ich traue mich erst wieder zu reden, als Giuseppe tief aufatmet.

„Ist dieser Gottfried dein Pastor?", will ich wissen, aber diese Annahme scheint Giuseppe zu amüsieren.

„Pastor? O nein!" Giuseppe lacht laut auf. „Gottfried wollte keiner lange in seiner Gemeinde haben. Menschen wie Gottfried sind unerwünscht. Wo Gottfried auftauchte, gerieten die fest gefügten Machtstrukturen ins Wanken. Die schönen Sicherheiten stürzten in sich zusammen, das mag keiner. Gottfried hatte den Traum vom Leib Christi als lebendigen Organismus, in dem alle die Berufung und die Erfahrungen des anderen wertschätzen – so unterschiedlich sie auch sein mögen. Wo jeder mit Christus als dem Haupt verbunden ist. Das kommt aber nicht gut an bei denen, die ihre Schäfchen als ihr Eigentum ansehen und nicht aus der Hand geben wollen. Wo Gottfried auftauchte, roch es nach Freiheit. Und vor diesem Kontrollverlust haben fast alle Angst."

Ich mache ein nicht definierbares Geräusch, das meiner nicht definierbaren Meinung dazu entspricht.

„Gottfried ist vor vier Jahren gestorben, kurz nachdem er mir diese Zeichnung geschenkt hat."

Ich drehe das Bild um. In den Strichen solche Zerbrechlichkeit, solche Ehrfurcht, solche Kraft.

„Hat Gottfried gemalt", informiert mich Giuseppe.

Ich nicke. „Ein großer Künstler."

„Er hat Schuster gelernt, aber die Leute wollten nicht in eigenen Schuhen laufen. Gottfried hat dann alles Mögliche gemacht, so 'ne Art Hausmeister des Sonnentals. Ist mit seiner alten Vespa und einem Anhänger herumgefahren. Gottfried verstand es, alles wieder in Gang zu bringen, egal wie kaputt es war. Und ab und zu hat er was von seinen Töpfersachen verkauft. – Diese Becher hier sind auch von ihm."

Ganz vorsichtig nehme ich den Becher hoch, in dem nur noch ein Rest von Kaffee übrig ist. Er flüstert ein wenig, wenn man mit den Fingern über den Ton fährt, wie ein Rauschen.

„Feldbrand", erklärt Giuseppe. „Ich habe Gottfried immer gerne beim Töpfern zugesehen. Er hat manchmal tagelang den Ton geknetet. ‚Der Ton muss vergessen, dass er Ton ist', hat er mir erklärt. ‚Der Ton muss sich selber aufgegeben haben, dann erst fügt er sich der Hand des Meisters.' – Ich erinnere mich an jedes von Gottfrieds Worten", sagt Giuseppe. „Sie waren mir wie Edelsteine."

Giuseppe scheint die Werkstatt des Alten vor Augen zu haben. „‚Störrischer, eigenwilliger Ton, der nicht genug geknetet wurde, daraus kann man keine brauchbaren Gefäße machen. Spätestens im Feuer brechen sie', hat Gottfried wieder und wieder betont. ‚Man muss den Ton Demut lehren. Wer gute Gefäße haben will, muss sehr viel Zeit aufs Demütigen verwenden.'"

Dann schaut mich Giuseppe wieder an.

„Gottfried hat das stets als Bild für Gottes Wirken an uns gesehen. Für ihn war die Auflösung der eigenen Person das Wichtigste."

„Ich weiß nicht …", widerspreche ich zaghaft. „Mir sind Menschen, die so ‚oberdemütig' sind, so grauenhaft ‚selbstlos', so selbstgefällig duckmäuserisch, immer suspekt. Ich kann dieser jämmerlichen Form der Askese, der Verleugnung eigener Wünsche, absolut nichts abgewinnen. Solche Leute sind mir unheimlich. Ihre kriecherische Selbstkasteiung …"

„Ich gebe dir absolut recht", unterbricht mich Giuseppe. „Das meine ich auch nicht. Diese Form der selbst erwählten Frömmigkeit und Demut ist genau die, die auch Paulus im Brief an die Kolosser, 2. Kapitel, Vers 23, verurteilt, diese Oberfrömmigkeit, die den Leib nicht schont und im Grunde nur das Fleisch befriedigt in dem Sinne: ‚Seht meine Frömmigkeit, seht, was ich leiste!' Pervers!"

„Dann verstehe ich nicht, was du meinst", gebe ich zu. „Was unterscheidet denn diese Selbstverleugnung von der, die du meinst?"

„Die eine Form der Selbstverleugnung ist eigenes Werk, die andere folgt aus dem Tod des alten Menschen und kann von niemandem als Gott selbst bewirkt werden. Diese Form der Demut ist schwer errungen, in großer Dunkelheit, im Feuerofen. Der Tod des Fleisches ist schmerzhaft …" Dann schweigt er eine Weile und ergänzt: „… aber ohne Tod keine Auferstehung."

„Und das ist der Grund, warum du Totenköpfe aus Wassermelonen schnitzt?", folgere ich gähnend.

„Sich mit dem Tod auseinanderzusetzen, ist lebenswichtig. Machen die Leute viel zu wenig."

Giuseppe kippt mit dem Stuhl nach hinten, um die Zeichnung auf der Kiste abzulegen.

„Gottfried hat mir noch etwas als Erbe mit auf den Weg gegeben, Hebräer, Kapitel 2, Vers 14, so ein wichtiger Vers, so selten erwähnt und von nur wenigen verstanden."

Giuseppe zitiert: „… damit Christus durch seinen Tod die Macht nähme dem, der Gewalt über den Tod hatte, nämlich dem Teufel, und dadurch die erlöste, die durch Furcht vor dem Tod im ganzen Leben Knechte sein mussten."

„Ich fürchte, ich gehöre wohl leider nicht zu den wenigen, die das verstehen", stöhne ich. „Aber können wir die Auflösung des Rätsels nicht auf morgen verschieben? Ich kann nicht mehr, ich bin todmüde, mein Kopf platzt gleich. Die lange Reise … Du kannst mir doch auch morgen erzählen, wieso die Furcht der Menschen vor dem Tod das Druckmittel Satans sein soll, oder? Heute will ich nur noch ins Bett."

„Ungern", lächelt Giuseppe. „Ich unterhalte mich gerne mit dir. Man trifft nicht so viele Gläubige, die sich dem Feuer Gottes aussetzen. Wenn ich mal welchen begegne, bin ich unersättlich wie ein Verdurstender."

Ich blicke Giuseppe flehend an. Ich hatte einen brutal anstrengenden Tag und bald geht die Sonne wieder auf.

„Nur ganz kurz", bettelt Giuseppe, „ein letzter Gedanke."

„Giuseppe, gute Nacht."

„Nein, nur was, um darüber einzuschlafen, zum In-den-Schlaf-Grübeln."

„Ich brauche mich nicht in den Schlaf zu grübeln, ich falle hier gleich vom Stuhl und schlafe unter deinem Tisch."

„Fangen wir mal so an." Giuseppe ignoriert meinen Einwand und redet ungebremst weiter. „Wer muss den Tod nicht mehr fürchten?"

„Keine Ahnung. Auf jeden Fall die Toten", antworte ich und hoffe mit dieser blöden Antwort einen Schlussstrich zu ziehen. Ich muss ins Bett!

„Richtig! Die Toten müssen nicht mehr sterben", begeistert sich Giuseppe.

Ist also wohl doch nichts mit Schlussstrich.

„Die Toten müssen sich auch nicht mehr darum kümmern, zu ihrem vermeintlichen Recht zu kommen, brauchen sich nicht mehr benachteiligt zu fühlen, brauchen sich auch um ihren Ruf nicht mehr zu kümmern und Sorgenmachen ist auch überflüssig."

„… Und sie können in Ruhe schlafen und müssen sich nicht vollquatschen lassen."

„Genau“, grinst Giuseppe. „Tote stellen keine Ansprüche.“

„Sorry, Giuseppe, ich will ins Bett.“

„Stolz, Furcht, Misstrauen … Leichen müssen sich mit so was nicht rumschlagen.“ Giuseppe ist nicht zu bremsen.

„Also.“ Ich atme tief ein. „Ich versuche es mal mit meinen Worten zusammenzufassen und dann darf ich ins Bett, okay?“

Giuseppe setzt ein charmantes Lächeln auf und zuckt mit den Schultern.

„Verstehe ich das richtig? Du sagst, Sünde ist im Grunde genommen nichts anderes als der Versuch, sich zu seinem vermeintlichen Recht zu verhelfen? Du begehst Ehebruch, weil dein eigener Mann deinen Ansprüchen nicht gerecht wird, du lügst, um deinen guten Ruf nicht zu verlieren, bist neidisch, redest übel über andere – alles, um dem selbstverliebten, gierigen Ego zu genügen. Fazit: Kein Ego, keine Ansprüche, keine Sünde mehr nötig zur Befriedigung dieser Ansprüche.“

„Super Schülerin!“, lobt mich Giuseppe. „Jetzt darfst du auch in deine Hängematte.“

Ich stehe auf und verspreche: „Ich werde mir unsere ‚Tot sein ist super‘-Diskussion durch den Kopf gehen lassen.“

Giuseppe greift nach meiner Hand, hält mich fest, sieht mich ernst, ja vorwurfsvoll an. „Tot sein ist nicht super, Joelle. Leben ist super. Aber echtes Leben kommt allein durch Auferstehung.“

„O Mann, Giuseppe“, jammere ich, „ich bin völlig fertig. Lass uns morgen weiterreden, ja?“

„Buonanotte, Bella. Dio vi benedica.“

„Ja, danke, Giuseppe, gute Nacht.“

Am nächsten Morgen reden wir doch nicht über Tod und Auferstehung. Wir reden darüber, wie ich am besten in die Berge komme.

„Wenn du dich beeilst, nimmt dich Karl mit, der muss mit seinem Rückefahrzeug heute hoch zum Sylvensteinsee. Von dort kannst du nach Österreich rüber.“

So wird unser Abschied nur kurz, denn Karl will los und setzt mich schließlich mitten im Wald ab.

„Do long, do kimmst n'üba."

Mit zehn Kilo auf dem Rücken und schwerwiegenden Gedanken marschiere ich Richtung Süden.

22.

DER LANDSTREICHER

Die siebte Nacht in den Bergen, der siebte Morgen unter freiem Himmel. Das letzte Erwachen auf meiner kleinen Pilgerreise. Als die ersten Sonnenstrahlen mich wecken, krieche ich aus meinem klammen Schlafsack und klettere über die Eichenbalken – Überreste des Dachstuhls, der vor Jahrzehnten den Unterstand überspannte. Unter mir liegen die Täler, gefüllt mit Wolken wie Schaum auf frisch gemolkener Milch. Aus dem Weiß ragen klar und sonnenbeschienen die fernen Gipfel des Karwendel. Über diesem Spektakel von überwältigender Erhabenheit ziehen wie ein zweiter Himmel noch mehr Wolken, die aussehen wie vom Wellengang ziselierter Meeresstrand, vom selben Blaugrau wie die fernen Berge. Aus dem Wolkensee unten im Tal gepflückte Fetzen pilgern durch das milchige Licht die steilen Berghänge hinauf. Wanderer zwischen den Welten, der verkehrten da unten und der dort oben.

Hätte ich eine Heimat, so würde ich sie nicht dort unten suchen.

Und ich will auch nicht zurück in diese verwirrende Welt zu meinen Füßen, mit ihren Eitelkeiten, den vielen Worten und so wenig Weisheit. Ich will nicht zurück, dahin, wo alles so kompliziert ist. Wo Menschen wie Caro krank werden. Caroline – der netteste, weiseste, ausgeglichenste und souveränste Mensch, den ich kenne. Wenn Krebs Zeichen eines falschen Lebens ist, müsste es andere treffen. Aber ich kenne Leute, deren Gottlosigkeit zum Himmel schreit und die sich bester Gesundheit erfreuen! Ich verstehe das nicht. Gibt es niemanden, der mir Klarheit schenken kann? Ich warte noch immer auf den Menschen, den Eric mir verheißen hat, der mir meine Fragen beantwortet. Vielleicht einen Menschen wie

Gottfried, einen geistlichen Vater oder eine geistliche Mutter, jemanden wie diese Lärchenbäume hier oben, die nicht in der dünnen Laubschicht nachgeplapperter Richtigkeiten wurzeln, sondern tief in den Gesteinsspalten eines gereiften Lebens.

Weniger als sechs Stunden später sitze ich auf einer Metallbank an Bahnsteig drei und versuche die Stille der Berge, ihre Schönheit, ihre Weisheit und ihren Duft zu beschützen gegen den Lärm um mich herum, versuche dieses marktschreierische Angebot an Eindrücken, die sich anmaßend und prahlerisch zu übertrumpfen suchen, nicht an mich heranzulassen. Menschen, die sich für ihre meist bedeutungslosen Geschäfte durchs Leben peitschen lassen, und solche, die bei diesem Spiel verloren haben, die bei der Schlacht am Büfett leer ausgegangen sind.

Aber die Übermacht der Eitelkeiten ist zu groß, sie überrennen meine kleine Oase in mir und treten alles nieder, was mich die Woche über erfüllt hat. Die schreckliche Traurigkeit ist wieder da und es ist mir egal, dass ich zwischen Hunderten von Menschen sitze und jämmerlich weine.

„Is ailles okee?“

Vom Wodkagestank, der diese Worte begleitet, wird mir schlecht. Ich sehe als Erstes die Turnschuhe, voller Dreck, halb verdeckt von einer Hose, deren Saum deutlich dunkler ist als der Rest. Beißender Schweißgeruch. Dann lässt sich der Träger der Hose, all der Gerüche und einer Wodkaflasche neben mich auf die Bank fallen.

„Ick darf, Schwesta?“

Glasige Augen unter buschigen Brauen und wirren, grauen Haaren, zu einem Schwänzchen zusammengebunden, stieren an mir vorbei.

Ich nicke.

Der Gestank ist unerträglich.

„Geht’s Sie nich jut, Frollein?“, beharrt der Mann auf einer Antwort.

Ich nicke, schüttle den Kopf, zucke mit den Schultern, ein konfuses Gestengemisch, das den Mann aber nicht zu verstören scheint, denn er versucht mich mit den Worten: „Die Welt is nich die Beste, wo jibt" zu trösten.

Ich weiß nicht, wieso ich ihm antworte, nach Gesprächen ist mir wirklich nicht zumute. Vielleicht mein schlechtes Gewissen.

„Na ja, Gott hat sie gemacht, dann wird eine bessere wohl nicht möglich sein", behaupte ich. Fange ich jetzt etwa an, mit Pennern über den Sinn der Schöpfung zu philosophieren?

„Ah!", ruft er aus und nun sehe ich auch den Grund für den furchtbaren Gestank. Alle Zähne sind faul.

„'ne Betschwesta! Is nich wahr!"

Seine Stimme klingt beinahe erfreut. Umständlich rutscht er sich auf meiner Bank zurecht, nimmt noch einen Schluck und setzt eine wichtige Miene auf.

„Ja, ja", sagt er, überlegt eine Weile und fragt dann: „Kennste Schwesta Martha? Schwesta Martha vonne Tafel. Schwesta Martha macht die Essensausjabe."

Ich schüttle den Kopf.

„Ich komme nicht von hier", entschuldige ich meine Unkenntnis.

„Schwesta Martha is nich verkehrt", informiert mich der Mann und fügt hinzu: „Schwesta Martha sacht mich immer: ‚Jupp, sacht se, Jupp, der liebe Jott, der kümmert sich um dich.'"

Ein langer Schluck aus der Flasche.

„Weiße, Schwesta, dat kann jut sein …"

Er unterbricht seinen Gedanken, abgelenkt von einer Taube, die das Umfeld unserer Bank nach Essensresten absucht.

„Aber …"

Er nimmt einen weiteren Schluck, als befürchte er, der Vorrat an Alkohol in seinem Blut könne nicht ausreichen für den langen Gedanken, den er auszudrücken sich vorgenommen hat.

„… Ick will dir wat frajen, Betschwesta: Ihr Frommen, ihr jlaubt doch, der Herrjott kümmert sich um eure Sorjen und um euer Leben, dat allet so läuft, wie't soll."

Ich nicke zustimmend, wobei meine Schultern zucken, ohne dass ich ihnen den Befehl dazu gegeben hätte.

„Dann fraach ick dir, Betschwesta: Wer kümmert sich eijentlich um Jott?"

Ich sacke innerlich zusammen. Was für eine blöde Frage, denke ich und höre verächtlich das erneute Glucken der Flasche.

„Nee, nee, nee, nee!" Der Mann dreht mich mit seinen Fingern, deren Nägel schwarz umrandet sind, zu sich hin.

„Ick mene, überleech doch ma. Jott is doch nich blöd. Der Herrjott fängt doch nich den janzen Scheiß hier an für nix."

Mein Gesichtsausdruck muss im Großen und Ganzen meine Ratlosigkeit treulich widerspiegeln, denn der Mann erläutert geflissentlich:

„Also" – neuer Schluck – „am Anfang, da war Jott doch schön in seinem Himmel mit all die feinen Heerscharen. Wieso hat der den janzen Scheiß hier jeschaffen?"

Er führt die fast leere Flasche in weitem Bogen durch das Firmament.

Erst denke ich: *Der Mann ist stockbetrunken, was soll das?*, doch dann wird mir klar: Ich weiß eigentlich selber nicht, warum Gott „den ganzen Scheiß hier" geschaffen hat.

„Wenn ihr Frommen so dicke seid mit dem Herrjott, dann müsst ihr dat doch wissen. Ick meene, der muss dat euch doch irjentwie beijepuhlt haben, wat er sich hier mit dem janzen Zeug so vorjestellt hat. Der fängt doch nich so 'ne Riesensache an un hat am Ende nix davon."

Ich muss zugeben, der Gedanke ist gar nicht so blöd.

„Wenn Jott nur will, dat allet richtich schön rund looft, ohne all den Stress und so, wenner jetz nur janz ohne Sünde seene Zeit totschlajen will, dann wärer doch besser alleene jeblieben mit seine Herrscharen."

Triumphierend prostet er mir mit der Flasche zu und begießt die Brillanz seiner Schlussfolgerungen.

„… isser ab nich. Alleene jeblieben, mein' ick. Hat den janzen Scheiß hier anjeschleppt – musst dir mal vorstellen, der liebe Jott kriecht den janzen Driss ja hautnah" – unerfreulicherweise beugt er seinen Oberkörper zu mir herüber und haucht mir den Rest des Satzes ins Gesicht – „hautnah kriecht er dat mit, den janzen Driss."

Die Bank vibriert, als er sich gegen die Rückenlehne wirft.

„Muss der Herrjott doch wat janz Jroßes vorhaben, wenn ihm dat den janzen Scheiß hier wert is."

Tatsache! So doof ist der Mann neben mir nicht.

„Also frach ick dir – wer kümmert sich darum, dat der Herrjott an dem janzen Scheiß seinen Spaß nich verliert?"

Er lehnt sich wieder schwankend nach vorn.

„Da muss doch janz am Ende wat richtich Dolles rauskommen, wo der Herrjott am Ende sacht: Dat hat sich trotz allet jelohnt."

Ich bin unter Strom. Der Mann hat recht! Wir Frommen reden immer davon, wie gut Gott zu uns ist, von seinem Segen, dass es sich lohnt, ihm zu folgen, dass man Frieden hat, ein Garant für Wohlbefinden oder Lebenssinn. Dabei drehen wir uns letztlich um unsere Projekte, unsere Pläne, unsere Ziele, unsere Sehnsüchte, unsere Träume – bei uns sind sie halt „fromm". Noch nie habe ich mich gefragt, was Gott eigentlich für Sehnsüchte hat.

„Das stimmt eigentlich", sage ich verblüfft.

Dann erzählt mir der Mann, er sei nicht immer obdachlos, sondern ehemals ziemlich wohlhabend gewesen – habe mit dem Verkauf von Luxuskarossen an reiche Saudis ein Heidengeld verdient, durch eine Bürgschaft aber alles verloren.

„Ick war jroßzüjich, von mich konnste allet haben. Ick hatte Freunde wie Sand an et Meer. ‚Josef, du bist'n edler Mensch. Wir lieben dich alle', ham 'se jesaacht. Als ick dann pleite war, sind se alle in ihre Löcher verschwunden."

Der Mann stiert wie erstarrt auf die leere Flasche, die er schräg auf sein rechtes Knie postiert hat. Dann schreckt er hoch und starrt mich an, als könne er sich nicht erklären, was ich auf seiner Bank zu suchen habe.

„Also, nix für unjut, Schwesta, ick wollte nich unjalant sein. Muss denne mal weiter."

23.

DER TRAUM

Ich werfe die Einkaufstüten auf den Küchentisch, hänge die Schlüssel ans Brett und gehe Richtung Wohnzimmer. Im Flur steige ich über die Körbe von Wäsche, die ich nach meinem Kurzurlaub in den Bergen hatte versorgen müssen.

Ich habe nicht damit gerechnet, jemanden anzutreffen, und bin deswegen äußerst erstaunt, Felix und Ludmilla aus unserem Sofa hochschnellen zu sehen, als ich eintrete.

Sie haben ein schlechtes Gewissen, schießt es mir durch den Kopf, *ich scheine sie gestört zu haben.*

Felix geht auf mich zu, streckt mir die Hände entgegen.

„Schatz!", sagt er und ich vervollständige innerlich den Satz: *Es ist nicht so, wie du denkst, ich kann dir alles erklären.*

Solche Sätze kommen doch nur in Groschenromanen und schlechten Filmen vor, denke ich und natürlich beendet Felix seinen Satz anders:

„Möchtest du auch einen Tee, Ludmilla hat echten russischen Schwarztee gekocht."

Aha!, denkt es in meinem inneren Groschenroman, *führt sie also hier schon den Haushalt* – wobei ich fürchte, dieses russische Superweib würde das sogar besser machen als ich. Und viel unterhaltsamer als ich ist sie sicherlich auch.

Ludmilla stopft ihre blondierten Locken unter den Turban.

Ich ärgere mich über meine Gedanken. Was soll die Eifersucht? Habe ich etwa ein Problem damit, dass seit Neuestem niemand mehr mich anruft, sondern alle nur noch Ludmilla um Rat fragen? Kein Wunder – täglich weiß sie Neues aus der Himmelswelt zu berichten. Ich hingegen habe seit Jahren nur Nachrichten aus meiner Hölle. Ich reiße mich zusammen. Wahrscheinlich bin ich nur eifersüchtig, weil neuerdings auch Felix dauernd von ihrer „Bühnenpräsenz“, ihrer „Hammerstimme“ und ihrer „Ausstrahlung“ schwärmt.

„Russischer Tee“, sage ich, um einen arglosen Ton bemüht, „klingt gut, warum nicht, bin ein wenig durchgefroren. Kalt draußen.“

Dann lächle ich Ludmilla an, die in dem Moment ihren Sankt-Petersburg-Busen mit einem ihrer Tücher verdeckt.

„Ludmilla hat uns ein Geschenk mitgebracht“, freut sich Felix beflissen und zeigt dabei auf die Wodkaflasche auf unserem Wohnzimmertisch. „Der beste Wodka Russlands und damit der weltbeste“, zitiert mein Mann höchstwahrscheinlich Ludmillas Worte.

„Danke, nett“, antworte ich auffallend lustlos, während Felix in die Küche geht, eine weitere Tasse besorgen. „Also, was verschafft uns die Ehre?“, frage ich Ludmilla, nachdem Felix mir Tee eingeschenkt hat.

An ihrer statt antwortet er: „Ludmilla wollte eigentlich zu dir, aber du warst ja einkaufen, da habe ich sie reingebeten – ich war zufällig da. Die Probe fällt heute aus, Wagenknecht ist krank.“

„Zu mir?“, frage ich erstaunt.

„Ich lass euch beiden mal lieber allein“, meint Felix, während er aufsteht. „Ich gehe rüber zu Ulrich, er will mir schon seit Tagen seine neue Kamera zeigen.“

„Ich diese Nacht Traum gehabt“, beginnt Ludmilla, sobald Felix die Tür hinter sich geschlossen hat. „Traum oder vielleicht nicht Traum, vielleicht wirklich Engel an meine Bett. Große Engel. Engel mir sagen: Joelle sehr, sehr traurig.“

Mir schießen Tränen in die Augen. Ich schäme mich für meine Vorbehalte Ludmilla gegenüber. Bewahrheitet sich jetzt mein Traum? Sollte Ludmilla doch Gottes Lösung sein? Weiß sie die Antwort? Ist sie doch diejenige, die mir endlich alles erklären wird?

O Herr, redest du endlich zu mir?

„In Traum ich viele Angst“, erzählt Ludmilla weiter. „Beine zittern. Alle meine Haare hoch, wie Wind in meine Zimmer. Ich nix sehe, aber höre Stimme sage: ‚Keine Mensch gut vor Gott. Mensch nix viel. Leute, wo Gott nicht treu, alle untergehe. Alle Ernte weg, schlimme Sache Leute immer selber schuld. Schlimme Sache nix wachse von Boden wie Unkraut – Mensch immer ernte, was säe. Das wie Feuer, das brennen.‘ So Gott. Gott immer gut. Gott immer hilft arme Leute, gute Leute.“

In meinem Kopf herrscht Apokalypse, ich kann nichts Zusammenhängendes erwidern, und als Ludmilla irgendwann geht, breche ich auf dem Wohnzimmerteppich zusammen.

War das Gottes Antwort? *Leute ernte, was Leute säe?*

Ich verstehe nicht. Was habe ich mir denn zuschulden kommen lassen?

Leute, wo Gott nicht treu, alle untergehe.

Ja, aber wo war ich Gott nicht treu? Genau das frage ich doch nun schon seit Jahren!

„Herr!“, flehe ich. „Alles ist so verwirrend! Ich liebe dich doch, Herr.“

Ich fische tränenblind meine Bibel vom Tischchen, lege sie wie ein Kissen unter meinen Kopf und lasse heiße, leise Tränen aus meinen Augen laufen, höre dem Klopfen der Tränen zu, die an meinen Ohren vorbei auf den Ledereinband stürzen.

Bis unglaubliche Müdigkeit kommt. Völlig erschöpft krieche ich irgendwann aufs Sofa. Ich will nicht, dass Felix mich so sieht. Aber als er kommt, ruft er nur kurz durch die geschlossene Tür: „Bin wieder weg, Bandprobe!“ und geht.

Ich nehme meine Bibel vom Teppich. Als ich dann zufällig Jeremia 23 aufschlage und ab Vers 25 über die Propheten lese, ist meine Irritation vollkommen.

„Ich höre es wohl, was die Propheten reden, die Lüge weissagen in meinem Namen und sprechen: Mir hat geträumt, mir hat geträumt. Wann wollen doch die Propheten aufhören, die Lüge weissagen und ihres Herzens Trug weissagen? Darum siehe, ich will an die Propheten, spricht der HERR, die mein Wort stehlen einer vom andern … die falsche Träume erzählen und verführen mein Volk mit ihren Lügen und losem Geschwätz, obgleich ich sie nicht gesandt und ihnen nichts befohlen habe und sie auch diesem Volk nichts nütze sind, spricht der HERR."

Verliere ich jetzt meinen Verstand?

Aus welchem Grund sollte Ludmilla lügen?

Und wenn es nicht Gott ist, der zu ihr im Traum geredet hat, wer wird mir glauben? Sie werden denken, ich lehne Ludmilla ab, aus Eifersucht, Sturheit, was weiß ich, und am Ende haben sie vielleicht sogar recht.

Wie ein gefangenes Tier laufe ich stundenlang durch unsere Wohnung, bis mir Giuseppe einfällt. Nur mit Giuseppe kann ich über so was Irrsinniges reden.

Ich krame nach seiner Visitenkarte. Ich hatte sie doch in meiner Handtasche, als ich nach München … Ärgere mich über meine Unordnung, google schließlich – er wird doch wohl eine Webseite haben. Es ist halb elf, als ich endlich anrufe. Giuseppe geht spät schlafen, hoffe ich.

Giuseppe freut sich außerordentlich, mich zu hören, und schnell sind wir bei der Sache.

„Ich fürchte, ich verliere den Verstand, vielleicht auch meinen Glauben. Nichts mehr passt zusammen und von Tag zu Tag erscheint mir Gott unerreichbarer. Alles ist konfus. Nicht einmal die Bibel kann ich lesen, ohne irrezuwerden", schluchze ich. „Alles scheint sich zu widersprechen." Ich heule ins Telefon und wundere mich, dass Giuseppe überhaupt ein Wort versteht.

„Lies die Klagelieder", rät er mir schließlich.

Noch in derselben Nacht befolge ich seinen Rat.

„Ach HERR, sieh an mein Elend; denn der Feind triumphiert! Ich habe mir fast die Augen ausgeweint, mein Leib tut mir weh, mein Herz ist auf die Erde ausgeschüttet."

Ich könnte es nicht besser ausdrücken! Exakt so geht es mir: Alles in mir will kapitulieren. Ich will nicht mehr „im Glauben meinen Sieg proklamieren“. Ich will nicht mehr meine Gedanken „unter den Gehorsam Christi stellen“, will nicht „nur Positives denken“. Nach fünf Jahren verzweifelten Ringens habe ich nicht mehr die Kraft für solche Übungen.

„Mein Auge fließt von Tränen; denn der Tröster, der meine Seele erquicken sollte, ist ferne von mir.“

Ja! Ja! Genau! Der Tröster ist fern von mir! Genau so ist es und genau so will ich es auch sagen dürfen! Ich will endlich ohne schlechtes Gewissen einfach nur klagen, meinem Herzen erlauben, sich auszuschütten. Ich will mich nicht mehr zusammenreißen.

Giuseppe und ich telefonieren jetzt täglich, häufig lesen wir uns gegenseitig Passagen aus den Klageliedern vor:

„‚Ich bin der Mann, der Elend sehen muss durch die Rute des Grimmes Gottes. Er hat mich geführt und gehen lassen in die Finsternis und nicht ins Licht. Er hat seine Hand gewendet gegen mich und erhebt sie gegen mich Tag für Tag.‘“

Darf man so was sagen? Oder auch nur denken? Ist das nicht Gotteslästerung?

„‚Er hat mir Fleisch und Haut alt gemacht und mein Gebein zerschlagen.‘“

„Ja! Ja!“, rufe ich in den Hörer. „Alle meine Knochen tun mir weh, mein Körper fühlt sich an, als wäre ich Mitte siebzig, und von den Nachbarn höre ich: ‚Du siehst aber schlecht aus.‘ Ich fühle mich scheiße und werde diese Vokabel ab sofort auch wieder in meinen Sprachschatz einführen!“, wettere ich und höre Giuseppes befreiendes Lachen am anderen Ende.

„‚Er hat mich geführt und gehen lassen in die Finsternis und nicht ins Licht. Er hat mich ringsum eingeschlossen und mich mit Bitternis und Mühsal umgeben‘“, liest Giuseppe vor. „‚Er hat mich in Finsternis versetzt wie die, die längst tot sind. Er hat meinen Weg vermauert mit Quadern und meinen Pfad zum Irrweg gemacht.‘“

„Genau so!“, unterbreche ich ihn. „Egal was ich angefasst habe, alles endete in einer Sackgasse, zerrann zwischen meinen Fingern. Und ich will das endlich auch sagen dürfen, ohne für meinen ‚Unglauben‘ gescholten zu werden“, schimpfe ich und offensichtlich gefällt Giuseppe mein Gefühlsausbruch, denn ich höre zustimmendes Glucksen. Mit Empörung in der Stimme liest er weiter:

„‚Er hat mich ummauert, dass ich nicht herauskann, und mich in harte Fesseln gelegt.‘“

Ich erstarre, erschrocken, voller Angst, dass der Gedanke, der sich bei mir einzunisten beginnt, das Aus für meinen Glauben bedeuten könnte.

„‚Er hat seinen Bogen gespannt und mich dem Pfeil zum Ziel gegeben. Er hat mir seine Pfeile in die Nieren geschossen. Er hat mich mit Bitterkeit gesättigt und mit Wermut getränkt.‘“

Nein, so ist Gott nicht!, ermahne ich mich. *Gott ist Licht, Gott ist Liebe.*

„‚Und wenn ich auch schreie und rufe, so stopft er sich die Ohren zu vor meinem Gebet.‘“

Aber irgendwann bringe ich den Mut auf, es auszusprechen. Ganz leise, stammelnd, flüstere ich in den Hörer:

„Giuseppe, kann es sein … ich meine … dass Gott mein Flehen gar nicht beantworten … will? Dass es also gar nicht an mir liegt, dass ich ihn nicht höre, sondern dass Gott sich einfach die Ohren zustopft vor meinem Gebet? Dass Gott selber mir den Weg verstellt? Dass er mich in die Finsternis geführt hat?“

Ich höre das Rauschen der Telefonverbindung, Stille, die ich kaum aushalte.

„Tja, Jeremia ist weitaus mutiger als du, solche Dinge auszusprechen, ohne theologischen Filter, ohne innere Zensur“, meint Giuseppe.

Giuseppe und ich telefonieren weiterhin täglich und manchmal lege ich erst auf, wenn ich Felix’ Schlüssel in der Wohnungstür klimpern höre, so gegen dreiundzwanzig Uhr. Aber auch dann, nachts, liege ich wach und lese in der Bibel, denn es ist ein Wunder geschehen: Endlich scheint sie mich nicht mehr zu verhöhnen mit ihrem „aber der Herr kam und wendete mein Unglück", „aber der Herr tröstete mich". Endlich gibt sie meiner Seele recht, wenn sie sagt: „Er hat auf mich gelauert wie ein Bär, wie ein Löwe im Verborgenen. Er lässt mich den Weg verfehlen, er hat mich zerfleischt und zunichtegemacht."

Endlich Worte, die meine Erfahrungen nicht Lügen strafen. Aber es sind Worte, die tabu sind in unseren Kirchen, entsetzliche, gotteslästerliche Worte dem, der Gott so nie kennengelernt hat.

„Er hat mich auf Kiesel beißen lassen, er drückte mich nieder in die Asche. Meine Seele ist aus dem Frieden vertrieben; ich habe das Gute vergessen. Ich sprach: Mein Ruhm und meine Hoffnung auf den HERRN sind dahin."

Endlich treffe ich in der Bibel auf Menschen, die das erlebt haben, was ich erlebe, und sich trauen, ehrlich zu sein. Endlich Worte, die mir guttun, die ausdrücken, was ich fühle, und es ist mir so was von egal, dass sie aus dem Alten Testament stammen.

Schließlich finde ich den Satz, der mir zeigt, wie es weitergehen könnte, der genau dem entspricht, was ich im Grunde schon lange will: „Es ist ein köstlich Ding für einen Mann, dass er das Joch in seiner Jugend trage. Er sitze einsam und schweige, wenn Gott es ihm auferlegt, und stecke seinen Mund in den Staub; vielleicht ist noch Hoffnung. Er biete die Backe dar dem, der ihn schlägt, und lasse sich viel Schmach antun. Denn der HERR verstößt nicht ewig; sondern er betrübt wohl und erbarmt sich wieder nach seiner großen Güte."

Genau danach sehne ich mich nach all den Jahren Kampf: in der Ecke sitzen, duldsam alle Schläge einstecken, warten. Warten, dass diese Zeit irgendwann zu Ende sein wird. Einfach kapitulieren, mich fallen lassen. Gott machen lassen.

Endlich.

Ich bin beinahe glücklich.

24.

ANTWORTEN

„Endlich weiß ich, was ich zu tun habe“, eröffne ich meinem Hauskreis froh. Sie haben mit mir gelitten und sie sollen wissen, dass es jetzt endlich einen Hoffnungsschimmer für mich gibt.

„Ich will mein Joch tragen, mich einsam in eine Ecke setzen, Klappe halten, alle weiteren Schläge einstecken, Schmach ertragen, auf Gott warten. Schluss mit Kampfführung“, sage ich, atme tief durch und beobachte den wachsenden Schrecken auf ihren Gesichtern. Entgeistert starren sie mich an.

Richarda findet als Erste die Fassung wieder.

„Joelle, merkst du denn nicht, dass du mit dieser Einstellung den Teufel einlädst, dich weiter zu quälen?“

„Wir sollen dem Teufel widerstehen, damit er vor uns flieht, und du ...?“, unterbricht Sabine. „Anstatt deine Verheißungen zu ergreifen, willst du Satans Schläge untätig ertragen?“

Sabine setzt sich kerzengerade hin und bietet mit geschwellter Brust einem imaginären Feind ihr makelloses Gesicht.

„Das ist ja fast so, als würdest du ihm sagen: ‚Hier, los, schlag zu!‘“ Aufgebracht tippt Sabine mit ihrem perfekten Zeigefinger auf ihre rechte Wange.

„Dabei ist der Feind doch besiegt“, ruft Natalie mit vollem Mund dazwischen.

„Ihr habt nicht verstanden!“ Ich weiß nicht, wie ich es ihnen erklären soll. „Es ist nicht Satan, der mich schlägt!“

„Jo! Hör auf!“, beschwört mich Tanja erschrocken und Jan und Christian werfen sich vielsagende Blicke zu. Auch Felix und Ludmilla tauschen für den Bruchteil einer Sekunde Missbilligung aus.

„Ich habe lange genauso gedacht wie ihr", unterbreche ich den Tumult, „das ist ja gerade mein Problem. Ich habe doch schon alles versucht, geistliche Kampfführung, Glaubens-Push-ups, Selbstbespiegelung bis an den Rand der Schizophrenie. Die ganze Palette. Aber ich will nicht mehr, ich bin so müde. Ich will nicht mehr kämpfen. Es wird dadurch alles nur schlimmer."

Mit einem Mal ist es totenstill im Raum. Ich spüre den mühsam zurückgehaltenen Widerspruch.

„Joelle, du willst doch nicht allen Ernstes behaupten, Gott würde dir etwas Böses antun! Das ist Gotteslästerung!", bricht Christian schließlich hervor. „Dasitzen und dein Joch tragen? Das ist unbiblisch!"

Sabine kann ihr Unbehagen nicht länger zurückhalten. Sie streckt sich, fährt sich über den Hosenanzug und fegt in gewohnter Eleganz ihren langen blonden Pony nach hinten.

„Merkst du denn nicht, dass das genau das ist, was der Teufel bezweckt? Dass er dich einschüchtern und dir damit deine Vollmacht rauben will?"

Aufgeregt wirft sie den Kopf zur Seite.

„Ich weiß doch auch nicht. Aber ich kann einfach nicht mehr", stöhne ich. „Versteht ihr? Jeder Schritt, den ich gemacht habe, um mich gegen das Geschehene zu wehren, hat alles nur noch schlimmer gemacht, ich habe eine Enttäuschung nach der anderen eingesteckt. Jedes Mal dachte ich: Jetzt ist der Himmel offen, jetzt endlich wird's besser werden. Ich will das nicht mehr. Ich bringe keine Hoffnung mehr auf und vor allem will ich nicht mehr enttäuscht werden. Ich darf meinem Herzen keinen neuen Abgrund mehr zumuten. Lasst mich doch einfach das tun, was Jeremia in meiner Situation getan hat. Dasitzen, schweigen, ertragen, ausharren."

„Du umkehre, Joelle", höre ich Ludmillas vibrierende Stimme. „Du immer rede gegen Gott. Du rebellische Geist von Widerrede und Geist von Verwirrung."

„Joelle." Natalie lehnt sich zu mir hinüber, sie tut sich sichtlich schwer mit dem, was sie sagen möchte. „Ich bin dir schuldig, einen geistlichen Eindruck weiterzugeben, den ich die ganze Zeit über habe. Ich wollte es dir eigentlich nicht erzählen, aber ich glaube, ich bin es dir schuldig: Ich habe eine Schlange gesehen, die an deinem Rückgrat sitzt und sich in deinem Kopf, deinen Gedanken, festgebissen hat. All diese Lügen, die du glaubst und von denen du uns zu überzeugen versuchst, sind nichts anderes als das Gift dieser Schlange."

Ludmilla nickt heftig. „Schmerz in Rücken nicht kommen von Unfall, Schmerz kommen von Böse-Geist-Schlange. Dämon sich festbeißen in deine Kopf, in deine Rücken. Deine Gedanke ganz verkehrt – deine alle Denken von Teufel."

Hilfesuchend blicke ich mich in der Runde um.

„Schatz, ich weiß, das klingt hart, aber wir wollen dir doch helfen", versucht Felix mir begreiflich zu machen. „Es wäre verkehrt, dir jetzt nach dem Mund zu reden. Wir wollen doch alle, dass es dir endlich wieder gut geht. Das ist doch kein Zustand. Du selber sagst doch immer, dass echte Freunde sich die Wahrheit nicht schuldig bleiben dürfen."

Warum sitzt mein Mann in diesem Moment nicht neben mir? Warum hält er nicht schweigend meine Hand? Warum schielt er bei seinen Worten zu Ludmilla herüber, statt mir offen ins Gesicht zu sehen?

Tanja hingegen blickt mich flehentlich an: „Wir wollen, dass du wieder glücklich wirst, du hast mir so oft geholfen und jetzt, wo es um dich geht, lehnst du alle Hilfe ab. Gott hat doch so viel zu dir geredet, gerade durch Ludmilla, durch Eric, Thorsten und auch durch uns, aber du willst nicht hören, du weigerst dich, Gottes Reden durch uns anzunehmen."

„Ja", fällt Felix ein, „deshalb bitten wir dich ernstlich: Such dir jemanden, dessen Rat du akzeptieren kannst, wenn du uns schon nicht vertraust."

Ich spüre einen Stich im Herzen. *Sie hören mir nicht zu,* denke ich und fühle mich entsetzlich einsam. Ich verstehe ja, dass sie so denken. Sie halten mich für stur. Ich war immer davon überzeugt, dass Gott durch Geschwister redet, und jetzt kann ich ihren Rat nicht annehmen.

„Ich muss auf mein Herz achten."

Ludmilla sitzt mit geschlossenen Augen murmelnd in ihrem Sessel und hält ihre Hände wie Sendeanlagen in meine Richtung.

„Es zerbricht sonst."

Als Tanja schließlich verlauten lässt: „Loben zieht nach oben", reißt mir die Geduld.

„Dann nehmt doch eure Bibeln und reißt die Psalmen raus!"

Ich bin sauer.

„Und die Klagelieder gleich mit", sage ich ungehalten. „Hört doch endlich auf, von mir zu verlangen, so zu tun, als ob", wettere ich weiter. „Das ist im Grunde nichts anderes, als fromm verbrämte Selbstaffirmation, wie sie in jedem zweitrangigen Psychoratgeber propagiert wird: Vorm Spiegel stehen und behaupten: ‚Ich bin ein Erfolgsmensch. Ich bin geheilt. Ich bin selbstbewusst.' Yes we can!"

Erschrocken starren sie mich an.

„Was ist denn mit dir los?", fragt Felix.

„Ich will einfach nur sagen dürfen, dass es mir beschissen geht, wenn es mir beschissen geht." Ich stehe neben mir, wundere mich über die Heftigkeit meiner Worte. „Ich will mich nicht länger selbst verarschen. Das Wort Gottes ist doch kein Zauberbuch", ereifere ich mich. „Man sucht sich Verse raus und Hokuspokus … und alles wird wunschgemäß geliefert."

„Joelle!", ruft mich Tanja zur Raison. Auf ihrer Miene steht Entsetzen, hilfesuchend blickt sie zu Ludmilla, die noch immer bedeutungsvoll die Augen geschlossen hat, zu lauschen scheint und ihre Hände weiter „auf Sendung" hat.

Erschöpft sinke ich ins Sofa und sehe fast teilnahmslos dem Aufruhr zu, den meine Worte ausgelöst haben. Ich verstehe sie, schließlich habe ich das alles selber durch.

Sie können meinen Anblick nicht mehr ertragen. Meine Last ist ihnen zu schwer – ich verstehe das. Sie wollen die Last nicht mittragen, sondern sie mir von den Schultern schmeißen.

„Jo, du weißt, dass ich dich sehr schätze, und gerade deshalb muss ich dich ermahnen: Du solltest jetzt Buße tun und einfach neu beginnen", meint Jan.

Ich schüttele den Kopf. Ich will keine Buße tun.

„Wofür denn bitte schön? Dafür, dass ich ehrlich bin? Ehrlich mir gegenüber, Gott gegenüber, euch gegenüber?"

Ich spüre, wie sie auf Distanz gehen, weil ich mich weigere, weiter mitzuspielen. Ich bin aus Liebe zur Wahrheit gläubig geworden, ich werde nicht mehr heucheln, mein Herz nicht mehr mit Dogmen zum Schweigen bringen.

„Lasst mich bitte. Lasst mich einfach", flehe ich.

25.

GAST AUF ERDEN

Der Schotter knirscht unter den Reifen des Rollstuhls. Trotz der Kälte gerate ich ins Schwitzen. Das erste Mal, dass mir auffällt, wie steil es bis zu „unserer Bank" hinaufgeht.

Caro riecht jetzt wieder nach Aas. Caros Krebs war mit ihren Brüsten, Eierstöcken, Lunge und Leber nicht zufriedenzustellen. Er ist in ihre Knochen geschlichen. Beckenmetastasen. Die Schmerzen beim Gehen sind so groß, dass sie seit Kurzem in den Rollstuhl muss. Den braucht sie auch, um das ganze Zeug zu transportieren, das in sie reinläuft. Infusionen gegen Schmerzen und neue Chemo.

„Weißt du, Jo …" Caros Stimme klingt beinahe fröhlich. Sie scheint ihren Frieden gemacht zu haben. Doch sie kommt schon länger nicht mehr in die Gemeinde und auch nicht in den Hauskreis. Sie erträgt es nicht mehr.

„Ich habe viel nachgedacht und viel gebetet", sagt sie. „Was ein Segen ist und was nicht, erkennt man nicht sofort. Unser Wissen und unsere Weisheit reichen einfach nicht aus, die Situation, in der wir stecken, zu beurteilen."

Je dünner Caros Lebensfaden wird, desto gelassener ist sie. Übernatürlicher Friede oder Resignation?

„Joelle", sie atmet wieder schwer, „es sind unsere Erwartungen, die uns am schlimmsten zusetzen. Wer nichts erwartet, kann nicht enttäuscht werden."

Ich muss unwillkürlich an Giuseppe denken: *Die Toten haben nichts mehr zu verlieren.*

Wir sind an der Bank angekommen. Mühsam parke ich den

Rollstuhl und setze mich neben Caro. Egal ob Sommer oder Winter, der Blick von hier auf die geschwungenen Hügel und die in die Landschaft gestreuten Hecken, die drei riesigen Eichen über uns, jedes Mal überkommt mich ein Glücksgefühl.

„Es sind immer unsere Vorstellungen von Gott, die uns verzweifeln lassen. Erst wenn wir das alles loslassen, gehen wir ins verheißene ‚Land der Ruhe' ein. Wenn wir wegschauen von unseren Plänen, hin auf Gott selbst, erreichen wir Gleichmut und Demut. Die Gelassenheit, die die Heiligen auszeichnet, der eigentliche Sabbat."

Eine Weile ist nur ein Rascheln zu hören, eine Maus huscht an unserer Bank vorbei.

„Ich verstehe, was du sagen willst. Von unseren eigenen Werken, auch den frommen, zu ruhen, Gott machen zu lassen, das ist sicher völlig richtig, aber ich weiß nicht – was ist mit dem, was das Wort Gottes sagt, ich meine – Heilung, Vollmacht … Machen wir es uns da nicht ein wenig leicht, wenn wir den Status quo einfach akzeptieren?"

Caro schweigt lange. Ein Eichelhäher landet unweit unserer Bank im Laub, im Schnabel eine Eichel, die er geschäftig unter das Laub wühlt, ein paar Mal hin und her springt und dann krächzend wieder verschwindet.

„Ich glaube, etwas läuft verkehrt bei uns Christen. Wir sind weit entfernt von diesen erleuchteten Augen des Herzens, die wir brauchen, um zu erkennen, zu welcher Hoffnung wir von Gott berufen sind und wie reich die Herrlichkeit seines Erbes für die Heiligen ist. Wir drehen uns zu viel um uns selber."

„Da, wo die Christen verfolgt werden, da passieren doch solche Wunder. Wieso nicht hier, bei uns?", frage ich. „Wieso wirkt alles, was wir tun, so falsch, obwohl es biblisch zu sein scheint?"

Caro zuckt mit den Schultern.

„Zu viel Fleischliches, zu viel Selberwollen, zu wenig Ohnmacht, zu wenig geistliche Armut. Zu wenig Sterben in Christus – weiß nicht. Vielleicht sind die Christen, denen ihr Leben nichts mehr gilt, für die Christus alles ist, ihrem Fleisch völlig gestorben und deshalb …“

Oder wisst ihr nicht, dass alle, die wir auf Christus Jesus getauft sind, die sind in seinen Tod getauft? So sind wir ja mit ihm begraben durch die Taufe in den Tod, damit, wie Christus auferweckt ist von den Toten durch die Herrlichkeit des Vaters, auch wir in einem neuen Leben wandeln.

Vielleicht hat der „Hausmeister des Sonnentals“ ja wirklich den Kern begriffen. *Bitte lass mich sterben, Herr, damit du endlich lebst in mir,* seufze ich innerlich.

Wieder kommt der große bunte Vogel, versteckt eine weitere Eichel im Boden und geht krächzend auf die Suche nach weiteren Wintervorräten.

„Ich würde gerne in aller Schlichtheit so leben, wie es meiner neuen Kreatur in Christus entspricht“, sagt Caro. „Ohne geistliche Bemühungen. Es müsste doch ganz von selber gehen. Einfach Mensch sein, nichts als wahrer Mensch, wie Christus einer war, ganz schlicht.“

„Ich auch“, seufze ich. „Nicht diesen ganzen frommen Mist, diese geistliche Schufterei.“

Noch drei Mal kommt der Eichelhäher, jedes Mal landet er ein Stückchen näher an unserer Bank.

„Weißt du eigentlich“, fragt Caro, „dass Eichelhäher ganze Wälder pflanzen?“

Ich schüttle den Kopf.

„Sie vergessen, wo sie ihren Vorrat vergraben haben, und im Frühjahr keimen die Eicheln. Der Vogel weiß nicht, dass er es ist, der diese Riesen gepflanzt hat. Er tut nur das Naheliegende.“

„Ich wünschte mir die unschuldige Vergesslichkeit und den schlichten Eifer dieses Vogels“, sage ich, als der Eichelhäher ein weiteres Mal vor uns landet.

„Vielleicht könnte Gott dann auch durch uns Großes tun.“

„Und wir wüssten es nicht einmal", grinst Caro und sieht mit ihrem kahlen Schädel dabei grauenhaft aus.

Wir starren lange auf die braunen Blätter zu unseren Füßen, vielleicht versucht auch Caro, sich an die Stellen zu erinnern, wo die Eicheln versteckt liegen. Oder sie döst einfach vor sich hin.

Ein kleiner Wind wedelt säuselnd ab und zu über das Laub. Derselbe Wind, der den Wolkenvorhang vor der Wintersonne wegzieht.

„Ich werde bald sterben, Jo. Ich glaube nicht mehr, dass Gott mich heilt."

Caro lehnt sich in ihrem Rollstuhl zurück und blickt in die knorrige Krone über uns, die ihre Blätter schon vor Wochen abgeworfen hat.

„Gott könnte das Unwahrscheinliche auch jetzt noch tun. Er könnte. Aber ich denke, er wird es nicht tun."

„Weiß nicht", sage ich und lege meinen Kopf ebenfalls in den Nacken, betrachte die Puzzleteile des Himmels, die zwischen den schwarzen Ästen hindurchleuchten.

„Ich glaube, es ist eigentlich alles ganz einfach", sage ich und verfolge mit meinen Blicken den Eichelhäher, der über uns im Geäst turnt. „Ein schöner Vogel."

Caro nickt lächelnd. Dann lauschen wir wieder den Geräuschen der Landschaft.

„Das Schlimmste ist nicht, dass ich sterben werde", sagt Caro nach langer Zeit unvermittelt. Für den Bruchteil einer Sekunde tauschen wir Blicke. Ihre Augen sind traurig und von der Farbe viel zu früh geernteter Oliven.

„Es ist nur wegen Thomas. Er leidet sehr. Er hat höllische Angst, mich zu verlieren. Er liebt mich, deshalb schweigt er. Aber ich weiß, was er denkt: ‚Was ist jetzt mit deinem Gott, den du so sehr liebst? Warum heilt er dich nicht?'"

Ich nicke leicht, ich kann Thomas sehr gut verstehen. Ich an seiner Stelle würde mir diese Frage auch stellen.

„Ganz am Anfang, als ich noch fest davon überzeugt war, dass Gott mich heilen würde, da habe ich Thomas ganz begeistert verkündet, dass Gott meinen Krebs geheilt hätte. Wenn ich nicht völlig sicher gewesen wäre, hätte ich das Thomas doch nie erzählt. Ich meine, wie soll er denn an einen Gott glauben, auf dessen Versprechen kein Verlass ist? Der nur tatenlos zuzusehen scheint?"

Nervös wickelt Caro das Bändchen ihres Anoraks um ihre Finger. Das mit Thomas, ich glaube, das ist das Schlimmste für sie.

„Gott erschüttert unser Leben, damit das Unerschütterliche übrig bleibt", meint sie nach einer Weile.

„Das Ewigkeitstaugliche", sage ich.

Sie hat aufgehört, mit dem Bändchen zu spielen, ihre Hände ruhen in dem Nest aus Schläuchen. Nach langem Schweigen meint sie: „Ich danke dir für deine Freundschaft, Joelle. Nur wenige Menschen begleiten einen durch das finstere Tal. Die meisten begnügen sich damit, dir von außen Ermutigungen in deine Dunkelheit hineinzurufen. Aber für die Wanderung durch das finstere Tal braucht es Mut. Deshalb müssen die meisten diesen Weg wohl alleine gehen. Wie unser Herr in Gethsemane." Caro atmet wieder schwer.

Ich liebe Caro.

„Aber ich habe endlich keine Angst mehr vor dem Tod", sagt sie und sitzt lange unbeweglich neben mir, als sei sie schon gestorben.

„Ich bin sicher, eines Tages werden wir alles verstehen."

„Alle Fragen lösen sich einfach auf."

Caro nimmt meine vernarbte Linke, um sie sich auf ihren Schoß zwischen die Infusionsschläuche zu legen.

Lange sitzen wir so und überlassen uns unseren Gedanken, dann stimmt sie mit zittriger, heiserer Stimme ein altes Kirchenlied an.

Scheu singe ich mit:

Ich bin ein Gast auf Erden und hab hier keinen Stand;
der Himmel soll mir werden, da ist mein Vaterland.
Hier reis ich bis zum Grabe; dort in der ew'gen Ruh
ist Gottes Gnadengabe, die schließt all Arbeit zu.

So will ich zwar nun treiben mein Leben durch die Welt,
doch denk ich nicht zu bleiben in diesem fremden Zelt.
Ich wandre meine Straße, die zu der Heimat führt,
da mich ohn' alle Maße mein Vater trösten wird.

Mein Heimat ist dort droben, da aller Engel Schar
den großen Herrscher loben, der alles ganz und gar
in seinen Händen träget und für und für erhält,
auch alles hebt und leget, wie es ihm wohlgefällt.

Du aber, meine Freude, du meines Lebens Licht,
du ziehst mich, wenn ich scheide, hin vor dein Angesicht
ins Haus der ew'gen Wonne, da ich stets freudenvoll
gleich wie die helle Sonne mit andern leuchten soll.

Da will ich immer wohnen – und nicht nur als ein Gast –
bei denen, die mit Kronen du ausgeschmücket hast;
da will ich herrlich singen von deinem großen Tun
und frei von schnöden Dingen in meinem Erbteil ruhn.

„Ach, übrigens", fällt mir ein, nachdem die letzten unserer Worte bereits verklungen sind, „die Ältesten haben mir nahegelegt, den Chor wieder abzugeben. Ich sollte mir erst mal Zeit nehmen, geistlich wieder alles klarzukriegen. Ich hätte im Moment nicht den Geist des Lobpreises."

„Selbst schuld", schmunzelt Caro. „Wer den Lobpreis derer nicht zu schätzen weiß, die in der Finsternis sind, hat nicht verstanden, was wahrer Lobpreis ist."

Ich küsse Caro die Hand.
„Danke, Caro."

Einige Wochen später ruft Henry an, er managt jetzt unter anderem eine sehr erfolgreiche christliche Band, internationale Auftritte und so. Er habe alle Hände voll zu tun, aber er wolle doch mal hören, wie es mir geht. Ich erzähle ihm das Wesentliche. Seine Frage: „Sag mal, warum gehst du eigentlich noch in diesen Hauskreis?" beschäftigt mich lange. Aber es ist nicht die Freude an Selbstkasteiung oder Gesetzlichkeit oder Pflichtgefühl, wie Henry vermutet, auch nicht der Wunsch, meine „Position" nicht zu verlieren. Was es genau ist, kann ich ihm am Telefon allerdings auch nicht sagen.

Aber ich habe nachgedacht. Ich denke, dass ich einerseits jetzt, wo Gott mir so fern ist, den Kontakt zu den Geschwistern nicht abbrechen sollte. Das ist es jedoch nicht alleine. Ich kann einfach nicht anders, ich gehöre zu ihnen. Gemeinde ist nicht dasselbe wie ein Verein. Jesus hat einen Leib, zu dem gehöre ich, ob es mir gerade gefällt oder nicht. Es gibt Wichtigeres als mein Wohlbefinden: der Leib Christi. Ich weiß nicht, ob ich mich täusche, aber irgendwie, keine Ahnung, es wäre verkehrt, den Kontakt abzubrechen. Obwohl ich während der Treffen immer häufiger matt auf einem der diversen Sofas in einem der diversen Wohnzimmer liege – wie gelähmt und von besorgten Blicken abgetastet. Ich weiß, mein Zustand schockiert sie und sie bleiben lieber auf Abstand, fast so, als wäre ich ansteckend.

In den Gebetsrunden schweige ich. Was sollte ich denn beten? Ich kenne nur noch diese vier Worte:

Ich liebe dich, Herr.

Und die spreche ich nur, wenn ich mit meinem Herrn alleine bin.

Caro ist mittlerweile in einer Palliativklinik für Krebspatienten. Als ich sie besuche, kann ich nur ihre Augen lächeln sehen, der Rest des Lächelns versteckt sich unter einer Atemmaske.

Der Krebs frisst sich immer weiter durch die Lunge. Auch ans Gehirn macht er sich. Nur an Caros Seele, an die kommt er noch nicht. Die hebt er sich wahrscheinlich für den Schluss auf.

Nichts von Gott erwarten. Ihn nur lieben, steht mit Caros mittlerweile krakeliger Schrift auf dem Zettel, der am Fußende ihres Bettes klebt.

26.

DAS NEUE JERUSALEM

Die Verriegelung von Caros Superwagen klickt zu. Sie hat ihn mir für mein Vorhaben geborgt.

„Ich brauche diesen irdischen Tand sowieso nicht mehr“, hat sie gelächelt.

Ich gehe Richtung Eingang, mache einer Pflegerin Platz, die eine in Decken gehüllte Greisin mit schiefem Hals an den winterlich kahlen Rabatten vorbeifährt.

„Grüß Gott“, erwidere ich den Gruß der Pflegerin und die alte Dame im Rollstuhl wackelt mit dem Kopf. Ich folge dem riesigen knallgelben Hinweisschild, das den ziemlich altbackenen Namen der Einrichtung „Neues Jerusalem“ verkündet.

Das Altenheim ist ein recht schmuckloser, lang gestreckter Bau aus den Siebzigern. Große Fenster, mehrere Etagen, Mansardendach. Die Schiebetür am Eingang öffnet sich und kurze Zeit später wende ich mich an eine der Damen am Empfang.

„Grüß Gott, ich würde gerne Willhelm Lolling besuchen. Ich bin angemeldet.“

Die füllige Dame mit blonder Dauerwelle führt mich durch mehrere Flure an mindestens zwanzig gerahmten Kalenderblättern vorbei bis vor eine der schlichten Türen, von denen es mindestens zehn pro Flur gibt.

„Herr Lolling“, brüllt sie durch die geschlossene Tür, während sie klopft, „Besuch für Sie.“

Auf der anderen Seite der Tür höre ich schlurfende Schritte. Die Tür öffnet sich und vor mir steht Pastor Lolling – mittlerweile ein fast durchsichtiger, faltiger Greis mit wenigen Haaren, aber wachen, leuchtenden Augen und einem liebevoll schmunzelnden Mund.

„Ach, liebe Schwester Berta. Sie sind so ungeduldig. Genießen Sie doch Ihr Leben."

Dann blickt er mir mit erstaunlicher Klarheit in die Augen.

„Mein liebes Mädchen!" Er breitet seine Arme aus wie ein Käfer, der beweisen will, dass er nicht mehr fliegen kann. „Wie schön, dass du da bist. Wie freue ich mich. Komm rein, komm rein."

Pastor Lollings Zimmer hat ein großes Fenster, das trotz der kühlen Temperaturen weit geöffnet ist. Er hat die Volants fast vollständig beiseitegezogen, wahrscheinlich um den Ausblick auf den Park mit seinen alten Bäumen genießen zu können. Das Bett verbirgt sich sicher hinter dem sorgsam zugezogenen Vorhang, der einen Teil des Zimmers abtrennt. Daneben ein Bücherregal und ein Kleiderschrank. Auf dem kleinen Tisch in der Mitte steht ein Wasserglas, aus dem Chrysanthemen mit viel zu langen Stielen hängen. Die Blüten berühren beinahe das Tischdeckchen mit geklöppeltem Rand. Rechts und links davon je ein Prilblumengedeck. Auch den Obstkorb erkenne ich wieder. Diesmal dient er dazu, zwei Plunderstücke aufzubewahren.

Die Pflegerin eilt, die Fenster zu schließen, und lächelt professionell, als sie die Zimmertür hinter sich schließt.

„Auf Damenbesuch bin ich nicht eingerichtet." Auf seinen zitternden Stock gestützt, steht er leicht verlegen neben dem Stuhl.

„Ist alles sehr schön", versichere ich ihm dankbar.

„Dann wollen wir uns mal setzen, nicht wahr?", sagt er und bemüht sich, mir meinen Stuhl zurechtzurücken. Nachdem er mir eine Flüssigkeit in meine Tasse geschüttet hat, die ansatzweise nach Kaffee riecht, aber wie Kräutertee aussieht, und sich im weiteren Verlauf geschmacklich nicht näher einordnen lässt, legt er seine noch faltiger gewordenen Hände neben seinem Teller ab und fordert mich auf: „Nun erzähl mal, mein Mädchen."

Einen kurzen Moment lang befürchte ich, Pastor Lolling könnte sich überhaupt nicht an mich erinnern, und deswegen hole ich etwas aus: „Wir kennen uns von Opa Joschkas und Tante Luises Beerdigung. Ich war auch mal bei Ihnen zu Hause“, beginne ich das Gespräch unverfänglich.

„Und jetzt bist du hier“, sagt er und schaut mich wie abwesend an. Ich fürchte, es könnte ein Fehler gewesen sein, die drei Stunden hierhergefahren zu sein. Der Mann erinnert sich nicht mehr. Hätte ich mir ja eigentlich denken können. Jetzt muss ich die Sache nur irgendwie über die Bühne kriegen. Ich erzähle etwas wahllos und umständlich, während er mich immer verstörter ansieht, bis er meine hilflosen Versuche, ein Gespräch zu simulieren, schließlich abbricht:

„Ich möchte viel lieber wissen, wie es dir geht. Ich bete noch immer jeden Tag für dich.“

Das ohnehin brüchige Plunderstück fällt mir aus meiner Narbenhand und ich schnappe nach Worten, bis ich endlich stammele: „Sie wissen noch, wer ich bin?“

„Na, das ist zumindest von Vorteil, wenn man für jemanden betet“, schmunzelt er.

Erleichtert erzähle ich Pastor Lolling alles, was mir in den letzten Jahren widerfahren ist. Ich rede und rede wie ein Wasserfall. Aufmerksam und ohne seine Miene zu verziehen, hört er zu, die ganze Zeit, beinahe bewegungslos. Als ich ende, atmet er tief durch, den Blick auf sein angeknabbertes Teilchen gerichtet.

„Ach, mein Mädchen“, seufzt er tief. „Der Herr hat viel zu ertragen mit uns. Seine große Güte und Geduld uns törichten, eigensinnigen Menschenkindern gegenüber erstaunt mich immer wieder. Es tut mir leid, dass deine Geschwister deine Last nicht mittragen wollten. Schon unser guter Bruder Paulus hatte damit seine liebe Müh, dass die meisten Christen ihre geistliche Erkenntnis über die Liebe stellen. Da hat sich in all den Jahren wohl nichts geändert.“

Mit zittriger Hand schiebt er seinen Teller beiseite.

„Weißt du, der Herr war sich sicher, dass du durchhalten würdest. Und jetzt weiß ich auch, warum er dich mir Tag für Tag aufs Herz gelegt hat. ‚Bete für deine Schwester', hat der Geist mir jeden Morgen neu gesagt und ich habe es treu getan. Jetzt verstehe ich, was sein Plan mit dir ist."

„Sein Plan?"

Pastor Lolling sieht mich mit merkwürdigem Blick an, rappelt sich auf, stützt sich zitternd auf seinen Krückstock und schlurft zu seinem Nachttisch, wo seine alte Goldschnitt-Bibel liegt. Mit einem Schnaufen setzt er sich wieder, legt behutsam den Stock aus der Hand und schlägt die Bibel ziemlich in der Mitte auf.

„Kennst du die Geschichte von Hiob, mein Kind?"

„Na ja, was man halt so kennt", murmele ich. „Hiob verliert alles, wird schwer krank, bekommt aber dann am Ende alles wieder."

„Und um das zu erzählen braucht es zweiundvierzig Kapitel?" Sein schelmisch-belustigter Gesichtsausdruck verunsichert mich. „Ganz schön langatmig, findest du nicht?"

Ich zucke mit den Schultern. Ziemlich langatmig fand ich Hiob allerdings auch, als ich ihn gelesen habe – vor etlichen Jahren, während des Studiums –, habe aber keine Ahnung, worauf Pastor Lolling hinauswill.

„Möchtest du, dass ich dir die Geschichte Hiobs erzähle?"

„Wie Sie meinen."

Er setzt sich auf seinem Stuhl zurecht und blickt auf seine gefalteten Hände. „Das Ganze begann mit einer Wette. Gott macht Luzifer auf einen ganz bestimmten Mann – Hiob – aufmerksam. Hiob ist Gottes ‚bestes Pferd im Stall', wie man heute sagen würde. Barmherzig, großzügig, weise, das Böse meidend, kurz gesagt: gottesfürchtig und gerecht.

‚Hast du meinen Knecht Hiob bemerkt?', fragt Gott Satan, nicht ohne väterlichen Stolz, könnte man meinen. Doch Satan, der alte Hehler, kann sich keinen anderen Grund denken für Hiobs Gottestreue als den einen:

‚Kein Wunder!', versucht er Gottes Einschätzung anzugehen. ‚Seine Treue zahlt sich ja auch aus für ihn. Ein einträgliches Geschäft. Du überhäufst ihn ja mit Gutem. Da ist ein bisschen Gottesfurcht kein zu hoher Preis. Nimm ihm, was er hat, und du wirst sehen, was von seiner Gerechtigkeit übrig bleibt.'

‚Nun gut', geht Gott auf Satans These ein. ‚Ich überlasse dir alles, was ich ihm gegeben habe. Aber sein Leib und Leben taste nicht an.'"

„Wie bitte?" Ich springe fast aus meinem Stuhl. „Gott gibt Hiob quasi zum Abschuss frei? Für ein bescheuertes Experiment? Hiob geht davon aus, dass Gott ihn schützt, und was macht Gott? Ich meine, Hiob vertraut ihm doch blind!"

„Lass mich zu Ende erzählen", winkt Pastor Lolling ab. „Du wirst schon noch alles verstehen. Also, Satan zögert nicht, in den ihm gesetzten Grenzen zu wüten, tötet alle zehn Kinder, das ganze Vieh, setzt Scheunen und Ställe in Flammen, vernichtet alles. Diese Wüterei hat ihm sicher Spaß gemacht, seine Wette hat er allerdings damit noch nicht gewonnen, denn Hiob … warte mal, ich lese es dir vor."

Er setzt seine Brille auf, blättert einige Seiten und liest:

„Da stand Hiob auf und zerriss sein Kleid und schor sein Haupt und fiel auf die Erde und neigte sich tief und sprach: Ich bin nackt von meiner Mutter Leibe gekommen, nackt werde ich wieder dahinfahren. Der HERR hat's gegeben, der HERR hat's genommen; der Name des HERRN sei gelobt! In diesem allen sündigte Hiob nicht und tat nichts Törichtes wider Gott."

Als Pastor Lolling aufblickt, lächelt er beglückt.

„Nun ja", reißt er sich aus seiner Verzückung, „der Satan ist eine lästige Fliege und gibt so schnell nicht auf. Immerhin ist diese Wette keine Kleinigkeit. Wenn Satan Gott beweisen kann, dass Hiob ihm nur aus Eigennutz, Angst oder meinetwegen auch aus Dankbarkeit ergeben ist, ist Gottes Schöpfungsplan gescheitert. Weißt du überhaupt, was Gottes Schöpfungsplan ist, Kind?"

Überrascht schüttle ich den Kopf. „Äh, Jesus?“, sage ich und finde meine Antwort selber blöde.

„Jesus passt immer, nicht wahr?“, lächelt Pastor Lolling und wieder scheint ihm ein Schalk im Nacken zu sitzen. So schelmisch habe ich ihn gar nicht in Erinnerung. Übrigens, da fällt mir ein – hatte mir der Landstreicher nicht dieselbe Frage gestellt?

„Was war ganz am Anfang, als noch alles schöpfungsgemäß war?“, fragt der Alte und ich komme mir vor wie in der Schule.

„Das Paradies?“, antworte ich unsicher.

„Und was war da?“

„Gott hat den Menschen einen Garten geschaffen und ist selber darin spazieren gegangen?“

„Sehr gut“, lobt er mich. „Und was ist ganz am Ende, wenn Gott die Dinge wieder zusammenführt?“

Ich weiß nicht genau, was er meint, schaue aus dem Fenster in den Park. Sehe das gelbe Schild und wie aus der Pistole geschossen antworte ich: „Neues Jerusalem!“

„Da hast du wohl einen Joker gehabt, nicht wahr?“

Ich grinse. Ich mag Pastor Lolling.

„Und was wird da sein?“, fragt er, und da er ahnt, dass mein Halbwissen beschämend ist, schlägt er die letzte Seite auf, um zu lesen:

„‚Und ich sah einen neuen Himmel und eine neue Erde; denn der erste Himmel und die erste Erde sind vergangen, und das Meer ist nicht mehr. Und ich sah die heilige Stadt, das neue Jerusalem, von Gott aus dem Himmel herabkommen, bereitet wie eine geschmückte Braut für ihren Mann. Und ich hörte eine große Stimme von dem Thron her, die sprach: Siehe da, die Hütte Gottes bei den Menschen! Und er wird bei ihnen wohnen, und sie werden sein Volk sein und er selbst, Gott mit ihnen, wird ihr Gott sein; und Gott wird abwischen alle Tränen von ihren Augen, und der Tod wird nicht mehr sein, noch Leid noch Geschrei noch Schmerz wird mehr sein; denn das Erste ist vergangen. Und der auf dem

Thron saß, sprach: Siehe, ich mache alles neu! Wer überwindet, der wird es alles ererben, und ich werde sein Gott sein und er wird mein Sohn sein.'"

„Wow", rufe ich aus und eine Weile sagt keiner von uns beiden ein Wort.

„Gott wird also wieder unter uns Menschen wohnen", fasse ich meine Gedanken zusammen.

„Mehr noch, er will sogar mit uns verbunden sein wie Braut und Bräutigam, in gegenseitiger bedingungsloser Liebe."

„Heißt das …"

„Das heißt, Liebe ist der Dreh- und Angelpunkt von Gottes Schöpfung. Bei der Wette zwischen Gott und Satan geht es um nichts Geringeres als um die Frage: Ist die Schöpfungsidee tragfähig? An Gottes bedingungsloser Liebe besteht ja kein Zweifel. Vermag aber der Mensch Gott zu lieben, wenn Gott sich nicht liebenswürdig verhält?"

27.

DER HIOBSSKANDAL

„Aber das ist doch ein Skandal!“ Langsam wird mir klar, was Pastor Lolling da behauptet. „Gott trägt seine Wette auf Hiobs Rücken aus!“

„Ja“, der alte Pastor klappt seine Bibel zu und legt die verknitterten Hände darauf. „Und Gott muss sich bei seiner Wette auf einen Einzigen verlassen. Er legt seinen Ruhm in die Hände eines sterblichen Menschen.“

Mein Denken läuft heiß. Wenn Gott damals höchstpersönlich Satan das Recht gab, Hiob zu quälen, könnte es denn dann nicht sein, dass er auch für all die Fehlschläge in meinem Leben verantwortlich ist? Dass diese ganze Suche nach dem Grund für mein Scheitern, diese Suche danach, wieso ich Gottes Schutz und Gottes Segen nicht erlebe … dass ich all die Jahre die falsche Frage gestellt habe? Dass mich überhaupt keine Schuld trifft? Dann hätte nicht ich Satan Tür und Tor geöffnet, sondern Gott selber hätte Satan erlaubt, mir das anzutun? Gott wäre also gar nicht mein Beschützer gewesen, sondern quasi mein Feind?

„Aber … das kann nicht sein!“, stammele ich. „ Gott kann nicht unser Feind sein, niemals!“, protestiere ich. Denn ich will das nicht denken. Das war das Einzige, dessen ich mir die ganze Zeit sicher war, das, woran ich all die Jahre festgehalten habe: die Überzeugung, dass Gott es trotz allem gut mit mir meinte.

„Im Hebräischen hat der Name ijjôv – Hiob – auch die Bedeutung von ‚der (von Gott) Angefeindete‘“, sagt Pastor Lolling. „Du siehst also, deine Einschätzung scheint zuzutreffen.“

„Nein!“ Meine Stimme überschlägt sich fast. „Das kann nicht sein!“

Panisch greife ich eine der Chrysanthemen und zerpflücke nervös eine der rostfarbenen Blüten.

„Gott ist mein Vater, steht doch in der Bibel! Sagt Jesus doch überall!"

Hektisch fege ich die zermahlenen bräunlichen Blütenblättchen auf dem Tisch zusammen.

„Die Bibel ist der entschlossenste aller Ikonoklasten", höre ich Pastor Lolling sagen.

„Ikonoklasten?" Aufgewühlt versenke ich die Blütenreste in der Vase.

„Bilderstürmer, Gottesbildzertrümmerer", klärt mich der alte Pastor auf.

„Aber warum?" Ich fühle noch die Feuchtigkeit der zerquetschten Blättchen an meinen Fingern.

Pastor Lolling blickt mich ernst an.

„Ach, Joelle, die Sehnsucht nach wahrer, das heißt, bedingungsloser Liebe ist der wunde Punkt eines jeden Liebenden. Da macht Gott keinen Unterschied. Gott hat sich von Satan aufstacheln lassen. ‚Du hast mich gegen ihn aufgereizt, ihn ohne Grund zu vernichten', sagt die Elberfelder."

„Aufgereizt? Sie wollen mir also allen Ernstes weismachen, Gott hätte sich wie ein unbeherrschter Halbwüchsiger provozieren lassen, Hiobs Liebe zu prüfen, weil er herauskriegen wollte, ob Hiob ihn auch dann liebt, wenn Gott sich fies verhält?"

Pastor Lolling nickt schweigend.

„Hiob im Affekt verwettet sozusagen?"

„Klingt hart, aber so steht's geschrieben."

Ich lasse mich gegen die Stuhllehne fallen, die bedenklich laut knackt, atme tief aus, während mich Pastor Lolling unverwandt ansieht. „Gönnen wir es doch unserem Gott", flüstert er schließlich. „Man darf nicht vergessen, dass Gott seine Liebe immer ausgießt. Rückhaltlos. Grenzenlos. Auch wenn Hiob versagt hätte, hätte Gott ihn uneingeschränkt weitergeliebt."

Ich ignoriere seinen Einwurf. Es will noch immer nicht in meinen Kopf. „Gott hat Hiob das angetan, obwohl Hiob seinem Gott vertraute, obwohl er Gott so liebte?“

„Nicht obwohl, sondern weil Hiob Gott liebte“, sagt Pastor Lolling milde.

Ich schüttle noch immer meinen Kopf. Ich verstehe das nicht …

„Weißt du, Joelle, fast alle Gläubigen fragen immer nur danach, was Gott für sie tun könnte. Wie sie mehr Segen, mehr Frieden, mehr Verständnis, mehr Wohlstand, mehr Erfüllung, mehr Lebenssinn, mehr Gesundheit, mehr Weisheit, mehr was auch immer durch ihren Glauben erlangen. Wieso kommt es uns Menschen nicht in den Sinn, mal nach Gott selbst zu fragen?“

Ich schweige, schwanke zwischen Trotz, Scham, Wut und Rührung.

„Wer kann es Gott übel nehmen, dass er wissen will, ob er auch dann noch Freunde hat, wenn er ihnen zum Feind wird? Liebt eure Feinde, vielleicht bezieht sich das bei Hiob auf Gott selbst.“

„O Mann!“ Mein Denken ist so zäh, als bewege es sich in Teer. „Gott wollte wissen, ob die Liebe eines Menschen zu ihm unter allen Umständen Bestand hat? Ob sie auch dann noch bleibt, wenn Gott sich weder als gerecht noch als treu oder zuverlässig erweist?“

„Ja, mein Mädchen.“ In seinen Augen sehe ich ein Schimmern. „So steht es zumindest geschrieben.“ Auch er muss jetzt tief durchatmen. „Und du hast es schließlich doch auch erlebt, oder?“

„Aber Gott ist doch allwissend, er hätte das Experiment doch nicht gebraucht.“

„Gott nicht, aber Hiob. Hiob ist dadurch ein anderer geworden. Und die Schöpfung auch.“

Mir schießen Tränen in die Augen, der ganze Schrecken, der Schmerz, alles ist wieder da. Aber jetzt fühlt es sich anders an, jetzt, da ich weiß, Gott hat es zugelassen. Ich liebe Gott doch. Er ist mein Ein und Alles. Er darf das.

Plötzlich rührt mich Gottes Verletzlichkeit, sein unbezähmbarer

Wunsch nach der voraussetzungslosen Liebe seiner Geschöpfe. *Geliebter!*, rufe ich impulsiv in meinem Innern. Mehr fällt mir nicht ein, vielleicht ist es unangemessen, Blasphemie, ich weiß nicht.

Niemals hätte ich gedacht, dass Gottes Liebe so verletzlich ist. Dass sie ihm, dem Allmächtigen, Schmerzen bereiten kann, ihn aus der Fassung bringt. Dass er sich angreifbar und verletzlich macht durch diese Liebe, abhängig von einem Menschen.

Pastor Lolling scheint zu ahnen, was in mir vorgeht, denn er wartet lange, sieht aus dem Fenster, wo die Alten in Decken gewickelt in ihren Rollstühlen unter den Bäumen stehen, lächelt ab und zu.

„Ich habe das Buch Hiob während meines Studiums mal gelesen“, sage ich schließlich, „aber damals habe ich es wohl nicht verstanden.“

„Ja, Liebes, ich glaube, das Buch Hiob wird nur von Atheisten ohne Scheuklappen gelesen. Die Gläubigen sind zu sehr besorgt um den Ruf und das Ansehen Gottes und ignorieren den Skandal, weil ihnen dieser Gott unheimlich ist. Und wohl auch peinlich.“

„Warum habe ich noch nie was davon gehört? Wieso predigt niemand darüber?“

„Ach, Joelle, es gibt so wenig Gläubige, die sich auf diesen Weg begeben wollen. Die meisten drehen sich ihr Leben lang um ihre eigenen Bedürfnisse. Sie wollen von diesem Gott nichts wissen. Sie suchen seine Hilfe, seinen Rat, seinen Trost, aber nicht ihn.“

Wer kümmert sich eijentlich um Jott?, schießt es mir durch den Sinn. Ein kluger Kopf, dieser Jupp.

„Ich verstehe zwar, was Sie meinen, aber es ist doch nicht falsch, Segen und Gutes von Gott zu erwarten, oder? Verspricht Gott denn nicht genau das? Sich um uns zu kümmern? *Bittet, so wird euch gegeben?* Himmlischer Vater und so?“

„Ja, natürlich, das tut er ja auch. Aber es ist nur die erste Stufe des Glaubens.“

Er nippt an dem lauwarmen Gebräu in seiner Prilblumentasse und blättert in seiner Bibel.

„Im 1. Johannesbrief, 2. Kapitel, steht die gesunde Entwicklung eines Gläubigen. Ich lese dir das mal so vor, dass es klarer wird:

‚„Liebe Kinder, ich schreibe euch, dass euch die Sünden vergeben sind um seines Namens willen. Ich habe euch Kindern geschrieben; denn ihr kennt den Vater. Ich habe euch jungen Männern geschrieben; denn ihr seid stark und das Wort Gottes bleibt in euch, und ihr habt den Bösen überwunden. Ich habe euch Vätern geschrieben; denn ihr kennt den, der von Anfang an ist.' – Hast du mitbekommen, was Johannes hier schreibt?"

Ich zucke unmerklich mit den Schultern. „Nicht ganz", gebe ich zu.

„Am Anfang, wenn man Kind ist, begreift man, dass die Sünden vergeben sind. Man erlebt Gott als den sorgenden Vater. Deswegen erhört Gott bei diesen Anfängern im Glauben so viele Gebete. Sie müssen erst vertrauen lernen und das ist gut und wichtig. Leider bleiben viele da stehen. Sie kämpfen mit ihrer Stellung vor Gott und lernen nie, dass sie Gottes Fürsorge vertrauen können. Sie bleiben ihr Leben lang Säuglinge.

Das nächste Alter ist die Jugend. Der Gläubige erlangt Weisheit aus dem Wort, begreift Zusammenhänge und wird zunehmend entschlossener, dem Bösen keinen Raum zu geben. Das ist der zweite Schritt der Charakterbildung. Der kann – je nachdem wie sehr der Gläubige an Wahrhaftigkeit und Heiligkeit interessiert ist – unterschiedlich lange dauern. Leider kommen viele hier nicht weit, weil sie Kompromisse machen. Ihnen ist der Preis zu hoch. Sie lieben ihren eigenen Komfort zu sehr."

Er nimmt noch einen Schluck und rückt eine der Blumen in der Vase zurecht.

„Die Väter, oder Alten, das sind die, die Gott kennen."

„Die Gott kennen? Was soll das bedeuten? Kennen die anderen Gott etwa nicht?"

„Nicht als den, der von Anfang an war. Nicht als den Allgewaltigen, den Weltenschöpfer, den Souverän. Gott ist ein zerstörendes Feuer, eine gewaltige Kraft, die niemand erfassen oder benennen kann."

Die Augen des Alten glitzern, seine eingefallenen Wangen glühen vor Begeisterung.

„Weißt du überhaupt, wie die Geschichte Hiobs ausgeht? Was Gott am Ende zu Hiob sagt?"

„Ich schätze mal, er tröstet Hiob. Vielleicht erklärt er ihm alles, keine Ahnung, fänd ich wenigstens anständig von Gott, ich meine ..."

„Nichts da!", ruft er aus. „Gott sagt zu Hiob: ‚Du bist doch so klug, mein lieber Hiob. Du glaubtest doch zu wissen, was man zu Recht von Gott erwarten kann. Willst du mir etwa erklären, wie Gottsein geht? Willst du Schlauberger mir vorschreiben, was Gerechtigkeit ist?' Er wird sehr leidenschaftlich, der Allmächtige. Weißt du, niemand kann sich das Recht herausnehmen, Ansprüche gegen Gott zu erheben. Er ist der, der alles erhält. Unausweichlich. Deswegen ist es töricht, wenn ein Mensch Gott gegenüber Ansprüche erhebt. Dieses moderne Einfordern von Segnungen, Heilungen und Wundern ist nichts anderes als der Beweis, dass sie Gott nicht als den kennen, der von Anfang an ist. Wir alle haben unser Leben nur aus Gnade. Gott kann das Leben auslöschen mit dem Hauch seines Mundes. Königreiche niederreißen in einem Moment."

Er atmet tief durch, bevor er weiterredet – unser Gespräch scheint ihn aus seiner Ruhe zu bringen.

„Am Ende versteht Hiob, nachdem er lange von Gott sein vermeintlich ‚gutes Recht' eingefordert hatte. ‚Ich habe töricht geredet', gibt er zu und versteht: ‚Ich hatte nur vom Hörensagen von dir vernommen, nun aber haben meine Augen dich gesehen.'"

„Hiob hat den erkannt, der von Anfang an war", sage ich nachdenklich.

Pastor Lolling nickt.

„Der Herrgott ist gnädig und behandelt Kinder wie Kinder und Jugendliche wie Jugendliche. Aber wer den Allmächtigen kennen will, muss durch das Feuer der Läuterung. Er muss sterben. Zwangsläufig. Keiner kann Gott sehen und leben."

Mir stehen mittlerweile Tränen in den Augen. Ich bin überwältigt. *Ich liebe dich, Herr,* klingt es in mir. *Geliebter.* Ich liebe diesen Schöpfer, seine Weisheit, seine Klarheit. Ich liebe den erschreckenden Ernst, mit dem er uns, seine Geschöpfe behandelt. Die Würde, die er uns verleiht, indem er, der Allgewaltige, es wagt, sich uns zuzumuten.

„Es muss manchmal schwer sein für Gott, dass er seine Kinder leiden lassen muss, damit sie ewigkeitstauglich werden", sage ich und sehe Tränen auch an Pastor Lollings Augen glitzern.

„Mein liebes Kind. Warum, glaubst du, habe ich Tag für Tag für dich gebetet? Ich habe täglich Gottes Schmerz über deine Verzweiflung gespürt. Körperlich. Ich hatte die Ehre, sein Mitleiden mit dir mittragen zu dürfen. Jeden Tag. Es hat mir fast das Herz zerrissen."

Ich kann nicht anders, als aufzuspringen, vor dem alten Mann auf die Knie zu gehen und seine Hand zu ergreifen.

Gott hatte mich nicht vergessen. Keine Sekunde lang!

„Steh doch auf, Mädchen", sagt er und streichelt meinen Kopf. „Ein alter Mann wie ich. Das ist doch eine Auszeichnung, vom Allerhöchsten noch gebraucht zu werden. Komm, setz dich wieder."

Ich küsse die Hand des Alten, bevor ich ihm Folge leiste.

Wir schweigen und es ist, als hinge der Raum voller Offenbarung. Gott ist so nah, dass es wehtut. Ich glaube, wir sitzen fast eine ganze Stunde so da, dann steht der alte Pastor auf, geht zum Fenster und blickt in den Park. Ich stelle mich neben ihn, lasse mich berühren vom Anblick der uralten Buchen, die trotz oder besser dank vieler Stürme zu solch bizarren Riesen geworden sind.

Ich sehe Eichhörnchen in ihren verrenkten Ästen. Am Horizont die abgeernteten Felder, deren Furchen wie Melodien schwingen.

„Es ist schön hier", sage ich. „Ich bin sicher, Sie haben diesen Ort wegen dieses Ausblickes ausgesucht."

Behutsam schüttelt Pastor Lolling seinen Kopf.

„Nein", sagt er.

Wieder vertiefen wir uns in den Ausblick. Ich lasse meine Augen wandern. Dann kenne ich die Antwort.

„Es ist wegen des Namens, nicht wahr? Neues Jerusalem, oder?"

Er lächelt. „Ach, mein Kind, ich werde meine Reise nun bald beendet haben und mein Gott wird mich in meine Heimat holen, so lange, bis hier alles neu ist."

Ich spüre Frieden in mir. Einen Frieden, wie ich ihn seit so vielen Jahren ersehnt habe.

„Gott wird seine himmlische Stadt auf die Erde herablassen. Und dann wird er umziehen. Er wird bei uns wohnen."

Ein Buchfink landet direkt vor dem Fenster.

„Sind wir nicht die glücklichsten Wesen, die dieses Universum beherbergt? Was für eine gewaltige Zukunft steht uns doch bevor." Die alte Stimme zittert. Für wenige Sekunden spüre ich tiefes Glück.

Herr, ich liebe dich so sehr! Mach mit mir, was du für richtig hältst. Deine Weisheit ist so unermesslich höher als menschliche Weisheit, ich will nichts mehr für mich. Nur dir nahe sein, dein zu sein, ist mein höchstes Glück.

Ich schließe die Augen, lausche den vielen Geräuschen, Kindergeschrei, Blätterrascheln, Autotüren, Vogelgesang. Komposition des Lebens.

„Eine Frage habe ich aber noch." Ich drehe mich um und betrachte das Profil des Alten. Wie ein ausgetrocknetes Bachbett sind seine Wangen, übersät mit braunen Flecken, spärliches Haar an den Schläfen, unter deren Pergamenthaut die Adern nur dünn bekleidet liegen.

„Wieso hat Gott mein Gebet nicht erhört, alles möge seiner Verherrlichung dienen? Es war mir sehr ernst mit diesem Gebet. Es kam aus der Tiefe meines Geistes. Ich war so sicher, es käme von ihm und er würde es erhören."

Tausend kleine Fältchen sammeln sich um die tief liegenden Augen, die schlaffe Haut der Wangen folgt dem Lächeln der Mundwinkel.

„Er hat es erhört, aber das wird er dir sicher selber zeigen wollen."

Als ich ins Auto steige, dämmert es bereits. Die Silhouette des „Neuen Jerusalem" liegt friedlich vor abendrotem Himmel.

Ich winke der gekrümmten Gestalt an der Eingangstür ein letztes Mal zu. Schiebe eine von Caros CDs rein.

Dir gehört mein Lob … sich mein Lobpreis mit Leiden mischt …

Ich singe aus vollem Hals mit.

Herr, wenn es deiner Schöpfung dient, wenn du auf meine Treue und Liebe setzt, Herr, so nimm all meine Tränen als Geschenk an.

Fast drei Stunden fahre ich, es wird dunkel und mich überkommt eine Furcht.

Keine Angst, sondern Furcht.

Gott ist nicht der, auf dessen Schoß je ein Mensch sitzen könnte. Er ist gefährlich, verzehrend, leidenschaftlich.

Ein Liebhaber.

Ohne Kompromisse.

Wer es mit Gott zu tun hat, berührt gleißendes Feuer.

Ich erinnere mich an das Gebet, das ich vor sieben Jahren sprach: „Herr, ich möchte dich erkennen, wie du bist."

Sollte ich mich beschweren, dass ich bekommen habe, was ich erbat? Ein heiliger Schauer läuft mir über den Rücken.

Komm an dein Ziel mit mir, koste es, was es wolle. Ich habe so viel gelitten, führe es zu Ende. Ich will, dass du glücklich wirst, Geliebter, betet es in mir weiter.

Auf der Rückfahrt zeigt sich mir so vieles völlig neu. Wie ein Film zieht es an mir vorbei: dass auch der Apostel Paulus sich nicht um sein Wohlergehen gekümmert hatte. Den Korinthern gegenüber las er das Maß der ihm zugeteilten Gnade nicht an den Segnungen ab, die ihm widerfuhren, sondern an der Menge der Stockhiebe, die er um Christi willen empfangen hatte.

Herr, vergib, dass ich so selbstbezogen war. Herr, vergib mir, dass ich die Dinge all die Jahre mit meinem Maßstab beurteilt habe und nicht mit deinem. Herr, ich liebe dich.

Als es stockdunkel ist, fahre ich durch eine Allee. Nun ist es nicht mehr weit bis nach Hause. Der Lichtkegel meiner Scheinwerfer huscht über die Stämme, alles andere wird von Finsternis verschluckt.

Ganz klar, aber auch, als wäre es nichts als ein flüchtiger Gedanke, höre ich eine Frage in meinem Geist:

Joelle, darf ich dich durch noch ein dunkles Tal schicken?

Alle Vorsicht außer Acht lassend, antworte ich: *Ach, Herr, wenn du es meinst.*

Dieses Tal sollte nicht lange auf sich warten lassen.

Jetzt, da die Schleier sich lichten und die Fragen aufgehört haben zu drängen, ist der Zeitpunkt für einen „Rück-Blick" hinter die Kulissen gekommen. Hinter diesem Code finden Sie das Bonus-Kapitel „Im Himmel". Einfach mit dem Smartphone oder Tablet abscannen und loslesen!

28.

HIOBS FREUNDE

Der Winter ist über die Felder gegangen, noch liegen die Äcker still unter der Kälte. Ich gehe unsere Runde ohne Caro und der alte Schmerz, die Dunkelheit, das Schweigen Gottes sind wieder da. Aber es ist okay.

Es gibt eben Zeiten, da sät man nicht. Wüstenzeiten. In solchen Zeiten ist jede Aussaat Verschwendung, jede Hoffnung auf Ernte Torheit. Ich komme klar damit. Es ist okay, wenn man weiß, dass alles seine Zeit hat, denn nichts ist schlimmer, als erwartungsvoll all seine Samenvorräte aufs Land zu säen und nichts als Dornen und Disteln zu ernten. Das Herz wird krank davon. Lieber ausharren, bis Gott eines Tages sein Wort spricht und die Zeit der Dunkelheit vorbei sein wird. Eine Ahnung habe ich ja bereits davon. Aber noch lebe ich in der Wüste. Noch bin ich todmüde. Das Schweigen Gottes ist noch nicht vorbei.

„Führ zu Ende, was du angefangen hast, Herr!"

Auch die leere Stelle an meiner Seite tut weh. Caro wird wohl nie mehr mit mir diesen Weg gehen. Aber trotz der übergroßen Last auf meiner Seele spüre ich Frieden. Mich einfach fallen lassen. Endlich alles loslassen, jeden Versuch aufgeben, das Schicksal – oder Gott – zu lenken. Mich endlich um keinen „Überwinderglauben" mehr bemühen. Geistlich arm sein. Mich mit dem Senfkörnchen begnügen. Endlich das tun, was meine Seele will: stille halten und auf Gott harren.

Ich setze mich auf „unsere" Bank, die mich nach Caro fragt.

Ich lege meine Hand auf die leere Stelle neben mir und schließe die Augen.

„Sie wird wohl nie mehr kommen," flüstere ich. „Musst mit mir vorliebnehmen."

Fängt echter Glaube nicht da an, wo man aufhört, seine Gebete zu zensieren, als könne man Gott das Wüten seines Herzens nicht zumuten? Wo man aufhört, die Dinge kontrollieren zu wollen? Endlich nur Mensch sein vor Gott? Ist das das verheißene Land der Ruhe, von dem Hebräer 4 spricht? Vielleicht sehnt sich Gott ja nach solchen unmittelbaren Begegnungen ohne Maske, ohne Zensur. Bestimmt sogar.

Doch, es ist gut so, denke ich. Ich werde die schwere Hand Gottes ertragen. Weil ich ihn liebe, mit dieser unerklärlichen Liebe, die er selber in mein Herz ausgegossen hat. Diese Liebe ist Gnade, die unter Schmerzen geboren wird.

Und überhaupt – wer sagt denn, dass Gott uns irdisches Glück versprochen hat? Hatte Paulus etwa Glück? Der so oft Ausgepeitschte, fast zu Tode Gesteinigte, als Trankopfer Ausgegossene, dem Tode Verwandtere als dem Leben? Dieser von vielen seiner Gemeinden letztlich Verworfene, der im Gefängnis scheinbar ohnmächtig gegen den Zerfall all seiner Mühen anschrieb, der doch nicht ahnen konnte, dass seine verzweifelt um Einzelne ringenden Briefe Millionen von Menschen in die Gerechtigkeit führen würden. Selig sind die, die sich eines Urteils über ihre Situation enthalten.

In meine Gedanken hinein krächzt – wie ein Bote aus alten Zeiten – der Eichelhäher über mir in den nackten Zweigen. Auch er scheint wissen zu wollen, wo Caro ist.

Hiob habe ich wieder und wieder gelesen, auch die ach so klugen, frommen, wohlmeinenden Ratschläge seiner Freunde, die versuchten, Hiob den Fehler nachzuweisen, der ihm den Segen Gottes gekostet hat. Ich erkenne darin meine eigene Geschichte. Und ich erkenne, wie gnädig der Allmächtige mit mir war. Ich habe weder Kinder noch all mein Hab und Gut verloren. Nur beinahe meinen Glauben.

Ich habe also meinen Frieden geschlossen. Nachts weine ich manchmal noch, aber nicht mehr so bitterlich.

Ich betrachte dann Felix neben mir, den Fernen. Wir sind uns so fremd geworden. In den vergangenen Monaten war er selten zu Hause, kam oft erst spät nachts heim. Proben mit der Band, Auftritte klarmachen, mit Veranstaltern essen gehen, ich weiß nicht genau. Jedenfalls riecht er noch morgens meist nach dem weltbesten Wodka von Ludmilla.

Auch ich solle endlich lernen, mein Leben zu genießen, meint er. „Prediger Kapitel 3, 12 und 13: ‚Es gibt nichts Besseres als fröhlich sein und sich gütlich tun in seinem Leben. Denn ein Mensch, der da isst und trinkt und hat guten Mut bei all seinem Mühen, das ist eine Gabe Gottes.‘ Solltest du unbedingt mehr berücksichtigen“, mahnt er mich.

Nun ja, er scheint sein Leben jedenfalls zu genießen, wie man's nimmt, ich meine, falls die Anzahl der Wodkaflaschen, die nach den Proben in unserem Auto herumliegen, ein Maß dafür sind.

Wie sehr wünschte ich, Felix hätte mich auf meinem Weg begleitet. Aber vielleicht verlange ich zu viel. Diese ganze Sache mit seiner Band wirkt auf mich wie eine Flucht vor seiner depressiven Frau. Er kann mit so was einfach nicht umgehen. Und deshalb erzähle ich ihm auch lange nichts von Hiob. Überhaupt rede ich mit niemandem über den Gott Hiobs – außer mit Caro. Ich fürchte, meine Geschwister werden diesen Gott, wie Hiob ihn kennengelernt hat, nicht akzeptieren.

Ich will sie nicht verwirren. Ich will sie nicht verlieren.

Eines Tages tue ich es trotzdem. *Was soll's,* denke ich, sie sind meine Wegbegleiter, meine Freunde. Sie sollen wissen, dass ich endlich die Antwort gefunden habe. Dass ich Frieden habe mit allem, was geschehen ist. Vielleicht schließt sich dadurch die Kluft zwischen uns.

Aber eigentlich hätte ich mir denken können, was kommt, als ich es ihnen zu erklären versuche.

„Joelle! Gott ist doch kein Sadist!“, empört sich Tanja. „Hör dich doch mal reden! Was für ein Evangelium hast du dir da zusammengebastelt? Hiob ist Altes Testament. Das ist absolut unbiblisch, merkst du das denn nicht?“

Selbst Jan, der Ruhige, ist aufgewühlt. „Seit Pfingsten haben wir die Vollmacht, Satan in seine Schranken zu weisen, ihm zu gebieten in Jesu Namen. Du entmachtest das Evangelium mit dem, was du sagst!“

„Aber wie soll ich Satan verbieten, was Gott selber ihm erlaubt hat?“, werfe ich ein. „Versteht ihr nicht? Ich will Gott einfach Gott sein lassen. Ihm alles überlassen. Er hat alles in der Hand. Gott ist souverän und nicht zu fassen, nicht zu begrenzen, nicht zu manipulieren.“

„Aber Jo!“ Sabine legt ihre schlanke Hand auf meinen Arm. „Du willst doch nicht behaupten, Gott würde seinen eigenen Verheißungen zuwiderhandeln! Das ist unmöglich! Er hat Segen verheißen denen, die seinem Wort entsprechend leben, und Fluch denen, die das nicht tun. So einfach ist das, jedes Kind kann das verstehen. Denk daran, wie Gott dem Volk Israel die Wahl gelassen hat zwischen Segen und …“

„Halt!“, falle ich Sabine ins Wort. „Hiob hatte die gleichen Verheißungen. Er hat, so oft es ging, stellvertretend für seine Kinder Buße getan – vorsorglich, damit der Schutz Gottes auf keinen Fall von ihnen weicht. Wisst ihr, was mit seinen Kindern passiert ist? Sie sind alle gestorben. An einem einzigen Tag.“

„Hör jetzt auf, Joelle!“, mahnt mich Felix. „Bitte!“

In seinen Augen erkenne ich Befremden, vielleicht auch Müdigkeit.

Natalie legt den Keks in ihrer Hand wieder zurück in die Schale, beugt sich vor und sagt: „Als Kind Gottes stehen dir Gottes Verheißungen zu. Wenn du sie nicht annehmen willst – deine Entscheidung. Aber wir wollen uns als Gruppe Gott unterwerfen, nicht seinem Widersacher."

Mit einem Mal sehe ich etwas in Natalies Augen, das ich vorher noch nie gesehen habe: eine Unerschrockenheit, sich nicht abbringen zu lassen von dem, was ihr wichtig ist, und irgendwie freue ich mich über diese Hartnäckigkeit.

Tanja lehnt sich zu mir herüber, ihre zaghafte Stimme zittert: „Joelle, du weißt, wie wichtig du immer für mich warst, du warst so was wie eine geistliche Mutter für mich. Du hast mich gelehrt, dem himmlischen Vater zu vertrauen. Deine Worte haben mir immer gutgetan. Jetzt aber muss ich auf Abstand zu dir gehen, dein Geist ist so dunkel, ich sehe das richtig vor mir. Tut mir leid, Jo."

Sie scheint mit ihren Worten zu wachsen. Seltsamerweise denke ich in dem Moment: *Sieh an, sie hat sich von mir gelöst. Wollte ich das nicht immer?*

„Du willst, dass wir schweigen, aber ich muss Gottes Geist gehorchen." Sie zögert kurz. „Ich habe ein Wort für dich, Jo." Ihre Stimme ist fest und klar. „Ich hoffe, es hilft dir: ‚Erkenntnis bläht auf, Liebe baut auf.' Du solltest Gott deinen Verstand übergeben. Und dein Herz. Der Geist hat dieses Wort nicht nur mir gezeigt, sondern auch Natalie. Und Ludmilla hat das bestätigt."

Zögerlich lehnt sie sich vor und ihre Stimme klingt eindringlich: „Hör auf, Gott nur mit dem Kopf zu lieben. Du willst immer alles verstehen, aber Gott will, dass du ihn mit deinem Herzen liebst."

Ich drücke ihre Hand.

„Das tue ich", sage ich und blicke sie an, während sie traurig den Kopf schüttelt.

„Nein", sagt sie leise. „Du bist aus der Gnade gefallen, Jo. Kehr um, bitte!"

„Joelle, sei mir nicht böse", meint Christian in dem Moment, „ich sehe das genau wie Tanja und ich glaube, das ist auch der Grund, weshalb deine Musicals nicht veröffentlicht wurden und auch all die anderen Sachen schiefgelaufen sind. Du bist geistlich noch nicht so weit, aber Gott sehnt sich nach dir, er hat nach wie vor seine Hand gnädig ausgestreckt. Du musst sie nur ergreifen."

Ihre Worte tun mir weh. Alles, was sie sagen, tut weh, aber ich lasse sie. Sie verteidigen den Gott, den sie lieben. Es ist okay. *Einer schätze den anderen höher als sich selbst,* schießt es mir durch den Kopf und zum ersten Mal verstehe ich diese Worte.

Es steht mir nicht zu, Gottes Söhne und Töchter zu beurteilen. Gott ist ihr Herr. Ich traue ihm zu, dass er seinen Weg auch mit ihnen gehen wird. Trotzdem schmerzt es, dass sie mir misstrauen, dass sie im Grunde dem misstrauen, der mich erkauft hat. Der versprochen hat zu vollenden, was er angefangen hat.

„Versteht ihr, ich habe so viele falsche Prophetien erhalten, so viele verkehrte Ratschläge – ich will jetzt einfach nichts mehr hören, sondern still ausharren, ausruhen von allem", versuche ich zu erklären.

„Falsche Prophetien, verkehrte Ratschläge", fährt Sabine hoch. „Genau das meinen wir, Joelle. Du bist total intelligent, aber genau das ist dir zum Fallstrick geworden. Du glaubst, klüger zu sein als alle anderen, aber zu uns spricht Gott auch und wir werden uns von dir nicht von unserem kindlichen Glauben abbringen lassen. Leg Gott dein Denken hin, er wird es erneuern und deinen Glauben auch."

„Bitte", flehe ich. „Bitte hört auf! Versteht doch: Ich habe einen anderen Gott kennengelernt", sage ich. „Ich bitte nur, dass ihr das respektiert und nicht wie Hiobs Freunde werdet, das ist alles."

„Hiobs Freunde?", fährt Sabine auf. „Joelle, wir beten seit Monaten für dich. Weißt du eigentlich, wie sehr uns das schmerzt, wenn du sagst, dass wir falsche Freunde sind …"

In dem Moment wird mir klar, dass wir nicht dieselbe Sprache sprechen. Ich werde es ihnen nicht erklären können.

„Lasst gut sein", winke ich ab.

„Stopp!", ruft Natalie. „Joelle, ich glaube, das ist jetzt der richtige

Moment. Wir müssen dir was Wichtiges sagen." Sie sucht die unterstützenden Blicke der anderen und sagt, nach Worten ringend: „Du weißt, dass du uns allen immer total wichtig warst."

„– und bist", wirft Richard ein.

Natalie nickt und fährt fort. „Wir verdanken dir echt viel. Du hast uns geholfen, eigenständige Christen zu werden, die aufstehen, wenn sie meinen, da läuft was verkehrt."

Sie schluckt, schaut sich erneut hilfesuchend um – Richarda, Sabine, Christian, Jan und Ludmilla nicken. Nur Felix blättert beflissentlich Bibelseiten hin und her.

„Nun ja, ich spreche hier im Namen aller Anwesenden …"

Ihr Satz verebbt und ich sehe, wie sie sich quält. Ich sehe, wie viel Mut und Kraft sie aufbringt, ihre Worte über ihre Lippen zu hieven. Die anderen haben ihr diese schwere Aufgabe wahrscheinlich gerne überlassen. Keiner möchte jetzt in Natalies Haut stecken. Mutig quält sie sich diesen steilen Berg hinauf, weil sie sich sicher ist, das Richtige zu tun.

„Als Gruppe sind wir gerade auf einem wirklich guten Weg, der Geist wirkt unter uns und du weißt selber …" – sie lächelt gequält – „na ja, das ist halt eine ziemlich sensible Phase …" Sie schließt die Augen, atmet einmal laut durch und sagt dann schließlich: „Joelle – dein geistlicher Zustand … du merkst das sicher selber auch … du behinderst das Wirken des Geistes unter uns."

Ihre Lippen zittern vor Aufregung. Es kostet sie viel. Sie ist tapfer.

„Aber du bist natürlich jederzeit willkommen, wenn du Buße getan hast …", beendet sie ihren Satz.

„Versteh bitte", beeilt sich Sabine zu versichern, „das hat nichts mit dir zu tun, du bist jederzeit willkommen, aber bitte klär das erst, du verstehst …"

„Ich habe kein Problem damit, Buße zu tun, ich habe mittlerweile sogar richtig Übung darin", sage ich, seltsam nüchtern. „Aber bitte: Für was soll ich Buße tun?"

„Das können wir dir nicht sagen." Die Runde tauscht vielsagende Blicke. „Das musst du selber herauskriegen. Der Geist muss dir das persönlich offenbaren."

Ich atme tief durch, spüre in mich hinein, in diese Mischung aus Schmerz und Getragensein. Es wäre zu viel verlangt. Sie können mich nicht verstehen. Wie viele Jahre musste Gott auf meine Gottesbilder einschlagen, bis ich ihn daraus freiließ. Sie kennen Gott, den Vater, und lieben ihn. Sie werden ihn verteidigen gegen einen Gott, der seinen Gerechten als Wetteinsatz dem Teufel überlässt. Sie müssen mir widersprechen aus Liebe zu dem Gott, den sie kennen.

Und aus Angst.

Vielleicht, eines Tages, werden wir uns verstehen, vielleicht.

„Mir ist heute klar geworden, dass wir keine gemeinsame Sprache mehr haben", sage ich ruhig. „Ich verstehe sogar gut, dass euch meine Worte falsch vorkommen. Es ist wohl wirklich besser, wenn ich nicht mehr in den Hauskreis komme."

Sie sind sichtlich erleichtert, wenn auch recht schweigsam. Mir geht ein Stich durchs Herz. Doch seltsam – mein eigener Schmerz berührt nicht mehr wirklich.

Wir tragen allezeit das Sterben Jesu an unserm Leibe, damit auch das Leben Jesu an unserm Leibe offenbar werde. Denn wir, die wir leben, werden immerdar in den Tod gegeben um Jesu willen, damit auch das Leben Jesu offenbar werde an unserm sterblichen Fleisch.

Vielleicht bin ich endlich gestorben.

29.

DAS GEWICHT DER HERRLICHKEIT

Lieber Pastor Lolling,
ich möchte Ihnen danken für alles und hoffe, es geht Ihnen gut im Vorzimmer des Neuen Jerusalem.
Es ist ja einige Zeit her, dass ich Sie besucht habe.

Ich schreibe Ihnen, weil heute ein besonderer Tag ist. Heute vor sieben Jahren hatte ich meinen Unfall.

Diese vergangenen sieben Jahre waren wirklich schwere Jahre, die mich sehr verändert haben. Meine Liebe zu Gott ist tiefer geworden und von Menschen und Umständen bin ich heute viel unabhängiger. Ich habe jetzt eine neue Hoffnung, die mich trägt: die Gewissheit, dass Gottes höchstes Ziel erreicht wird und seine Sehnsucht nach Vollendung der Schöpfung erfüllt werden wird.

Ich selber habe keine Ansprüche mehr, der Platz, an dem diese Bedürfnisse nisteten, ist weggebrochen. Es fühlt sich an, als wäre ich aus meinem kleinen Bächlein hinausgetrieben worden in einen großen Strom, in Gottes Strom, der mich treiben wird, wohin Gott es entscheidet. Komisch, oder?

Ich verstehe also mehr und mehr Ihre Sehnsucht nach der von Gott erbauten Stadt, unserer Heimat. Eigentlich darf man alle Dinge nur von diesem einen Ziel aus beurteilen. Das ist zumindest eine Hoffnung, die nicht vergeblich ist.

Seelisch geht es mir gut, es ist wieder hell geworden um mich – dank Hiob und dank Ihrer Hilfe.

Ich halte einen scheuen Abstand zu Gott, zu tief sitzt mir das Erlebte in den Knochen. Das Schöne ist: Ich habe deshalb kein schlechtes Gewissen. Ich weiß, Gott wird warten, bis ich so weit bin.

Es ist ja nicht so, dass sich solch tiefe Wunden sofort schließen.

Hiob wird auch nicht die zehn Gräber seiner Kinder vergessen haben, nur weil seine Xanthippe wieder schwanger geworden ist. Wer vergisst je den Anblick seiner aufgeschlitzten Knechte, die verkohlten Leiber seiner Herden und den tiefen Schaden in seiner Seele, dieses Verzweifeln an Gottes Schweigen, dieses Gefühl, mit Gottes Erlaubnis in tausend Stücke zerrissen worden zu sein? Auch wenn der Allmächtige seine Pfeile herausgezogen hat, so spürt man ihr Gift noch. Die Narben auf Hiobs Körper, die Spuren der Tonscherben, mit denen er seine juckenden Abszesse kratzte, werden genauso bleiben wie die Narben auf seiner Seele – Spuren eines Gotteskampfes, der Hiob zu dem macht, der er ist.

Auch meine Seele hat tiefe Narben. Gotteskämpfe gehen nicht spurlos an einem vorbei. Das wusste schon Jakob, der bis zu seinem Lebensende Hinkende.

Meine Geschwister meiden mich nach wie vor. In der Gemeinde konnte ich letzten Endes auch nicht bleiben, zu groß war ihr Misstrauen mir gegenüber. Wenn wir uns sehen, heucheln wir uns gegenseitig überschwängliche Freude vor.

Alles „supi".

Wir winken uns exaltiert von Weitem zu und sind erleichtert, wenn eine viel befahrene Straße zwischen uns ist.

Ich verstehe jetzt natürlich Gottes Schweigen. Es ist Teil der Abmachung mit Satan. Die schlimmste Last von allen. Auch Hiob ist nicht so sehr an seinem Schicksal verzweifelt als an dem Schweigen Gottes und daran, Gottes Wege nicht erfassen zu können. Und Hiob hat mit aller Kraft seiner unglücklichen Liebe zu seinem Gott gegen Gott gewettert. Nicht gerade schlau vielleicht, aber Beweis seiner Leidenschaft und Ehrlichkeit. Und ich glaube, Gott liebt diese Leidenschaftlichkeit. Und diese Wahrhaftigkeit.

Apropos Leidenschaftlichkeit: Mir wird immer mehr klar, wie sehr das Buch Hiob die Verletzlichkeit und die Bedürftigkeit Gottes offen-

bart. Es ist in meinen Augen eines der intimsten Bücher der Bibel, denn hier zeigt Gott sich in unglaublichem Maße schwach und bedürftig – ganz so wie das Neugeborene in der Krippe. Gott offenbart seine Schwäche für uns Menschen, für die einzigen Geschöpfe, die seine Liebe frei entgegnen können. Der Allmächtige legt seine Ehre, denn darum ging es schließlich bei der Wette, auf die schwachen Schultern eines einzigen Menschen. Welch unheimliche Souveränität! Was für ein unglaubliches Gewicht an Herrlichkeit.

Aber ich beschwere mich nicht. Es wäre auch unlauter zu singen: „Herr, nimm meinen Leib als Opfer hin" und sich dann zu beklagen, wenn Gott zwei Fingerkuppen nimmt.

Vor sieben Jahren habe ich Gott um Demut gebeten. Ich habe mein Leben ihm in einem Anflug von Leichtsinn zur freien Verfügung gestellt und ihn gebeten, sich mir zu offenbaren.

Mit Gottes Antworten auf diese Gebete habe ich mich allerdings sehr schwergetan. Dabei hat er alle meine Bitten erhört. Er hat mich gedemütigt und dadurch demütig gemacht. Er hat über mein Leben verfügt und er hat meine Gottesbilder zerschlagen.

Sie hatten übrigens recht: Ich habe mittlerweile herausgefunden, wie Gott mein Gebet, er möge sich durch den Gerichtsprozess verherrlichen, erhört hat. Der Höchste hat eine ganz andere Weise der Verherrlichung gewählt, als ich mir das in meiner Naivität ausgemalt hatte. David hat Goliat damals siegreich geschlagen und so ähnlich hatte ich mir das auch erträumt. Großartig, heldenhaft, spektakulär.

Aber es gibt eine völlig andere Art von Verherrlichung: Als Jesus am Kreuz hing, schlugen ihm die Massen vor: „Beweise deine Macht; beweise, dass du der Sohn Gottes bist. Tu etwas Großes, dann sehen wir Gottes Herrlichkeit. Steig vom Kreuz herab, das würde uns beweisen, dass alles, was du je gepredigt hast, wirklich wahr ist."

Was für ein Angebot!

Aber Jesus blieb am Kreuz. Er verherrlichte den Vater nicht durch seine Vollmacht, sondern durch seine Hingabe. Der Moment, als Jesus gottverlassen am Kreuz starb, war der eigentliche Moment der Ver-

herrlichung des Vaters – durch die Liebe eines Menschen, der seinen persönlichen Lebenserfolg dem höheren Ziel des Vaters opferte. Er verzichtete auf den historischen Ruhm und vermeintlichen Gottesbeweis, als einziger Mensch vor den Augen aller von einem römischen Kreuz gestiegen zu sein, und legte seine Verherrlichung in die Hände des Vaters.

Doch irdische Gesinnung erkennt diese Art der Verherrlichung nicht. Auch ich war irdisch gesinnt, besessen von dem Gedanken, durch Gott und für Gott ein erfülltes Leben zu führen, große Dinge zu tun. Aber das ist mir heute nicht mehr so wichtig. Ich will, dass Gott an sein Ziel kommt, eines Tages unter uns zu wohnen. Und ich weiß: Je mehr mich das erfüllt, desto weniger kann mich erschrecken oder enttäuschen. Meine Freude ist die Gewissheit, dass Gott sein großes Werk vollenden wird. Deswegen halte ich mich zurück zu beurteilen, ob etwas Erfolg oder Misserfolg ist, Sieg oder Niederlage, hoch oder niedrig, gut oder böse.

Ich habe übrigens mit dem Segeln angefangen. Das hat meine Seele sehr erfrischt, dabei ist Segeln keine geistliche Übung, sollte man meinen. Aber ich bin auch in der Beurteilung dieser Dinge sehr entspannt geworden. Ich habe mich entschlossen, auf mein Herz zu hören, und wenn mein Herz segeln will statt Bibel lesen, gehe ich fröhlich segeln. Ich unterscheide nicht mehr in profan und heilig. Mein ganzes Leben ist von Gott erkauft.

Sagte nicht sogar Augustinus in seinen „Bekenntnissen“: „Liebe – und tu, was du willst“?

Gefällt mir.

Es fällt mir sowieso zunehmend schwer zu erkennen, was biblisch gesehen „richtig“ und was „falsch“ ist. Ich bin an meinem Verständnis von Bibelworten zu oft gescheitert und Gott geht mit jedem von uns seinen eigenen Weg. Ich sehe, dass widersprüchliche Positionen mühelos biblisch begründet werden können, und ich glaube, Gemeinden versündigen sich, wenn sie ihre Identität auf Erkenntnis statt auf

Mann, hat sich am Sterbebett bekehrt. Die Art, wie Caro gestorben sei, dieser tiefe Friede, diese „Ewigkeitsfreude", wie er es bei der Beerdigung ausdrückte, hat sein Herz berührt. Ich glaube, dafür hat Caro ihr irdisches Leben gerne gegeben.

So bin ich gewiss, dass alles, was uns geschieht, uns zum Besten dient, und so grauenvoll diese Zeit war – letztlich will ich sie nicht missen, denn ich hatte vom Allmächtigen nur vom Hörensagen vernommen, jetzt aber haben meine Augen ihn gesehen.

In Christus verbunden

Joelle Lautermann

NACHWORT DER AUTORIN

In diesem Roman habe ich meinen eigenen Zerbruch erzählt, vielfach mit fremden Bildern, aber im Grunde so, wie ich ihn erlebt habe. Auch die geschilderten Personen sind frei erfunden – leider, möchte ich sagen, denn wie gerne wäre ich Menschen wie Giuseppe, Pastor Lolling, Caro oder dem Landstreicher begegnet. Ich hätte ihren Beistand, ihre Weisheit und ihre Geduld gebraucht. Und genau das ist der Grund, warum ich dieses Buch geschrieben habe: damit Geschwister, die in ihrem Glauben Schiffbruch erleiden, nicht ertrinken, sondern sehen, dass Gott sie in besonderer Weise für würdig hält, Teil seiner großen Liebesgeschichte zu werden, die nicht immer über goldene Straßen, für den, der durchhält, aber am Ende in die goldene Stadt führt.

Ich möchte die Leidenden ermutigen, ihre Erfahrungen nicht mittels Dogmen und Lehren zu zensieren, sondern, direkt und unverstellt wie Kinder, sich und Gott gegenüber wahrhaftig zu sein.

Ich weiß, dieser Gott Hiobs ist ein Skandal, eine Zumutung für das Fleisch, ich gebe es zu.

Aber von einem bin ich zutiefst überzeugt: Keiner von uns ist auch nur eine einzige Sekunde aus Gottes Augen. Unverbrüchlich gilt, dass uns alles zum Besten dient, uns, die Gott lieben. Im Nachhinein kann ich Gott nur dafür danken, dass er mir den Boden unter den Füßen weggezogen, meine Erwartungen enttäuscht und meine falschen Gottesvorstellungen zerschlagen hat. Denn es ist nichts anderes als Gnade, wenn der Allmächtige unser Leben nicht erst an seinem großen Tag im Feuer prüft. Und ich bin sicher, dieser Prozess wird weitergehen.

In diesem Sinne bewahre Gottes Friede, der höher ist als unsere Vernunft, unsere Herzen und Sinne in Christus Jesus.

Gott befohlen

Ute Aland

Christus gründen. Geschwister, die doch eigentlich durch Höheres verbunden sind, verachten und diskreditieren sich gegenseitig, weil sie widersprüchliche Dinge für wahr halten.

Die Erkenntnis bläht auf; aber die Liebe baut auf. Wenn jemand meint, er habe etwas erkannt, der hat noch nicht erkannt, wie man erkennen soll. Wenn aber jemand Gott liebt, der ist von ihm erkannt.

Leider ist es mit dieser Einstellung schwierig, eine Gemeinde zu finden, die nicht die Ernsthaftigkeit meines Glaubens in Zweifel zieht. Denn wo immer man hinkommt, hängt ein Teil der Identität der Gemeinschaft immer von der Erkenntnis ab, die sie für richtig halten. Und leider ist dieser Teil der Identität nicht selten der größere.

Auch mit Felix und mir ist es weiterhin ziemlich schwierig. Im Moment vermeiden wir, darüber zu reden, denn er geht natürlich noch zum Hauskreis und sitzt somit zwischen den Stühlen. Er sieht zwar, dass es mir wieder gut geht, kann aber meine Gotteserfahrung nicht akzeptieren. Hin und wieder gibt es Momente, da kann er sich darauf einlassen, mir zuzuhören.

Ich habe ihn sogar so weit, dass er Sie mal besuchen will. Ich hoffe, das ist Ihnen recht. Ich wünsche mir so sehr, dass diese Trennwand zwischen Felix und mir irgendwann zusammenfällt.

Aber so was kann nur Gott machen.

Ach ja, Ludmilla ist seit Kurzem wieder in Russland, wo man ihr den Kaffee am Tisch serviert. Seitdem ist Felix etwas aufgeschlossener mir gegenüber – aber vielleicht liegt das auch daran, dass ich jetzt wieder lachen kann. Es gibt sogar Tage, da ist mein Herz wieder voller Musik.

Übrigens: Ich habe Ihnen doch von Caroline, meiner krebskranken Freundin erzählt. Vor einem Monat haben wir sie beerdigt. Ich bin also ziemlich alleine, jetzt, wo Caro tot ist. Aber ich habe großen Frieden über ihren Tod. Es ist nämlich etwas Großartiges geschehen, das in Caros Augen den Preis ihres Lebens mehr als wert ist: Thomas, ihr